Dr. Bernardo Campillo García
Pediatría - Neonatología - Vacunas

BEBÉ NUEVO EN CASA

MANUAL INSTRUCTIVO PARA PADRES

Tomo 1

Preparando la gran llegada • El nacimiento • El bebé sano

Porque te enamoraste de él desde mucho
antes de conocerlo, ofrécele lo mejor.

BARKERBOOKS

◢BARKERBOOKS

BEBÉ NUEVO EN CASA. MANUAL INSTRUCTIVO PARA PADRES
Derechos Reservados.© 2023, **SANDRA TAPIA CAMOU**

Edición: Mariana González | BARKER BOOKS®
Diseño de Portada: Vanessa Martínez | BARKER BOOKS®
Diseño de Interiores: Vanessa Martínez | BARKER BOOKS®
Ilustraciones: Melisa Campa Sanchez | BARKER BOOKS®

Primera edición. Publicado por BARKER BOOKS®

I.S.B.N. Paperback | 979-8-89204-193-5
I.S.B.N. eBook | 979-8-89204-191-1

Derechos de Autor - Número de control Library of Congress: 1-13056566122

Barker Publishing, LLC
500 Broadway 218, Santa Monica, CA 90401
https://barkerbooks.com
publishing@barkerbooks.com

AUTODESCRIPCIÓN
Y TRAYECTORIA DEL AUTOR

Soy médico pediatra, orgullosamente mexicano, originario de Hermosillo, Sonora, egresado de la Universidad Autónoma de Guadalajara, primera universidad privada en todo México, con más de ochenta años de tradición y experiencia a nivel nacional e internacional. Cursé mi especialidad de Pediatría en el Hospital General de México, entre 1983 y 1985, año tan recordado por aquel terrible terremoto que, además de tumbar miles de grandes edificios y viviendas, tumbó también de golpe la vida e ilusiones de miles de personas, incluyendo a muchos de mis compañeros pediatras con quienes conviví cientos de noches de desvelos y momentos de esfuerzo profesional.

Habiendo terminado mi especialidad como pediatra, seguí con mi inquietud de estudiar una alta especialidad en el campo de los recién nacidos, la perinatología pediátrica, aunque con algunas pequeñas diferencias, muy parecida a la neonatología, como lo es el interactuar con la futura madre y cuidar a su bebé desde antes del nacimiento. Conseguí la oportunidad de entrar al prestigiado Centro Hospitalario 20 de Noviembre de la Ciudad de México, siendo este, el hospital central del sistema nacional de salud, el ISSSTE, y pilar importante de la neonatología en México desde los años 70.

Tras terminar mis estudios no pude resistirme a los encantos de Hermosillo, mi hermosa tierra de infernal clima, pero para mí de inigualables bellezas, en donde nací y he radicado junto a mi familia durante toda mi vida. Tuve el grandísimo privilegio de ser el primer pediatra con especialidad de perinatología pediátrica en llegar a Hermosillo, y desde aquel año de 1986 a la fecha laboro en esta mi profesión que tanto amo. He colaborado en las actividades del Colegio de Pediatras de Sonora por varias décadas, y he sido dos veces secretario de este. He participado como consejero en la Universidad del Valle de México, campus Hermosillo, y en la Universidad Autónoma de Guadalajara; ocupé el puesto de jefe del Servicio de Neonatología del

Hospital General del estado de Sonora hasta su desaparición en 1994, y tuve el honor de ser secretario de Salud del mismo estado del 2009 al 2015.

Actualmente, sigo ejerciendo como pediatra y perinatólogo pediatra en el medio de la medicina privada. Me considero muy afortunado y privilegiado de seguir contando con la confianza de miles de padres y madres que ponen en mis manos la responsabilidad de procurar la salud de sus hijos, cosa que les agradezco infinitamente. Hoy en día atiendo ya a los hijos de mis primeros pacientes.

Sin ser yo un escritor experimentado, he procurado que este manual sea útil, interesante y ameno; espero lograrlo y colaborar, aunque sea un poco en resolver tus dudas personales. Adelante, pues, ¡aprendamos y divirtámonos juntos!

OBJETIVO DE ESTE MANUAL

El principal objetivo de este manual es el de trasmitir a los nuevos padres de un bebé la experiencia y conocimientos que he adquirido con los años, tratando de resolver las dudas e inquietudes que naturalmente surgen al ser padres, principalmente cuando lo hacen por primera vez.

Hoy en día, después de décadas de desinformación, encontramos que existe un gran número de publicaciones, artículos y videos que nos bombardean a diario, hablándonos sobre los bebés y muchos otros temas relacionados con la salud. Algunos de ellos ciertos y muy útiles, aunque otros no tanto. Toma este manual como una versión escrita por un pediatra neonatólogo con cuarenta años de experiencia, escrito en un idioma sencillo y fácilmente comprensible por cualquier persona; espero te ayude a comprender, manejar adecuadamente y disfrutar de tu bebé.

DEDICATORIA

A mis hijos, que han sido mis pacientes más queridos y quienes me han motivado a tratar a cada pacientito como si fuera mi propio hijo. Son ellos mi mayor inspiración presente y mi gran esperanza para el futuro. A mi esposa Sandra, de quien he aprendido mucho en la vida, y como madre amorosa, hemos compartido juntos la crianza de nuestros hijos. A los miles de pacientitos que durante mi vida profesional me han dado la experiencia y motivación de seguir siempre adelante. Y especialmente a ti, que en este momento tienes mi manual en tus manos.

ACLARACIONES

En todos los temas que toco en este manual, me dirijo en lo general a ambos sexos, a pesar de utilizar frecuentemente el género masculino para efectos de uniformidad.

Mucha de la información que aquí te menciono puede sufrir cambios a través del tiempo, por lo cual algunos temas —como la vacunación y muchos otros más— serán revisados y actualizados periódicamente en futuras ediciones de este libro.

Además de las bases científicas actualizadas a este momento (2023), parte de la información contenida en este manual está basada en mi experiencia personal, sin buscar en ningún momento el debatir o contradecir a alguien más, por lo cual, finalmente, deberá prevalecer el criterio del pediatra de tu confianza.

MI DESCRIPCIÓN DE TU NUEVO JUGUETITO DE AMOR

Juguete de amor: objeto, cosa o personita hermosa destinada a entretenernos, divertirnos, proporcionarnos alegría, amor y enseñanza.

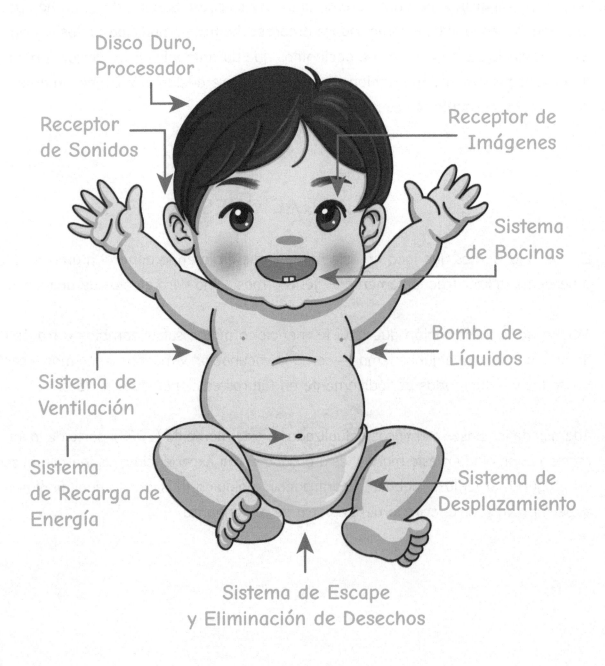

Disco Duro, Procesador

Receptor de Sonidos

Receptor de Imágenes

Sistema de Bocinas

Bomba de Líquidos

Sistema de Ventilación

Sistema de Recarga de Energía

Sistema de Desplazamiento

Sistema de Escape y Eliminación de Desechos

ÍNDICE

Contenido	Página

PREPARATIVOS PARA RECIBIR LA GRAN VISITA

Antes de la llegada del nuevo bebé, como padres habrán de hacer ciertos preparativos importantes. Seguramente esta lista les ayudará a realizarlos de forma organizada.

Elección de tu gineco-obstetra

Generalmente, al momento de estar planeando el nacimiento y demás detalles sobre la atención de su bebé, la mayoría de las mujeres o parejas ha decidido ya con qué gineco-obstetra atenderse. De no haberlo hecho en este momento, les sugiero tomar en cuenta varios detalles que garanticen su tranquilidad, seguridad y también comodidad.

Antes de seleccionar a su médico, idealmente la pareja debe pasar a conocer personalmente a varios de ellos. El saludo, el aspecto, la vestimenta, la actitud y muchos detalles más pueden proyectar en unos cuantos minutos una simpatía o apatía hacia su persona. Toma en cuenta los siguientes puntos:

✓ Analiza a la persona. Fíjate en su presentación, vestimenta, higiene y actitud del doctor. El simple aspecto de una persona nos dice mucho sobre ella. Un triunfador sabe que "nunca hay una segunda oportunidad para causar una primera buena impresión".

✓ Checa si en verdad es lo que dice ser. Puedes buscar y entrar a la página web del Colegio de Ginecología y Obstetricia de tu estado y ahí checar si está registrado. También puedes checar hasta en sus recetas si cuenta con su cédula profesional y permiso para ejercer en el estado.

✓ Ubicación de su consultorio. En ciudades grandes, las distancias en verdad cuentan, y de haber varias opciones, es preferible elegir el mismo rumbo.

✓ Checa las características de la clínica o consultorio. Tener estacionamiento, secretaria amable, limpieza y presentación son importantes.

✓ Pregunta si el Dr. atiende en Urgencias o si tiene ayudantes que lo hagan.

✓ Checa si el Dr. atiende en el hospital que ustedes han seleccionado, y de no hacerlo, escucha su recomendación y motivos.

✓ Pide referencias sobre él a tus amigos, familiares y conocidos médicos.

✓ No olvides platicar abiertamente con tu médico, desde antes del nacimiento, sobre el costo, facturación y formas de pago de sus honorarios.

Elección de tu neonatólogo o pediatra

a. Considero muy importante que conozcas a quién asistirá a tu bebé al momento del nacimiento. Es común que muchas parejas de futuros padres lleguen al hospital donde nacerá su bebé sin siquiera conocer a su pediatra, dejándolo a total elección del obstetra.

b. Es crucial tomar siempre en cuenta la opinión de tu gineco-obstetra, quien seguramente te mencionará varias opciones de médicos con quienes acostumbra a trabajar y a quienes conoce en su ámbito profesional.

c. Si ustedes como padres tienen una preferencia por alguien en especial, habrán de mencionársela con anticipación. Por lo general, un buen número de pediatras están capacitados en reanimación neonatal y manejo del recién nacido sano o con enfermedades no graves, necesario para asistir a un bebé al momento de nacer y manejarlo en caso de presentar algún problema no grave.

d. Después de terminada su especialidad en Pediatría, quien además quiera ser neonatólogo, deberá estudiar otros dos años más de especialidad en algún hospital reconocido para tal fin, concentrado solamente en recién nacidos.

e. En la actualidad, ya la gran mayoría de gineco-obstetras recurren de primera instancia a pediatras con alta especialidad en neonatología o perinatología pediátrica para recibir a los bebés de sus pacientes. Eso garantiza una atención oportuna y da una mayor tranquilidad tanto a él como responsable del embarazo como a ustedes, padres del futuro bebé.

f. En estos momentos, en la mayoría de los hospitales de calidad de México se pide como regla que cualquier pediatra que esté autorizado para laborar en ese hospital y asistir un nacimiento esté capacitado en reanimación neonatal.

g. También es cada vez más frecuente, como parte del reglamento hospitalario, que cuando un recién nacido atendido por un pediatra requiera de atención especial, ya sea en Cuidados Intermedios o Intensivos, el caso sea asignado obligadamente a uno de los pediatras neonatólogos previamente registrados y autorizados para ejercer en dicho hospital, o que el bebé sea atendido en forma conjunta por ambos.

h. La elección es tuya, y seguramente un pediatra con alta especialidad en neonatología podrá resolver con más seguridad cualquier eventualidad que pueda presentarse. Junto al médico de tu elección, vigilarán la salud física y mental de tu niño durante varios años, por lo que es importante hacer una buena elección. Se vale entrevistar a varios y comparar hasta elegir la mejor opción.

Mi comentario

Es fundamental que te regreses al tema anterior y tomes también en cuenta los mismos puntos que usaste para seleccionar a tu gineco-obstetra.

Elección del hospital donde nacerá tu bebé

Cada vez es más común en México y en todo el mundo que los médicos especialistas busquemos integrarnos a un hospital o clínica en donde podamos ejercer nuestra práctica profesional. Los mejores especialistas frecuentemente atenderán casos complicados y de alta dificultad, lo que los hace procurar estar dentro, o cuando menos cerca, del hospital donde suelen internar a sus pacientes cuando el caso lo requiere. Personalmente, pienso que la mejor opción es elegir un hospital en el cual se encuentren integrados el gineco-obstetra y el pediatra o neonatólogo. Claro, deberá ser un hospital de la calidad que tú buscas, avalado por los médicos que ustedes mismos eligieron, y que por seguridad cuente con el equipamiento y personal adecuados en caso de presentarse alguna complicación. En este caso, también son aplicables algunos de los aspectos que te recomendé para elegir a tus médicos. Casi podría asegurarte que ningún médico especialista reconocido y exitoso tendrá un consultorio feo, sucio, mal atendido y perdido por allá en un barrio lejano. Igualmente, los mejores médicos buscan siempre los mejores hospitales y clínicas. Escucha con atención sus comentarios y recomendaciones al momento de seleccionar su hospital. Tómate la libertad de pasar a conocer las instalaciones, el área de gineco-obstetricia, la sala de cunas, y por si pudiera ofrecerse, para conocer también la sala de Cuidados Especiales de recién nacidos. Pregunta por los precios y los paquetes de atención a nacimientos y qué servicios incluyen por el costo ofrecido. Quizá algunos estudios o procedimientos recomendados para el recién nacido no sean incluidos y de una buena vez puedan ser cotizados. Podría ser el caso del tamiz auditivo neonatal, el tamiz metabólico ampliado, el tamiz cardiológico, la circuncisión neonatal o algún otro estudio que tu gineco-obstetra o tu pediatra neonatólogo te sugieran. Es importante estar siempre enterado de los posibles costos de la atención hospitalaria y evitar sorpresas desagradables de última hora.

✓ Platica con tu gineco-obstetra sobre las diferentes opciones de hospitales, sus preferencias y motivos.
✓ Pasa a conocerlos personalmente y solicita información de los diferentes tipos de paquetes de nacimiento, así como sus costos respectivos y opciones de pago.
✓ Junto a tu pareja, tomen la decisión que más les convenga.
✓ Informa a tu gineco-obstetra y a tu neonatólogo o pediatra.

Primer visita prenatal con el neonatólogo o pediatra

Idealmente, desde antes del nacimiento, al haber seleccionado ya a tu pediatra o neonatólogo, es muy recomendable que se agende una cita prenatal en la cual, además de conocer personalmente a tu futuro médico, con quien tratarás muy frecuentemente los siguientes años después del nacimiento, deberán tratar los siguientes temas:

✓ Tu estado de salud general.

✓ Antecedentes de otros embarazos.

✓ Evolución del embarazo actual.

✓ Medicamentos tomados durante el embarazo.

✓ Aplicación de vacunas durante el embarazo.

✓ Hospital donde se planea tener el nacimiento.

✓ Preparación previa para alimentación al seno materno.

✓ Probable participación del padre al momento del nacimiento.

✓ Maniobras de reanimación del bebé al nacer.

✓ Pros y contras de la circuncisión en hombres.

✓ Colocación de aretes en mujeres.

✓ Exámenes de los tamizajes recomendados para el recién nacido.

✓ Aplicación de sus primeras vacunas y valoración de los diferentes esquemas vacunación para tu bebé.

✓ Información que será entregada sobre los cuidados del bebé.

✓ Calendario de consultas y seguimiento.

✓ Costos de cada uno de los servicios, así como número de teléfono y redes.

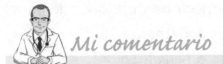

Mi comentario

Toda esta información ayuda a que, al momento del nacimiento del bebé, como neonatólogos conozcamos y valoremos los posibles riesgos de tu caso, estando preparados de forma adelantada a cualquier posible complicación, como yo mismo hago con mis pacientes. La consulta prenatal con los futuros padres personalmente la realizo sin costo alguno.

Comunicación entre tu gineco-obstetra y tu neonatólogo

La comunicación entre el gineco-obstetra que atiende el embarazo y el neonatólogo que recibirá a tu bebé es importante, pues de médico a médico, con ese idioma poco entendible para los pacientes —y tan común entre nosotros— se habrá de platicar los detalles de tu caso en especial, como exámenes de laboratorio, ultrasonidos, etc., incluyendo los posibles riesgos de cada caso. Igualmente, se habrá de coordinar el día del nacimiento.

✓ Visita a cada uno de ellos por separado.
✓ Habiendo ya seleccionado a tus médicos, solicítales se comuniquen entre sí.
✓ Mantén informados a ambos después de cada visita y cada decisión.
✓ Teniendo cerca la fecha del nacimiento, habla con ambos y checa que estén ya coordinados y en contacto.
✓ Al momento de internarte para tener a tu bebé, avisa también a tu pediatra o neonatólogo, no esperes hasta que el gineco-obstetra lo haga.

Preparando la casa y cuarto de tu bebé

Muy seguramente desde el primer momento en que recibiste tu prueba de embarazo positiva empezaste a echar a volar tu imaginación, y tu próximo bebé ocupa una gran parte de tus pensamientos. ¡Creo no equivocarme! Es importante considerar lo siguiente:

Mascotas dentro de casa

Las mascotas son tan frecuentes en nuestras casas que debemos ser cuidadosos y tomar ciertas precauciones. Sea cual sea tu mascota, puede representar un cierto riesgo para la salud de tu bebé. Hablemos un poco sobre el tema...

✓ Si de momento no tienes mascota en casa y planeas tenerla, te recomendaría reconsiderar esta opción y dejarla para más adelante, quizá para cuando tu bebé tenga cinco años o más, o seleccionar una que se mantenga fuera de casa.

✓ Los animales dentro de casa como perros y gatos —que son los más frecuentes—, si se encuentran en contacto directo o cercano, pueden representar un riesgo para el nuevo bebé.

✓ Los perros tienden a chupar y dejar su saliva en cualquier persona que quieren, siempre y cuando se les permita acercarse.

✓ Tanto perros como gatos sueltan bastante pelo que puede incluso ser difícil de ver, además de cierta descamación de su piel en forma de caspa fina que pudiera ocasionar algún problema al bebé.

✓ Cuanto más, si su mascota acarrea consigo algún tipo de parásitos, ya sea en sus vías digestivas, respiratorias o en su piel.

✓ En concreto, cualquier mascota dentro de casa representa un determinado riesgo para un recién nacido o bebé pequeño.

✓ En caso de ya tenerlo(s) y no poder o querer prescindir de ellos, por favor, por la salud de tu hijo, procura mantenerlos en tu patio.

✓ De seguir dentro de casa, aséalos con la máxima frecuencia y calidad que se recomiende según su especie, y de ser posible acude a revisión con el veterinario. Aun en las mejores condiciones, sería preferible mantenerlos fuera del cuarto del recién nacido, cuando menos sus primeros años de vida.

✓ Si tocas a tu mascota, sea cual sea, lava bien tus manos antes de tocar a tu bebé.

¿Aún sigues aquí conmigo?

Después de haberte dicho algo que al 90% de los amantes de las mascotas —como yo mismo— no nos gusta escuchar, quizá hayas ya mandado a volar este manual. Por más que ames a tu(s) mascota(s), el cuidar la salud de tu(s) hijo(s) deberá ser tu mayor prioridad.

Aseo del cuarto del bebé

Seguramente tratarás de mantener el cuarto de tu hijo en las mejores condiciones posibles de limpieza, y si piensas igual que la mayoría, de inmediato se me viene a la mente un trapo en mano, escoba y trapeador. La consideración importante al respecto es que el barrer o alborotar el polvo con un trapo, ocasiona que ese polvo fino que no queremos respirar, se levante, permanezca un rato en el aire y más tarde vuelva a caer. Por tal motivo, es muy relevante considerar que el trapo que esté en tus manos, o en las de quien te ayude con esa función, se encuentre bien humedecido para que pueda atrapar polvo; trata de cambiar la escoba por la aspiradora y de que ese trapeador también esté bien húmedo. El ruido de la aspiradora puede ser bastante molesto para su bebé, por lo que te recomiendo cambiarlo de habitación mientras aspiras.

✓ No es conveniente barrer o sacudir el cuarto estando tu bebé presente, ni meterlo inmediatamente después de hacerlo. Espera 15-20 minutos a que el polvo se asiente, y entonces hazlo con confianza. Es preferible aspirar o trapear más seguido.

✓ A los mosquitos les gusta la carne tiernita y el olor de los bebés, revisa bien el cuarto buscando en los rincones, y de ser necesario fumiga bien, manteniendo la puerta cerrada para evitar que entren más moscos. Puedes colocar un velo o pabellón en su cuna, para evitar que le piquen.

✓ No debes fumigar el cuarto estando tu bebé dentro, y de hacerlo, espera al menos 6 horas antes de meterlo de nuevo.

✓ Si tu cuarto tiene aire acondicionado, procura que el flujo no le pegue directamente al bebé, y limpia el filtro del aparato al menos cada quince días.

✓ No debes realizar trabajos de pintura dentro del cuarto estando tu bebé presente. Algunas de ellas pueden tener solventes volátiles que tu bebé puede inhalar.

Mi comentarioo

Seguramente ubicarás a tu bebé dentro de tu propia recámara matrimonial, aunque no es raro que tomando en cuenta la constante atención de madrugada que requiere un bebé, el padre, que necesita trabajar de horario completo, se mude por un tiempo a una recámara contigua. Para ello, de ser posible selecciona un cuarto limpio, sin hongo en las paredes, preferentemente sin plantas naturales, con buena ventilación, adecuada entrada de luz natural y a la vez una buena cortina para cuando quieras poca luz al momento de descansar; un sitio con poca circulación de personas, para evitar cualquier posible contagio y el ruido que pueda interrumpir su descanso. En conclusión, te recomiendo un cuarto limpio, ventilado y tranquilo.

Selección de la cama y accesorios del bebé

✓ Seguramente querrás comprar la más bella y moderna cuna o cama para tu bebé, pero recuerda tomar en cuenta dos aspectos básicos: la función y la seguridad. Durante su primer año de vida, el bebé crecerá a un ritmo bastante acelerado, por lo cual el uso de una cuna pequeña tipo "moisés" seguramente le durará por poco tiempo.

✓ Sería más recomendable utilizar una cuna tipo cama que le podrá durar por bastante más tiempo.

✓ Acerca de la función, actualmente hay en el mercado una excelente variedad de cunas y camitas que a su vez cuentan con múltiples servicios, como sección para cambio de pañal, bañera, cajoneras especiales para accesorios, etc.

El colchón

✓ Este deberá ser suave, pero firme a la vez, con un forro impermeable o absorbente que permita ser lavado cuando sea necesario.

✓ También deberá ser del tamaño adecuado a la cuna, pues el ser pequeño podría dejar espacios a los lados, en los cuales el bebé puede caer o atorarse.

✓ El espacio entre colchón y cuna no debe ser mayor de dos dedos.

✓ No es conveniente acostar al bebé en almohadas o cojines blandos y suaves que podrían sofocar e impedir la respiración.

Protectores

✓ Si la camita o cuna tiene barrotes a los lados, debe colocarse un protector de cojín o esponja que no permita que el bebé pueda atorar sus brazos o piernas.

✓ En las cabeceras, esta protección evitará que golpee su cabecita.

✓ Los barrotes o barreras protectoras deberán ser de una altura adecuada, que impida que el bebé pueda caerse al rodar, o más adelante que se pueda parar, deberán ajustarse según la edad y altura de tu hijo.

Accesorios

✓ No es recomendable dejar en la cuna, al alcance del bebé, objetos o accesorios que se puedan introducir a su boca y ocasionar un ahogamiento.

Ropa de cama

✓ Al igual que la ropita del bebé, es conveniente que se seleccionen telas de tejido fino que no raspen o lastimen la piel del bebé ni permitan que entre un dedito o mano entre el tejido y pueda atorarse.

✓ La ropa de cama deberá lavarse preferentemente con jabón líquido y suavizante. Las colchitas deberán ser del grosor adecuado, acorde al clima de la temporada de tu ciudad y casa.

Selección de la nueva ropita del bebé

Seguramente desde meses atrás, al enterarse el sexo de tu bebé, después de varias despedidas, tú ya recibiste de tus amigos y familiares algunos jueguitos, ropa rosa o azul y cuentas ya con un buen guardarropa que quizá ni alcance a usar debido a su rápido crecimiento. Es importante seguir estas recomendaciones y contar cuando menos con la siguiente lista básica de ropita

Recomendaciones generales:

✓ Procura utilizar ropa preferentemente de algodón, pues es el material que se ha comprobado ser más delicado e higiénico para la piel del bebé.

✓ Selecciona ropita de textura y tejido suave, que no marque o raspe la piel.

✓ Utiliza prendas de un tamaño que le permita tener movimientos holgados y no quede ajustada. Asimismo, podrá durarle varios meses de rápido crecimiento.

✓ Si usas guantes, evita aquellos de tejido amplio que pudiera ocasionar que se atore un dedito y le corte la circulación.

✓ Al lavar enjuaga bien para evitar restos de jabón o suavizante que irriten la piel del bebé.

✓ Evita adornos, medallas o cualquier accesorio que se abroche con aguja para evitar que al desabrocharse pueda picar a tu bebé.

✓ Las bandas decorativas en la frente, los calcetines apretados y los guantes con elástico que apriete, son causa muy frecuente de llanto en los bebés.

Guardarropa básico para recién nacidos

El guardarropa de tu bebé podrá ser tan amplio y moderno como quieras, aunque en esta sección te recomendaré solo lo más básico, y tú decidirás el resto.

✓ 5 camisetitas blancas de algodón
✓ 5 pares de calcetines
✓ 5 juegos de ropa
✓ 2 pares de guantes de mano
✓ 2 gorritos (invierno)

✓ 2 suéteres (invierno)

✓ Accesorios de decoración al gusto

Material y accesorios de uso diario

✓ Un paquete de al menos 10 pañales desechables

✓ Toallitas húmedas o torundas de algodón con agua

✓ Pomadas para el área del pañal (Capent, Desitin, Hipoglos, Mustela, etc.)

✓ Si utilizarás pañales de tela, llevar una docena de ellos

✓ Calzoncito de hule en caso de usar pañales de tela

✓ Una pastilla de jabón neutro o especial para bebé

✓ Un champú para bebé

✓ Un cepillito fino para el pelo

✓ Un frasco de crema de piel para bebé

✓ Un cortaúñas para bebé

✓ Tina bañera para bebé

✓ Toallas de tejido fino

✓ Calefactor ambiental (en climas fríos)

✓ Vaporera para esterilizar mamilas (solo si usa mamilas)

Qué llevar al hospital

En esta sección me limitaré a mencionar solamente la lista de ropita que deberán llevar al hospital en su pañalera al momento del nacimiento. Ya tendrás tiempo en casa de estrenar todo el resto del guardarropa.

Artículos de limpieza:

✓ Un paquete de al menos 10 pañales desechables

✓ Toallitas húmedas o torundas de algodón con agua
✓ Si utilizará pañales de tela, llevar una docena de ellos
✓ Calzoncito de hule en caso de usar pañales de tela
✓ Una pastilla de jabón neutro o especial para bebé
✓ Un champú para bebé
✓ Un cepillito fino para el pelo
✓ Un frasco de crema de piel para bebé

Ropita para el bebé:
✓ 2-3 camisetitas blancas de algodón
✓ 2-3 pares de calcetines
✓ 2-3 juegos de ropa
✓ 1 sabana delgada preferentemente de algodón
✓ 1 colchita

Preparación de los hermanitos

Acerca de la preparación psicológica de los hermanitos mayores del recién nacido —si es que los hay—, es importante mencionar que va orientada a ciertas medidas de higiene y seguridad a continuación enlistadas. El aspecto psicológico —como los celos— deben tratarse con pláticas constantes, evitando así la posibilidad de que pudieran hacerle daño al bebé.

✓ Tocar al bebé solo con las manitas recién lavadas.
✓ No gritarle ni tocarlo con movimientos bruscos.
✓ Cuidar que el hermanito no le dé ningún alimento o introduzca algo a su boca.
✓ Evitar que un niño pequeño cargue al bebé sin supervisión.
✓ Evitar que besen al bebé en la boca o con los labios embarrados.

Capítulo 2

PROBLEMAS MATERNOS QUE PUEDEN INFLUIR EN EL BEBÉ

Es importante saber que algunos padecimientos que afecten a la madre embarazada pueden contagiar, trasmitirse o afectar de varias maneras al bebé. Por eso, es relevante llevar un adecuado control durante todo el embarazo. Generalmente, si el padecimiento materno es detectado y tratado en tiempo y forma, puede lograrse un bebé completamente sano o limitar el daño. En todos los casos habrá de considerarse siempre el estado de salud materno y los medicamentos prescritos, también por su posible impacto en la lactancia materna, misma que en algunos casos podría ser suspendida parcial o definitivamente tanto por el padecimiento materno como por el tratamiento empleado. Es muy poco probable el tener que suspender la lactancia, ya sea por la enfermedad de la madre o por los medicamentos que toma. En el capítulo de lactancia materna podrás ver esto con más detalle. ¡Seguramente tu bebé nacerá sano!

Madre con desnutrición o trastornos alimentarios

✓ Es muy fácil entender que el bebé se alimenta directamente de su madre, que a través del cordón umbilical y la placenta realizan un intercambio de nutrientes completo y balanceado para el correcto crecimiento de un producto bastante demandante y exigente que crece a un ritmo acelerado.

✓ Aun habiendo ciertas deficiencias en el estado nutricional de la madre, hasta cierto grado su cuerpo sacrificará algunos de sus nutrientes para destinarlos prioritariamente a su bebé. En casos de trastornos alimentarios más severos, como desnutrición, obesidad, anorexia o bulimia, pudieran ya afectar el bebé.

✓ Es muy importante que durante todo el embarazo se lleve una alimentación completa, sana, balanceada y suficiente que nos ayude a lograr un recién nacido sano y en buenas condiciones. Por favor, dale mucha importancia a este tema, y de ser necesario acude a un especialista del campo de la nutrición. Todos estos casos deberán ser tratados integralmente en forma oportuna.

Mi comentario

Si de momento cuentas con uno de estos problemas, idealmente se deben tratar de controlarlos desde antes del embarazo. Si ya estás embarazada, es muy importante seguir el tratamiento durante toda la gestación y llevar un control especializado que evite complicaciones tanto a ti como a tu bebé.

Medicamentos, tabaco, alcohol o drogas

Durante el embarazo, al igual que los nutrientes pasan de madre a hijo por el cordón umbilical y placenta, pasan también algunas substancias o medicamentos que la madre ingiere. Esto es bien conocido por los gineco-obstetras especialistas, quienes en caso de requerir de algunos medicamentos, eligen aquellos que menos cruzan la barrera placentaria y no afecten al bebé. De igual manera, la nicotina, el alcohol y prácticamente todas las drogas pasan de la madre al bebé, pudiendo ocasionarle algunas alteraciones serias. Las drogas consumidas por la madre, además de poder ocasionar algún daño serio al bebé, pueden crear también cierta adicción, y al no recibirlas más después del nacimiento puede padecer una crisis de abstinencia que deteriore su estado de salud.

✓ El tabaquismo de más de diez cigarrillos al día, y prolongado por diez o más años, puede ser causa de bebés de bajo peso, y en algunos casos propiciar abortos.

✓ Una madre alcohólica puede dar a luz a un bebé con síndrome alcohólico fetal y ocasionarle daños irreversibles.

✓ Cualquier droga puede ocasionar un síndrome de abstinencia en el bebé por la supresión brusca al momento de nacer.

Síndrome alcohólico fetal

Por ser el alcoholismo un problema bastante frecuente en nuestra sociedad, te mencionaré algunas de las características de este posible problema en tu bebé. Por favor, si aún estás en tu etapa de embarazo, suspende lo antes posible la ingesta de alcohol de cualquier tipo, y de no ser posible el hacerlo por tu propia voluntad, busca ayuda profesional de inmediato. Habla con tu médico ya y pon mucha atención a lo siguiente:

✓ Cuanto más alcohol ingieras durante el embarazo, mayor será la posibilidad de afección a tu bebé, aunque no hay una cantidad segura de alcohol que ingieras durante la gestación. Cualquier cantidad pudiera afectar irreversiblemente a tu bebé.

✓ El alcohol que ingieras pasará a la sangre de tu bebé a través de la placenta, pero su hígado no tendrá la misma capacidad de procesarlo como lo haces tú, por lo que el daño a sus órganos, aún inmaduros, puede ser bastante severo.

✓ El síndrome alcohólico fetal puede provocar daño cerebral y problemas de crecimiento.

✓ Los problemas causados por el síndrome alcohólico fetal y su severidad pueden variar de un niño a otro, pero los defectos provocados por este síndrome generalmente son irreversibles.

✓ El manejo oportuno y adecuado de este problema puede disminuir a su vez los problemas de dificultad de aprendizaje y de conducta del bebé.

✓ Los signos y síntomas del síndrome alcohólico fetal pueden comprender varios defectos físicos y/o discapacidades intelectuales o cognitivas que le dificultan desempeñarse y afrontar la vida diaria.

✓ Los riesgos de afecciones irreversibles en el bebé son mayores durante los primeros tres meses de gestación, por ser cuando sus órganos y tejidos se encuentran aún en formación.

Qué hacer para prevenirlo

Es muy sencillo y fácil de entender. Si piensas embarazarte pronto, si tienes dudas de ya estar embarazada o si ya has confirmado que lo estás, suspende de inmediato la ingesta de alcohol de cualquier tipo. Preferentemente, busca la ayuda de un profesional de las adicciones.

Síndrome de abstinencia neonatal
(más adelante mencionado solo como SAN)

Es increíble el avance que han tenido las adicciones en la época actual, lo cual desgraciadamente incluye también al embarazo. El bebé se encuentra recibiendo a través de la sangre de su madre una droga, y al momento de nacer y suprimir esa substancia, empieza a presentar el síndrome de abstinencia acompañado de varios síntomas. Gran parte de las recomendaciones y formas de prevención son las mismas que acabo de comentarte en el tema del alcoholismo. Si no lo has leído aún, regresa al capítulo anterior y por favor léelo.

✓ Algo muy similar a la ingesta de alcohol durante el embrazo; cualquier tipo de droga puede tener diferentes afecciones sobre el crecimiento y desarrollo del embrión y posteriormente del feto.

✓ De igual manera que el alcohol, las drogas pueden presentar afecciones físicas, neurológicas, psicológicas y conductuales, asimismo, algunas de ellas pudieran ser irreversibles.

✓ Habiendo una diversidad de drogas en la actualidad, las alteraciones pudieran ser mayores o menores según el tipo de adicción, también puede variar el grado de afectación en el bebé según la etapa del embarazo en que se vea expuesto a la droga, la cantidad y frecuencia de consumo, así como la duración de exposición a esa substancia.

Causas

Es fácil de entender que, aquellos bebés que durante un tiempo estuvieron recibiendo un medicamento, droga o substancia adictiva a través de la sangre de su madre, y estos son suspendidos bruscamente —como sucede al momento de nacer—, presentarán manifestaciones de abstinencia.

✓ El SAN se puede presentar cuando una mujer embarazada toma drogas opiáceas adictivas como la cocaína, heroína, codeína, etc.

✓ Estas y otras sustancias atraviesan la placenta que conecta al bebé con su madre en el útero, y al igual que a su madre lo vuelve dependiente de la droga.

✓ Si la madre continúa usando las drogas cerca de la última semana antes del parto, el bebé será dependiente de la droga al nacer. Debido a que el bebé ya no está recibiendo la droga después del nacimiento, se pueden presentar síntomas de abstinencia.

✓ Una vez más, la clave del diagnóstico y las pautas de manejo a seguir, estarán basadas en el antecedente de su madre al confesar que ha consumido alguna de estas substancias adictivas. La madre que miente por pena y no acepta su consumo de drogas hará un daño tremendo y quizá irreversible a su bebé.

✓ Los síntomas de abstinencia también se pueden presentar en bebés expuestos al alcohol, tranquilizantes, sedantes y ciertos antidepresivos.

✓ Los bebés de madres que consumen drogas o substancias adictivas durante el embrazo, como la nicotina, anfetaminas, cocaína, marihuana, alcohol, etc., pueden tener problemas inmediatos, a mediano o largo plazo.

Los síntomas pueden variar dependiendo de ciertos factores:

✓ El tipo de droga que la madre consumió.

✓ La forma como el cuerpo del bebé metaboliza y elimina la droga (influenciado por factores genéticos).

✓ La cantidad de droga que ella estaba tomando.

✓ El tiempo que la madre tenía consumiendo la droga.

Los síntomas generalmente empiezan de 1 a 3 días después del nacimiento, pero pueden tardar hasta una semana en aparecer. Por esto, es muy importante platicar con tu pediatra o neonatólogo acerca de tu adicción, para de esta manera estar alerta ante cualquier síntoma temprano o tardío en el bebé.

Los síntomas pueden incluir a todos los aparatos y sistemas del cuerpo y pueden presentarse desde el mismo momento del nacimiento.

Pruebas y exámenes

Se pueden realizar exámenes en la orina de la madre en busca de substancias adictivas. Asimismo, se pueden estudiar las heces y la orina del bebé en busca de drogas.

Tratamiento

✓ Podrá variar dependiendo del tipo, cantidad y duración de la droga utilizada por la madre, así como del tipo e intensidad de los síntomas en el bebé.

✓ El equipo de atención médica vigilará al recién nacido cuidadosamente hasta por una semana (o más dependiendo de cómo esté el bebé) después del nacimiento para buscar signos de abstinencia, problemas con la alimentación y vigilar sus aumentos de peso.

✓ Es posible que los bebés que vomiten o que estén muy deshidratados necesiten recibir líquidos a través de una vena.

✓ En algunos casos pudiera llegarse a necesitar el administrarle al bebé una droga similar a la que la madre consumió durante el embarazo y disminuir lentamente la dosis.

✓ Otras veces solo es necesario dar medicamentos que contrarresten los síntomas más intensos.

Mi comentario

Por favor, evita las bebidas alcohólicas de cualquier tipo durante el embarazo. Si padeces de adicción al alcohol o a alguna otra droga o substancia, coméntalo abiertamente a tu gineco-obstetra, con tu neonatólogo o pediatra en la visita prenatal o después de nacer, para seguir un manejo profesional adecuado y disminuir posibles daños a tu bebé. Si este es tu caso, seguramente ya al tener esta información que te he dado podrás atenderte y hacer lo necesario para que tu bebé crezca y nazca sano. Tristemente, hoy en día hay un gran número de drogas de muchos tipos y cada vez vemos y aprendemos de nuevas alteraciones en el feto.

Embarazo con productos múltiples

✓ El tener un embarazo con productos múltiples normalmente es una buena noticia, aunque también pudiera representar un aumento de riesgos en varios sentidos.

✓ Ya sea que dicho embarazo múltiple se haya logrado en forma espontánea o como consecuencia de algún tratamiento de fertilidad asistida, representa un mayor esfuerzo físico de la madre, quien deberá alimentar e intentar llevar a término no a uno, sino a dos, tres o más bebés, como frecuentemente lo vemos en la actualidad.

✓ Es común que entre dos o más hermanitos que conviven dentro del mismo "microambiente" haya algunas diferencias, no solo de sexo, sino también de tamaño y estado nutricional.

✓ De alguna manera, existe entre ellos cierta competencia por obtener más sangre de la placenta, y no es raro que alguno o algunos de ellos ganen la batalla y tengan un mayor peso al momento de nacer.

✓ En cuanto más productos sean, será también mayor la distensión del útero (matriz) y toda tu cavidad abdominal, por lo cual en más probable que se tenga un nacimiento antes de tiempo, lo cual lógicamente representa también un mayor riesgo de inmadurez y todas sus consecuencias para tus bebés.

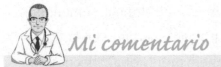 *Mi comentario*

En la actualidad, los procedimientos de fertilidad asistida son cada vez más exitosos, por lo cual los especialistas implantan un menor número de embriones, logrando embarazos únicos o de dos productos, evitando nacimientos múltiples de trillizos y cuatrillizos que representan mayores riesgos para madre e hijos.

Madre con Rh negativo o sangre diferente al bebé

Conceptos generales

✓ La sangre cuenta con tipos sanguíneos denominados en letras, pudiendo ser O, A, B o AB, así como un Rh denominado como positivo o negativo.

✓ El bebé puede tener sangre del tipo de su madre o de su padre, y en algunos casos diferente, como sus abuelos.

✓ Aún con la misma madre y padre, entre hermanos puede haber grupos y Rh sanguíneos diferentes.

✓ Los genes del tipo sanguíneo, ya sean del padre o de la madre, pueden ser dominantes (más fuertes) o recesivos (más débiles), es eso lo que condicionará el tipo sanguíneo del bebé que ambos procreen.

✓ Seguramente ya habrás escuchado que aquellas madres con sangre tipo O Rh (-) pudieran ocasionarle algún problema al producto que llevan dentro —si es que el bebé viene con otro tipo de sangre diferente al suyo—, y el motivo es el siguiente: como todos sabemos, el producto que se gesta dentro la madre tiene una posibilidad de contar con un tipo sanguíneo diferente al de ella, quizá igual al del padre, y siendo diferente al tipo sanguíneo materno, algunos casos pudieran presentar algún problema desde antes de nacer o en sus primeros días de vida.

✓ La incompatibilidad sanguínea entre madre e hijo puede deberse al grupo sanguíneo (letra) o al Rh. La incompatibilidad más frecuente es cuando la madre es tipo O y el bebé otro tipo diferente, ya sea A, B o AB, o cuando la madre es Rh negativo y el bebé es Rh positivo. O sea que la incompatibilidad sanguínea madre-hijo puede ser debida al tipo sanguíneo, o al Rh, o a ambas cosas.

✓ La incompatibilidad de tipo sanguíneo (letra) suele ser más leve y menor riesgosa que la incompatibilidad de Rh, aunque puede haber excepciones.

✓ La placenta materna delimita el territorio entre madre e hijo, y aunque normalmente solo deja pasar los nutrientes que el bebé requiere y toma de su madre, también puede dejar pasar pequeñas cantidades de sangre del bebé hacia la madre, y precisamente eso es la causa del problema.

✓ Al momento de recibir y detectar una sangre diferente a la suya, la madre de inmediato la reconoce como una substancia ajena, por lo cual rápidamente produce anticuerpos para destruir a ese intruso que ronda en su circulación.

✓ Esos anticuerpos recién producidos por el sistema inmune materno van especialmente dirigidos contra la sangre del bebé, y tienen la cualidad no solo de destruir esa pequeña cantidad de sangre del bebé que entró a la circulación materna, sino que también pueden cruzar la barrera que representa la placenta, entrando a la circulación del bebé y destruyendo parte de sus glóbulos rojos, ocasionándole un daño que puede variar de tipo e intensidad.

✓ La destrucción sanguínea del bebé se llama hemólisis y esta puede ser leve o tan severa que ocasione cierta anemia en el bebé recién nacido, incluso puede afectar al feto desde antes de nacer, al grado de ocasionar un aborto en aquellos casos de incompatibilidad sanguínea severa que no han sido tratados correctamente. Cualquier especialista en gineco-obstetricia domina este tema y evitará que pueda sucederle a tu bebé.

✓ Es por eso por lo que al tener una madre con sangre tipo O Rh (-), desde edad temprana del embarazo, el gineco-obstetra indicará algunos exámenes para detectar estos anticuerpos en la madre y valorar la administración inyectada de un antídoto especial que evite que el bebé sea dañado incluso desde antes de nacer.

✓ En aquellos casos de daño leve, el bebé después de nacer muy probablemente tomará una coloración amarillenta de su piel, ojos y mucosas, llamada ictericia, la cual posiblemente requerirá de ser tratada con una luz especial médicamente llamada fototerapia, y que le ayudará en los siguientes días a procesar esa bilirrubina elevada y eliminarla más rápidamente por la orina.

✓ Estando bajo el cuidado de un buen equipo de médicos especialistas, difícilmente encontraremos neonatos que requieran de procedimientos o manejos más complicados o presenten daños serios.

✓ En estos casos, después del nacimiento de un bebé con Rh positivo y madre Rh negativo, se le deberá administrar ese medicamento a la madre inmediatamente después del nacimiento, aun cuando ya haya recibido una o varias dosis antes del nacimiento para evitar que se sigan formando más anticuerpos que pudieran dañar más severamente al bebé del próximo embarazo.

✓ Ya después de haber nacido, a un bebé con incompatibilidad sanguínea —ya sea por el factor Rh o por el tipo sanguíneo— posiblemente se le eleven sus bilirrubinas en sangre y tome una coloración amarillenta de su piel, lo cual, dependiendo del nivel de bilirrubinas en sangre, pudiera requerir de baños de luz solar, quizá aplicarle una luz especial que llamamos fototerapia, y, en el peor de los casos, pudieran requerir de un recambio de toda su sangre circulante por otra de un donador compatible, lo cual llamamos exanguino-transfusión. Este tema será tratado en el tomo 2 de este libro, donde platicaremos sobre los problemas más frecuentes del bebé.

Casos de incompatibilidad sanguínea entre madre y bebé

✓ Madre con sangre Rh-negativo con bebé Rh positivo.

✓ Madre con sangre tipo O y bebé con tipos A, B o AB.

✓ Madre con sangre tipo A y bebé con tipo B o AB.

✓ Madre con sangre tipo B y bebé A o AB.

✓ Otras combinaciones no representan incompatibilidad.

 *Mi comentario*

Afortunadamente, al contar ya con este tipo de medicamentos, los riesgos para el bebé han disminuido considerablemente, evitando otros procedimientos más agresivos utilizados décadas atrás, como el tener que cambiar totalmente la sangre de estos bebés por otro tipo de sangre de un donador apenas unas horas después del nacimiento. Avisa y comenta con tu gineco-obstetra sobre tu tipo de sangre desde tu primer visita de control de embarazo, así como al neonatólogo de tu elección durante la visita prenatal.

Diabetes materna o diabetes gestacional

Como bien te imaginas, la diabetes "NO CONTROLADA" puede ocasionar daños no solo a la madre gestante, sino también al bebé que lleva dentro de su vientre, que al recibir altas concentraciones de azúcar en sangre, provenientes de la sangre materna, pueden ocasionar alteraciones metabólicas fetales que se manifestarán también al momento del nacimiento y los días subsecuentes.

✓ Una mujer diabética que se embraza corre el riesgo de desestabilizarse durante el curso del embarazo, por lo que deberá realizarse exámenes frecuentes y tener seguimiento médico muy estrecho.

✓ Una mujer sana que se embaraza puede tener alteraciones en el metabolismo de la glucosa y presentar diabetes gestacional.

✓ Una mujer embarazada que presenta alteraciones de la glucosa sanguínea durante la gestación, y se clasifica como diabetes gestacional, tiene un alto riesgo de presentar diabetes más adelante, aun sin estar embarazada.

✓ Aquellas madres que previamente al embarazo tengan ya cifras de glucosa elevadas en sangre (diabetes) o aquellas otras que elevaron la glucosa solamente durante el embarazo (diabetes gestacional) están también ofreciendo cantidades elevadas de glucosa al bebé que llevan dentro, lo cual ocasionará un crecimiento elevado del feto, y dar a luz a un bebé grande, conocido como recién nacido hipertrófico o macrosómico. Por su gran tamaño, es frecuente que el nacimiento acabe siendo por operación cesárea.

✓ La elevada cantidad de azúcar en sangre del bebé hace que su páncreas se esfuerce en producir más insulina que ayude a aprovechar esa elevada cantidad de glucosa en su sangre, causando un aumento de la insulina fetal y neonatal con sus debidas consecuencias.

✓ Al cabo del tiempo que dure la gestación, el páncreas del feto toma un ritmo acelerado de producción de insulina que al continuarse después de nacer hace que consuma fácil y rápidamente la glucosa que circula en su sangre, llevándolo rápidamente a cifras de glucosa en sangre peligrosamente bajas, acompañado de síntomas severos y de alto riesgo, como crisis convulsivas y posible daño cerebral.

✓ Es por eso por lo que en los bebés recién nacidos, hijos de madres diabéticas, deben seguir una vigilancia estrecha de los niveles de glucosa en sangre, ofreciéndole alimentación inmediata, y en algunos casos llegando a la necesidad de instalar un suero intravenoso con la glucosa suficiente que se requiera para poco a poco lograr estabilizar su metabolismo.

✓ El detectar niveles de glucosa elevados durante el embarazo seguramente será seguido de una dieta especial y de la posibilidad de que tu gineco-obstetra o tu médico internista te indique algún medicamento.

✓ Cuando la madre gestante padece de diabetes de reciente adquisición, el producto generalmente crece más de lo normal, lo cual puede condicionar la necesidad de practicar una operación cesárea.

✓ en aquellas madres con una diabetes ya crónica, el comportamiento es diferente, pudiendo procrear un producto de bajo peso, y también con riesgo elevado.

 *Mi comentario*

Toda madre que se sepa diabética y planee embarazarse de forma segura deberá llevar un estilo de vida muy disciplinado y ordenado, así como una vigilancia y seguimiento estricto durante todo el embarazo, disminuyendo así los riesgos para su salud y la de su bebé.

Hipertensión arterial durante el embarazo

Al estar todo el cuerpo alimentado por sangre, distribuida por toda una amplia red de venas y arterias, cualquier alteración en la presión arterial, tanto al alza como a la baja de los rangos normales establecidos para el humano, puede influir en todo el cuerpo, manifestándose con signos y síntomas a corto, mediano y largo plazo. Tratándose de una madre embarazada que previamente se encontraba sana, la hipertensión arterial puede presentarse espontáneamente, lo cual, junto a otros síntomas más, es conocido médicamente como **preeclampsia**.

Cuando esto empeora y no se soluciona a tiempo, llega a presentar crisis convulsivas, pasando entonces a llamarse **eclampsia**. La posible causa de este problema son los mismos cambios fisiológicos y metabólicos propios del embarazo. Será necesario un manejo adecuado y oportuno para evitar complicaciones tanto en mamá como en el bebé que aún está por nacer. Afortunadamente, la gran mayoría de pacientes responden bien a los medicamentos indicados, y aunque la mejoría definitiva se presenta después del nacimiento, algunas mujeres requieren continuar tratamiento por un tiempo más. Los principales riesgos son el no detectarlas a tiempo o que ya diagnosticadas sean de difícil control.

Alteraciones relacionadas con la preeclampsia
✓ Elevación de la presión arterial
✓ Aumento de las proteínas en orina
✓ Edema por retención de líquidos

Nota: la presión arterial elevada durante el embarazo por sí sola no hace diagnóstico de preeclampsia, incluso pudiera estar relacionada con otras causas.

La preeclampsia se ha relacionado con ciertos factores o condiciones que al presentarse junto al embarazo habrán de alertar al gineco-obstetra para llevar un control y vigilancia más estrecho. Aquí te mencionaré algunos de ellos:

✓ Se presenta generalmente después de la semana 20 de embarazo.
✓ Se presenta en aprox. 8% de los embarazos.
✓ Más frecuente en madres primerizas.
✓ Más frecuente en embarazo de productos múltiples.
✓ Más frecuente en embarazos antes de los veinte o después de los cuarenta años de edad.
✓ Más frecuente en mujeres con alta presión o problemas renales desde antes del embarazo.
✓ Más frecuente cuando hay antecedentes de madre o hermanas que la hayan padecido, o cuando ya se padeció en un embarazo anterior.
✓ Mujeres embarazadas con obesidad.

Los signos y síntomas pueden ser variados en su intensidad, desde leves a severos, pudiendo ocasionar solo leves molestias pasajeras, hasta serios problemas que ponen en peligro tanto la vida del producto como la de la madre gestante.

✓ Pueden presentarse dolores de cabeza.
✓ Náuseas y vómitos.
✓ Visión borrosa.
✓ Zumbido en los oídos.
✓ Hemorragia cerebral y todas sus consecuencias.
✓ Trastornos del crecimiento del producto por alteración en el flujo sanguíneo hacia la placenta.

✓ Nacimiento antes de tiempo.

✓ Muerte del producto.

✓ En los casos de gravedad pueden ocasionar la muerte Materna.

✓ La eclampsia es la forma grave de la enfermedad que lleva a que la madre gestante llegue a convulsionar.

 *Mi comentario*

> Durante la gestación, una mujer debe llevar una vigilancia especializada estricta, lo cual permita detectar y tratar tempranamente cualquier enfermedad o complicación que eventualmente se presente. Afortunadamente, en la actualidad contamos con buenos recursos para este padecimiento y en el mayor número de casos el problema se logra controlar, al grado que el embarazo siga un curso casi normal y el producto llegue a buen término sin sufrir complicaciones serias o poner en riesgo la vida de la madre o del bebé.

Enfermedades de tiroides materna durante el embarazo

Mucho hemos escuchado acerca de los efectos que la hormona tiroidea puede ocasionarnos, ya sea cuando se encuentra elevada o disminuida. El hipotiroidismo o disminución en el funcionamiento de la glándula tiroides es una alteración muy frecuentemente vista en la mujer.

Hipotiroidismo materno (disminución en la producción de hormonas tiroideas)

El padecerla desde antes del embarazo puede ocasionar que la mujer ya embarazada sufra de algún desajuste que requiera modificación en las dosis o quizá de algún nuevo medicamento que estabilice sus niveles de hormonas tiroideas. Esta hormona es también considerada como indispensable para el correcto crecimiento físico y mental del nuevo bebé, por lo cual la madre habrá de checarse mensualmente durante toda la gestación para asegurar que su bebé crezca adecuadamente sin afectar su crecimiento y desarrollo durante las 40 semanas de gestación.

✓ El bebé en gestación, apenas dentro de su madre, empieza a producir su propia hormona tiroidea a partir de la semana 20 del embarazo. Antes de esto depende totalmente de la hormona tiroidea de su madre.

✓ Esos primeros meses del embarazo es cuando ocurre el mayor crecimiento y formación de órganos del bebé, y el no contar con esta hormona puede ocasionarle daños irreversibles a varios niveles e intensidad, incluyendo la deficiencia mental.

✓ El déficit de hormonas tiroideas en la madre deberá recibir tratamiento inmediato hasta normalizarse.

✓ Aunque tu bebé haya empezado ya a producir sus propias hormonas tiroideas desde antes de nacer, dependerá del todo de mamá para poder hacerlo.

✓ Debe realizarse el estudio rutinario de hormonas tiroideas en sangre a toda mujer embarazada, pues hasta 5 de cada 100 pudieran tener hipotiroidismo aun sin presentar ningún síntoma. El no atenderlo pronto puede ser catastrófico para el bebé.

✓ El hipotiroidismo congénito se llega a presentar aprox. 1 de cada 2,500 nacimientos, y es dos veces más frecuente en la mujer que en el hombre.

✓ Todos los bebés de madres que han tenido alteraciones de tiroides durante el embarazo deberán tener una vigilancia y seguimiento estrecho con exámenes de laboratorio y revisiones mensuales por el neonatólogo o en ocasiones por un endocrinólogo pediatra.

✓ El crecimiento físico, el desarrollo mental del bebé y los exámenes de laboratorio, durante sus primeros meses de vida, serán el mejor indicador del funcionamiento de su tiroides.

✓ El tamiz metabólico neonatal es un examen que, tomado al bebé recién nacido, nos ayudará a detectar alguna falla del funcionamiento de su tiroides.

Hipotiroidismo en el bebé

Este problema debe ser investigado en todo bebé en sus primeros días de vida a través de un examen de sangre obligatorio en México y prácticamente en todo el mundo, llamado tamiz metabólico neonatal. Desde su primera revisión médica minutos después de nacer, un pediatra o neonatólogo capacitado puede detectar signos clínicos relacionados con el hipotiroidismo congénito.

Hablaremos más delante de este tema, en el tomo 2 de este libro, donde trataremos sobre las enfermedades y problemas más frecuentes en el bebé.

Hipertiroidismo materno
(aumento en la producción de hormonas tiroideas)

Afortunadamente, este problema es mucho menos frecuente que el hipotiroidismo y se podrá detectar también en la toma rutinaria de muestras de laboratorio durante el embarazo. También cuenta con su tratamiento específico y deberá ser manejado por un médico endocrinólogo junto a tu gineco-obstetra.

 *Mi comentario*

Afortunadamente, el hipotiroidismo materno es detectado y tratado oportunamente en toda madre que lleve un adecuado control durante el embarazo, mientras que el hipotiroidismo neonatal, que no se presenta tan comúnmente, puede ser detectado fácilmente por un neonatólogo o en la prueba de tamiz metabólico neonatal. Si este se detecta al nacer y no ha ocasionado aún un daño al bebé, se puede iniciar tempranamente el tratamiento adecuado que lleve a tu bebé a tener una vida prácticamente normal. El no detectar y tratar a tiempo a la madre embarazada con hipotiroidismo puede ocasionar que el bebé recién nacido presente alteraciones irreversibles de diferentes tipos y grados.

Lupus eritematoso sistémico durante el embarazo

✓ Esta enfermedad crónico-degenerativa afecta principalmente el sistema inmunológico de ciertas personas, en ocasiones desde edades tempranas, ocasionándoles problemas a varios niveles.

✓ Tanto por el padecimiento en sí mismo como por los tratamientos prolongados, las mujeres que la padecen logran embarazarse difícilmente, y cuando lo hacen corren algunos riesgos.

✓ Es muy importante que en estos casos, previamente antes de intentar embarazarte, hagas una visita a tu gineco-obstetra e internista para revisar a detalle tu estado de salud y juntos planear el momento ideal para el embarazo.

✓ Si ya estás embarazada, idealmente habrás de explicar a tu pediatra o neonatólogo en la visita prenatal los medicamentos que tomas y los resultados de estudios tomados durante el embarazo.

✓ Después de ver los exámenes de laboratorio, los medicamentos que tomas y sus dosis, la evolución del embarazo y haber platicado tanto con en médico internista como con tu gineco-obstetra, se podrá determinar el posible grado de riesgo para el bebé.

✓ Un buen control de tu enfermedad seguramente concluirá con un bebé hermoso y sano.

Crisis convulsivas durante el embarazo

Una madre que tenga antecedentes de crisis convulsivas de cualquier tipo y que se encuentre embarazada, habrá de tener siempre en cuenta que independientemente de la causa de sus convulsiones, el mayor riesgo es el de sufrir una crisis convulsiva al momento de tener al bebé en sus manos cuando este ya haya nacido, lo cual representa un riesgo de caer y golpear al bebé.

Si cursas un embarazo sano y controlado, tu bebé muy difícilmente podría presentar alguna alteración, ello dependería del tratamiento que sigas, aunque en su gran mayoría no causarán ningún problema al bebé.

Si es tu caso, es muy recomendable que después del nacimiento, siempre que tengas a tu bebé en las manos, te encuentres acompañada de alguien más que pudiera apoyarte en caso de sentirte mal o convulsionar.

Deberás informar con oportunidad a tu pediatra o neonatólogo acerca de los medicamentos que tomas, especialmente para tratar de utilizar alguno que no impida la lactancia materna.

Mi comentario

La posibilidad de que el recién nacido pudiera padecer de crisis convulsivas como consecuencia de la enfermedad de su madre es muy baja, aunque cada caso será valorado en lo particular, tomando en cuenta la historia clínica de su madre.

Padecimientos crónico-degenerativos durante el embarazo

✓ Algunos padecimientos crónico-degenerativos, como la diabetes, artritis reumatoide y otros tantos más, con nombres que seguramente te sonarán raros y poco comunes, pudieran influir en la salud de tu bebé durante el embarazo, dependiendo del grado de afección en tu salud, así como las posibles consecuencias de los medicamentos que dicho padecimiento requiera para su control.

✓ Siempre informa a tu gineco-obstetra de cualquier padecimiento y tratamiento que recibas durante el embarazo, asimismo, mantener informado al neonatólogo o pediatra que asistirá a tu bebé al momento de nacer.

✓ Cada caso deberá ser valorado en lo particular, tomando en cuenta también tu historia clínica.

Madre con cáncer durante el embarazo

✓ El cáncer es un padecimiento que puede afectar a varios niveles la salud de la madre embarazada.

✓ Dependiendo de la localización, su grado de avance, sus posibles complicaciones y tratamientos, este padecimiento puede afectar física y mentalmente a quien lo padece.

✓ El padecerlo, a excepción de algunos tipos de cáncer pequeños y limitados en piel, u otros tipos considerados como poco riesgosos, es suficiente razón para cuestionarse si dejar los planes de embarazarse para un tiempo después.

✓ El haberlo diagnosticado en una mujer ya embarazada será motivo de una seria revisión del caso, que en ocasiones planteará el difícil dilema de seguir o no el tratamiento de la enfermedad, tomando en cuenta las catastróficas consecuencias que podrían traer los agresivos tratamientos sobre el producto que apenas se encuentra en fase formación o que el cáncer avance en la madre en caso de no recibir el tratamiento adecuado.

✓ En esos casos, algunas personas cuestionan también la controvertida posibilidad de interrumpir el embarazo.

Mi comentario

Lo que sí está muy claro y fácil de entender es que la combinación entre cáncer, quimioterapia, radiaciones y embarazo no suena nada bien para la madre ni para el bebé. Una vez más, al igual que muchos otros padecimientos, habrá de hacerse una amplia revisión de cada caso en especial, y juntos, médicos y pacientes, habremos de tomar las decisiones correctas. Finalmente, si como madre te curas y sales adelante de tu enfermedad, habrá tiempo más adelante para embarazarse estando en mejor estado de salud. Siempre habrá la forma de buscar una solución para el cáncer, tratando de afectar lo menos posible a tu bebé. He visto ya muchos casos exitosos en los cuales tanto madre como bebé han concluido el embarazo en buen estado. Si este es tu caso, con mucha fe y poniéndote en manos expertas, ¡seguramente podrás salir adelante!

Enfermedades mentales y embarazo

✓ Gracias a los avances de la ciencia médica, en el campo de la psiquiatría, una gran parte de las enfermedades mentales comunes que conocemos han venido controlándose con manejos ambulatorios, sin la necesidad de internar al paciente. Aun así, siguen existiendo casos en los que se requiere internamiento y fuertes medicamentos.

✓ Como antes mencioné en otros padecimientos, los posibles riesgos sobre el bebé —ya sea aún en el vientre de su madre o habiendo ya nacido— pueden ser debidos al estado de salud física o mental de su madre, como a los medicamentos utilizados para dicho padecimiento.

✓ Difícilmente una mujer con un padecimiento mental considerado como serio buscará conscientemente un embarazo, aunque como parte de su misma inconsciencia o en algunos casos por abuso de terceras personas, se ven casos de embarazo en estas mujeres.

✓ Será el médico psiquiatra junto al gineco-obstetra y neonatólogo quien habrá de ver detalladamente los posibles efectos de la enfermedad y su tratamiento sobre el producto.

✓ Habrá de valorarse en cada caso en especial si los cuidados del bebé, después de nacer, los podrá realizar su propia madre enferma o si requerirá apoyo.

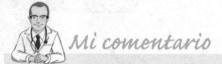

Mi comentario

Es obvio que una persona con una enfermedad mental seria, que tiene relaciones sexuales durante su edad fértil, no tomará las precauciones debidas para no embarazarse, y de hacerlo muy posiblemente no llevará un adecuado control de la gestación a no ser por la ayuda cercana de alguna otra persona. Los familiares directos o las personas responsables de estos pacientes deberán considerar, a criterio propio, la posibilidad de evitar que tenga relaciones sexuales o de utilizar algún método para evitar el embarazo. En el caso de completar la gestación habrán de apoyar a los cuidados del bebé recién nacido.

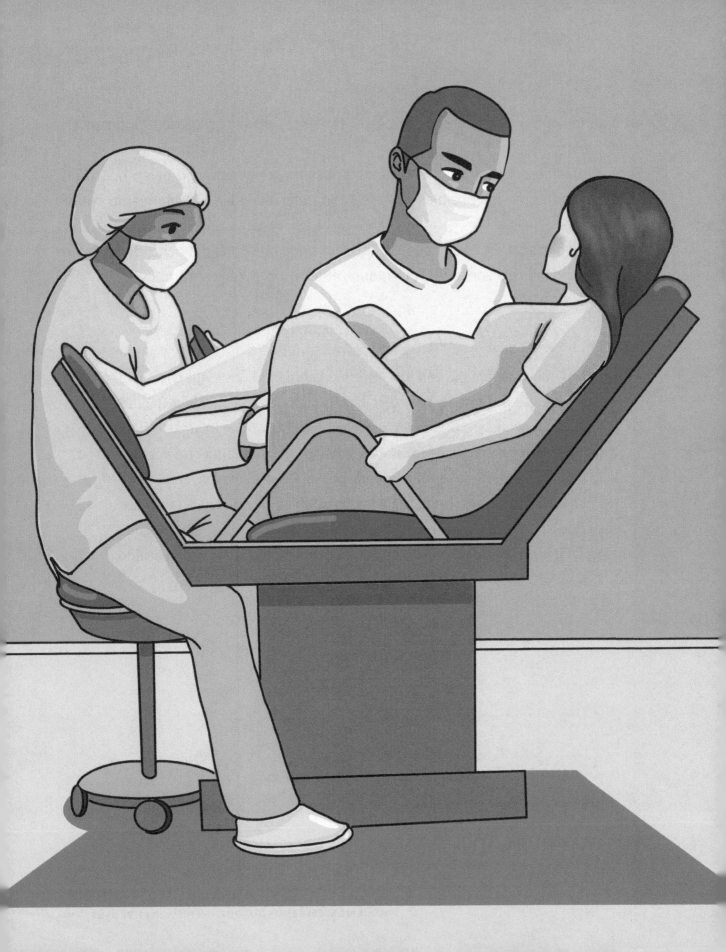

EL NACIMIENTO

Parto natural

✓ Durante muchas décadas, fue el nacimiento por parto vaginal la vía más común de concluir en embarazo, utilizándose ocasionalmente algunos tipos de fórceps, incluso usados por muchos obstetras, en forma casi rutinaria para facilitar el nacimiento, lo cual médicamente se define como uso profiláctico.

✓ Las complicaciones durante el trabajo de parto, el uso de fórceps en situaciones difíciles, algunas lesiones cerebrales en recién nacidos por falta de oxígeno durante el trabajo de parto, el creciente número de demandas sobre médicos, etc., han venido disminuyendo notablemente el número de partos naturales y aumentando los nacimientos por operación cesárea.

✓ Finalmente, el resultado de toda la gestación y el trabajo realizado por los gineco-obstetras será valorado por la calidad de vida que podamos ofrecerle al recién nacido, y es ahí donde también nosotros, los neonatólogos, podemos poner nuestro granito de arena para que la culminación de esos nueve meses sea feliz.

✓ Es claro que todos los obstetras deben tener en mente el parto vaginal como principal opción de nacimiento, a excepción de algunos casos en los cuales, desde la misma concepción, o en el transcurso de esas 40 semanas de duración promedio de una gestación, se puede saber que ese bebé tendrá que nacer por operación cesárea.

✓ Las decisiones habrán de tomarse siempre con argumentos firmes, protegiendo la integridad del binomio madre-hijo como la más alta prioridad.

✓ El tener confianza absoluta en las decisiones que tome tu obstetra es algo importante desde el momento en que se decide cursar juntos esos nueve meses tan trascendentes para todos los involucrados.

✓ La madre que experimenta un trabajo de parto, ya sea primi-gesta o multi-gesta, pasará entre seis y doce horas de esfuerzo con algunos momentos difíciles, pero naciendo el bebé, la recuperación será relativamente más rápida a comparación de la operación cesárea.

✓ Aquellos recién nacidos por parto normal (eutócico), aunque quizá un poco más hinchados y maltratados que aquel que nace por cesárea, tiene menos riesgos en general y una mejor adaptación a su nueva vida.

Operación cesárea

✓ La operación cesárea siempre habrá de considerarse como una alternativa para aquellas mujeres que por algún motivo no pueden tener a su bebé por parto vaginal normal, y nunca debe considerarse de primera opción como la forma ideal de nacimiento.

✓ Es importante mencionar que cuando tu obstetra toma la decisión de realizar una operación cesárea será siempre debido a una situación especial de tu embarazo con la intención de proteger la salud e integridad tanto de ti como madre como la de tu bebé.

✓ Los riesgos de un recién nacido obtenido por operación cesárea se consideran un poco mayores que aquellos que nacen por parto normal.

✓ El padecimiento que más frecuentemente puede verse en estos casos es la taquipnea transitoria del recién nacido, conocida también como pulmón húmedo o retención de líquido pulmonar. Esto consiste en una deficiente eliminación, al momento de nacer, del líquido que el bebé lleva dentro de sus pulmones prácticamente durante casi toda la gestación. Este líquido es en parte producido por los mismos pulmones del producto, mientras que otra pequeña parte es líquido amniótico que el bebé absorbe a sus pulmones durante el embarazo, por pequeños movimientos similares a la respiración.

✓ Tratándose de un parto normal, durante varias horas de apretado paso de tu bebé por el canal del parto, él va arrojando ese líquido por su boca y nariz, mientras que el nacer por cesárea puede condicionar que una determinada cantidad de este líquido permanezca en sus pulmoncitos, por lo cual ese líquido habrá de absorberse por los mismos pulmones, mientras otro tanto se evaporará debido a una respiración acelerada de entre 60 y 120 respiraciones por minuto como respuesta del cuerpo para superar dicha alteración. Dependiendo de la cantidad de líquido retenido, del peso, edad gestacional y condiciones generales del recién nacido, los casos leves pueden tomar entre uno y dos días, otros casos moderados pueden requerir de 5 a 6 días para mejorar, y los casos más intensos de hasta 7 a 10 días para resolverse totalmente.

✓ Otro aspecto importante es el mencionar que durante los siguientes días después de la cesárea la recuperación de la operación, el sangrado, el dolor y las molestias en general, condicionan una mayor dificultad para que amamantes a tu bebé, aunque con insistencia, paciencia y muy probablemente con algunos analgésicos seguro lograrás obtener los beneficios de la lactancia materna.

Mi comentario

Definitivamente, la decisión sobre realizar una operación cesárea o esperar al nacimiento por parto vaginal, será tomada con base en los argumentos planteados por el gineco-obstetra responsable del caso, aunque tanto padre, madre y neonatólogo podremos plantear nuestras inquietudes y dudas al respecto. En México, la tendencia actual durante la última década es muy marcada hacia la protección del bebé ante cualquier posible amenaza a su salud, lo cual ha ocasionado que un alto porcentaje de los embarazos terminen en operación cesárea. Es claro que una operación con horario programado durante horas hábiles y con una duración máxima de dos horas en total puede ser mucho más cómodo para el equipo médico que vigilar estrechamente un trabajo de parto de hasta doce horas, y frecuentemente durante la madrugada o en fines de semana. El médico responsable habrá siempre de poner por delante su ética y profesionalismo para no magnificar los riesgos o tomar argumentos poco sustentables medicamente, y acomodar las decisiones a su comodidad.

El primer contacto con mamá

Durante nueve meses has llevado dentro de tu vientre a un bebé a quien muy seguramente amas desde el primer momento que supiste de su existencia. Durante las semanas que la gestación dure, con certeza puedo asegurarte de que no habrá un solo día en que no pienses en él, si será hombre o mujer, el color de sus ojos y en su parecido. Ese tiempo —que para ciertas cosas nos pasa volando— se sentirá lento y pausado, invitándote a esperar y retándote a ser paciente. Finalmente, el día del nacimiento llegará, y con más ansias que nunca, estarás esperando el momento de ese primer encuentro cara a cara con tu hijo. Como neonatólogo he presenciado esos momentos miles de veces, y como si fuera también mi primera vez, no me canso de emocionarme al ver la cara de asombro y las lágrimas de madre y padre que ven por primera vez a su hijo. En este caso te hablaré de lo que yo hago personalmente con mis pacientes y qué considero que todos los neonatólogos deben hacer.

✓ De inmediato, al aspirar las secreciones de su boca y fosas nasales, secarlo, ver que respire adecuadamente y presente algunos movimientos; paso el bebé a manos de su padre para que sea él quien lo acerque a mamá, y llegue ese primer encuentro tan esperado.

✓ De no estar presente en la sala de partos o quirófano, el padre o un familiar directo, soy yo mismo quien tengo el privilegio de acercarlo a ti.

✓ Muy comúnmente en ese momento puedes encontrarte un poco somnolienta, por lo cual, además de ver a tu bebé, lo coloco piel con piel en tu cachete y habremos de quedarnos así por algunos minutos, disfrutando de esas miradas enamoradas y de las palabras de amor que toda madre le dice a su bebé en esos momentos.

✓ Es en ese momento, después de haberlo acordado previamente antes del nacimiento, acerco al bebé a tu pecho, si así lo quieres y tu bebé está en buen estado, podrás prendértelo al pecho por un momento para que intente succionar, no tanto con la intención de que se alimente, sino más bien tratando de tener ese primer encuentro íntimo que seguramente favorecerá mucho el apego a la lactancia materna y que tantos beneficios te traerá como madre, así como a tu hijo en sus primeros años de vida.

✓ Quizá no haya otras lágrimas de felicidad más valiosas y recordadas que las de esos momentos. Esa escena de ver a padre y madre llorando al parejo con su recién nacido en brazos será para ustedes inolvidable, y es para mí una gran satisfacción como pediatra neonatólogo. Por mucho, esas son mis fotos favoritas.

Mi comentario

Siempre procuraré ese primer contacto de inmediato como parte del apego temprano, lo que personalmente llamo "parto amoroso", pero es importante hacer la aclaración, previo al nacimiento, que antes que cualquier cosa, el bebé requiere primero de respirar, por lo cual si al momento de nacer aún no presenta una respiración adecuada que le dé suficiente oxígeno, pasaré primero a estimularlo y limpiar su nariz y boca de secreciones hasta asegurarme de que se esté estabilizando bien. Algunos gineco-obstetras acostumbran a pasar directamente el bebé a su madre sin antes permitirnos checar que esté ya respirando, lo cual a veces pudiera ocasionarnos un susto y aumentar el riesgo. Siempre tendremos que explicar previamente a los padres que en ese momento su bebé lucirá un poco moradito de color, con algunas huellas de sangre de la madre y muy seguramente cubierto de vernix caseoso, que es la grasita que normalmente cubre a un bebé al momento de nacer. Esa imagen del bebé rosita, limpiecito y bonito la verán un poco más adelante y difícilmente en sus primeros minutos.

Valoraciones del recién nacido

✓ Al momento de asistir a un recién nacido en sala de partos o quirófano es muy importante que esté un especialista en neonatología o perinatología pediátrica, y como segunda alternativa pudiera ser un pediatra general entrenado en reanimación neonatal.

✓ Afortunadamente para todos, la gran mayoría de bebés nacen sanos y vigorosos, sin la necesidad de practicarles ninguna maniobra especial, aunque aprox. uno de cada 15-20 nacimientos —cifra que puede ser muy variable— requerirá de una ayudadita en sus primeras respiraciones, maniobra que de inmediato realizamos con una mascarilla y un pequeño "pulmón artificial" llamado ambú, o con una bolsa de respiración, mientras el recién nacido inicia con su propia respiración espontánea.

✓ Aún más raro, pero se presentan casos en los que el bebé no respira, y requiere de la colocación de una cánula directa a su tráquea para ayudarle a respirar. Siendo la respiración y el adecuado funcionamiento de su corazón las principales funciones que el recién nacido habrá de desempeñar por sí mismo inmediatamente al momento de nacer. Habremos de estar muy pendientes para auxiliarlo en caso de que él mismo no lo haga correctamente.

✓ Un error no atendido adecuadamente en esos primeros minutos de vida, podrían afectar su calidad de vida por siempre.

✓ Al momento de nacer, de inmediato tenemos que calificar el estado de salud del bebé, con ciertos parámetros que se han establecido como norma internacional y que a continuación te describiré en la tabla correspondiente. Están basados en la escala de APGAR, nombre tomado del apellido de quien la implantó hace ya décadas, y que aún a pesar del tiempo nos es de extrema utilidad al momento de valorar a un recién nacido en sus primeros minutos de vida.

Puntuación de APGAR			
		Puntuación otorgada	
Signo a valorarse	0	1	2
Frecuencia cardiaca	Ausente	Menos de 100/min	Mayor de 100/min
Respiración	Ausente	Débil o irregular	Llanto vigoroso
Tono muscular	Flacidez total	Cierta flexión de extremidades	Movimientos activos
Respuesta a los estímulos	Sin respuesta	Respuesta leve con muecas	Llanto
Coloración de su piel y labios	Amoratado (cianosis) o palidez general	Cianosis en manos y pies, pero resto del cuerpo rosado	Todo su cuerpo color rosado

✓ Con un reloj en mano, habremos de hacer esta valoración a los minutos 1, 5 y 10 de nacido. De una forma rápida y general, pudiéramos decir que una calificación entre 0-4 es muy mala, entre 5-7 es regular, y de 8 en adelante es buena.

✓ Independiente de la calificación, es muy importante también la velocidad de recuperación, entre el nacimiento y sus primeros 10 minutos de vida.

✓ Dependiendo de dicha calificación, el pediatra o neonatólogo que asiste a tu bebé decidirá las maniobras de reanimación que considere necesarias.

✓ La calificación de APGAR de tu bebé puede tener implicaciones desde el mismo momento del nacimiento y también en un futuro.

✓ Una calificación buena, regular o mala nos habla del grado de bienestar o de sufrimiento por el cual ha estado pasando el bebé durante las diferentes etapas del embarazo o durante el trabajo de parto.

✓ Esta calificación puede ser influenciada por un buen número de factores, que en caso de presentarse te deberán ser explicados a detalle.

✓ Hay también otras escalas de valoración de la dificultad respiratoria y del estado de conciencia que podrían ser usadas en algunos casos específicos.

Maniobras habituales de reanimación del recién nacido

En este capítulo te mencionaré solamente las maniobras realizadas a recién nacidos sanos, dejando aparte todo lo concerniente a bebés prematuros, enfermos o bebés en situaciones especiales.

Extracción del bebé

✓ Al momento de nacer, las primeras manos que tocan a tu bebé son las del gineco-obstetra, quien de inmediato al salir su cabecita, ya sea por parto vaginal o por operación cesárea, le realiza una **aspiración de sus fosas nasales y boca**, suavemente con una perilla de caucho, eliminando las secreciones que podrían obstruir sus vías respiratorias altas.

✓ En caso de traer el cordón umbilical enredado en su cuello (circular de cordón), ese es el momento adecuado para desenredarlo y así permitir que el resto de su cuerpo salga con facilidad.

✓ Hasta ese momento, el resto del cuerpecito de tu bebé aún se encuentra dentro de ti, apretujado y comprimido aún sin poder respirar.

✓ De inmediato, al haber despejado ya las vías aéreas, se extrae el tórax, el cual al momento de liberarse se expande y de inmediato jala su primera bocanada de aire, seguida de varias más, y en el mejor de los casos, de ese primer llanto que nos garantiza una respiración profunda que oxigenará sus pulmones y en unos cuantos minutos le traerá una hermosa coloración rosada de su piel.

Desprendimiento de su madre

✓ Unos momentos después de haber salido del vientre materno, el mismo gineco-obstetra o su ayudante quirúrgico procederá al **pinzamiento y corte del cordón umbilical**, colocando dos pinzas juntas y cortando entre ellas, de esta manera se suspende abruptamente la circulación sanguínea proveniente de la placenta, y en ese preciso momento tu bebé se ha desprendido ya de ti.

✓ Durante varias décadas se aprovechaba ese momento para exprimir el cordón umbilical hacia el lado del bebé, cargándolo de una dosis extra de sangre, lo cual en muchas ocasiones ocasionaba un verdadero problema, sobrecargando al bebé. En la actualidad, después de salir el bebé y mostrarse activo y en buen estado, para realizar un "pinzamiento oportuno" del cordón umbilical, debe dejarse pasar entre 1 minuto y 1 minuto y medio, antes de pinzar el cordón umbilical y cortar la circulación sanguínea, con lo cual se calcula que el bebé puede recibir entre 80 y 100 ml más de sangre, que de seguro le serán de mucha utilidad, al enfrentar el período de anemia que prácticamente todos los lactantes sufren entre los 3 y 6 meses de edad.

✓ Pudiéramos decir que pinzar el cordón umbilical antes de un minuto, se considera como "pinzamiento precoz", y el hacerlo después de 2 min. se considera como "pinzamiento tardío".

✓ Quiero recordarte que la sangre contenida entre el cordón umbilical y la placenta es sangre del bebé y no de mamá, y en ocasiones llega a superar los 200 ml., que de no ser utilizada para otro fin, el cordón umbilical se desangra en una charola, junto a la placenta recién extraída después del bebé para luego ser desechadas.

✓ Tampoco es nuestra intención la de vaciar toda esa sangre al bebé, pues al no serle necesaria, su circulación sanguínea podría sobrecargarse, y más adelante tener que realizar una maniobra para extraerla de nuevo debido a las posibles alteraciones que causaría.

✓ También ese es el momento oportuno para aquellos casos en los que se tomará esa sangre, contenida entre los 40 a 60 cm de cordón umbilical y la placenta para la separación y conservación de células madre, usadas hoy en día para varios problemas futuros del bebé.

✓ A partir de ese momento, y con la calma propia de ver que el recién nacido ya ha iniciado su respiración, el bebé nos es pasado a los pediatras o neonatólogos para continuar con su asistencia, y de ser posible podrá pasarse directo a su madre para su primer encuentro. De no haber respirado aún, nos será pasado con más prisa para asistirlo en su primera respiración.

Su primera respiración

✓ Ya en nuestras manos, de inmediato tomamos al bebé y lo envolvemos en campos de tela tibios y estériles con la finalidad de sobar y estimular todo su cuerpo, lo cual junto con la luz, ruido, cambio de temperatura, etc., por lo general son suficiente estímulo para lograr su primera respiración.

✓ Desde hace ya muchos años quedó en el olvido aquella tradicional maniobra de tomar al bebé colgado de sus piecitos bocabajo y darle aquella histórica nalgada que los hacía llorar. Esa imagen tan recordada seguramente solo queda en algunos antiguos libros de texto y es totalmente obsoleta en la actualidad.

✓ Aquellos bebés que, a pesar de estos estímulos, no respiren en unos cuantos segundos y además se encuentren flácidos, con una coloración violácea o pálida y una frecuencia cardiaca baja, requerirán de asistencia ventilatoria inmediata, con un pequeño pulmoncito artificial manual llamado "ambú", o en el peor de los casos requerirán de la colocación de una cánula traqueal para ventilarlo directamente a sus pulmones y tratar de recuperarlo más rápidamente.

✓ Afortunadamente, la gran mayoría de recién nacidos presentan una respiración espontánea, y de no hacerlo, el pediatra neonatólogo deberá estar siempre preparado para intervenir adecuadamente en tiempo y forma. Tratándose de casos especiales, normalmente estamos ya prevenidos de lo que podría suceder.

Secado, aseo y control térmico

✓ A la vez que estimulamos al bebé sobándolo con los campos de tela estéril, le estamos también secando de su piel, para así evitar en enfriamiento o hipotermia que tanto daño puede causar a un recién nacido en pocos minutos.

✓ Es de lo más común que un bebé nazca bastante embarrado de sangre, pedazos de membrana amniótica, a veces embarrados de su mismo excremento o del de mamá cuando se trata de un nacimiento por parto, por lo cual es importante limpiarlo, y que ese primer encuentro con mamá sea lo más agradable posible.

✓ Sé bien por experiencia que su madre lo abrazará y seguramente lo besará en las condiciones en que él esté, por lo cual considero una falta de respeto el acercárselo al estar sucio. Al menos ese cachetito que recibirá su primer beso habrá de ser limpiado y estar presentable para mamá.

El primer encuentro con mamá

✓ Habiendo pasado ya todo lo anterior, tratándose de un bebé sano que no requiere de salir corriendo a la sala de cuidados especiales, me acerco a la madre para ese tan esperado primer encuentro, quien llena de dudas y temores espera ver un niño sano y hermoso.

✓ Cuando tenemos también la compañía del padre, procuro siempre poner al bebé en sus brazos y que sea él mismo quien lo acerque a su madre. En ese momento, las emociones salen de ambos padres, abrazando y besando a su bebé, casi todos con lágrimas en los ojos, y con una mirada de satisfacción y emoción difícil de describir, aunque fácil para todos de imaginar.

✓ Esos minutos de cercanía entre ellos tres, mamá, papá y bebé, se pasan volando, y es ahí donde además de neonatólogo, habré de tomar la más preciada fotografía de sus vidas.

✓ Pasados unos minutos de alegría, tu bebé habrá de ser pasado a una cuna de calor radiante para ser revisado. Más adelante podrá volver a los brazos de mamá o papá por todo el tiempo que se desee.

Revisión básica del bebé

✓ A seguir habré de continuar con las maniobras de asistencia, por lo cual pasamos a una cuna de calor radiante con su calefactor automático y especial para ese momento.

✓ El siguiente paso es el retoque del cordón umbilical, ligándolo, cortándolo de nuevo a solo 3 cm de la piel y desechando los otros treinta o cuarenta centímetros restantes. Para este segundo corte del cordón umbilical, a mí en lo personal me encanta invitar al padre del bebé, si es que se encuentra con nosotros en el quirófano o sala de expulsión, y habremos de animarlo a que controle ese temblor de sus manos y realice el corte más difícil de su vida. Seguramente saliendo de ahí, con una gran satisfacción de haberlo hecho, le contará su hazaña a cuantos pueda. En el tramo de cordón umbilical restante habremos de hacer la revisión de vasos sanguíneos, checando que tenga una vena y dos arterias, que aún contienen una cierta cantidad de sangre del bebé, suficiente para realizar la primera toma de muestra sanguínea básica del bebé.

✓ En ese momento, el recién nacido quizá requiera ya de un nuevo cambio de campos estériles, por otros secos y limpios, eliminando así los que estén aún mojados o impregnados de la abundante grasa (vernix caseoso) que cubre la piel del bebé.

✓ A continuación hacemos una inspección visual general del bebé, checando extremidades y contando dedos de manos y pies, además de tratar de detectar alguna posible malformación aparente.

✓ Antes de pasar al cunero a realizar una exploración física detallada y practicarle ciertas maniobras, tomamos el estetoscopio y pasamos al chequeo de la frecuencia cardiaca y la ventilación pulmonar.

✓ Durante todos estos pasos antes mencionados, un pediatra o neonatólogo experimentado, con reloj en mano, va checando el cronómetro, y a los 1, 5, y 10 minutos va calculando la escala de Apgar antes mencionada. Algunos médicos dan el encargo a la enfermera ayudante de hacerse cargo del cronómetro e irnos avisando los tiempos. Un médico experimentado saca el cálculo automáticamente sin necesidad de detenerse y ver cada uno de los criterios de la escala de APGAR, y finalmente serán anotados en el expediente respectivo.

✓ Antes de salir de la sala de partos o quirófano en caso de cesárea, habremos de checar que la enfermera a cargo coloque un doble brazalete de identificación, uno en su muñeca y otro en el tobillo, también tomará la huella digital plantar.

✓ Claro que nunca saldré de la sala de partos sin antes pasar de nuevo a felicitar y despedirme de la madre, y concederle un minuto más junto a su bebé, que ya después de varios minutos lucirá limpio y sonrosado.

Mi comentario

Aunque la atención al recién nacido al momento de nacer es un procedimiento realizado casi de la misma manera por todos los médicos, cada quien —a criterio personal o por normatividad del hospital donde se encuentren— puede hacer algunos cambios en el orden que antes te mencioné o incluir algún procedimiento diferente. La posible detección de algún problema depende totalmente de la pericia, intuición y conocimiento del pediatra o neonatólogo a cargo. Tratándose de manos expertas, seguramente tu bebé estará bien atendido.

Su primera revisión integral

Después de salir de la sala de nacimientos, o ahí mismo si se trata de habitaciones con servicio integral de labor, parto y recuperación, pasamos a realizar una exploración física completa y detallada del recién nacido.

Chequeo de temperatura

Empiezo por checar de nueva cuenta su temperatura, pues entre los movimientos y cambios de sala en espacios refrigerados, siempre corremos el riesgo de que el bebé se nos enfríe un poco.

Inspección visual general

Personalmente, me gusta empezar con una buena inspección visual de pies a cabeza, revisando primeramente el aspecto, color, piel, conteo de dedos en manos y pies, tamaño y forma de extremidades y sus proporciones.

Funciones vitales

Antes de iniciar una revisión detallada de las diferentes partes del cuerpo, me aboco a corroborar que sus funciones vitales se hayan ya estabilizado y se encuentren dentro de la normalidad.

✓ **Auscultando con el estetoscopio neonatal**, procedemos a escuchar sus ruidos cardiacos, checando su frecuencia, ritmo, y descartando soplos o cualquier otro dato que nos pudiera sugerir alguna alteración congénita.

✓ **A seguir, ponemos nuestra atención en los ruidos pulmonares**, que deberán mostrar una buena entrada y salida de aire en ambos lados, arriba y abajo, sin esfuerzo. Durante sus primeros minutos y quizá durante sus primeras dos horas de vida puede verse una leve dificultad respiratoria, así como cierta coloración violácea (cianosis) distal en sus manos y pies, que habrá de desaparecer en las siguientes horas.

✓ **El control de su temperatura corporal** se logrará dentro de sus primeras horas y habremos de cuidar mucho su temperatura, ya sea en forma manual o con un sensor automático en su piel, y evitar una posible hipotermia (frío).

✓ **La coloración de su piel** nos dará la pauta para saber si la circulación sanguínea es adecuada y suficiente.

✓ **Su actividad física, movimientos y tono muscular** nos darán la pauta a saber si tu bebé se encuentra adaptándose adecuadamente a su nueva vida.

Revisando la cabecita del bebé

Después de ver que su corazón, circulación sanguínea y respiración son adecuados, pasamos a explorar detalladamente el resto del cuerpo, empezando por su cabecita.

✓ **Tocaremos las fontanelas,** conocidas aquí en México como molleras. Tu bebé tiene seis de ellas, aunque las más fáciles de tocar son la anterior y la posterior. Se valora su forma, tamaño y tensión.

✓ **El cuero cabelludo** también puede presentar algunas alteraciones y habremos de descartar los hematomas o sangrados bajo la piel, bastante comunes en aquellos bebés que nacen por parto vaginal. Se aprecian como una bola de consistencia blanda, de diferentes tamaños, localización y forma. Se reabsorberá por sí sola en unos cuantos días, sin la necesidad de ningún tratamiento (checa más a detalle en el tomo 2 de este manual, donde hablaremos de enfermedades y problemas más frecuentes del bebé).

✓ **Los huesos del cráneo**, aún sueltos, frecuentemente se amoldan y deforman un poco la cabeza del bebé, pues durante su trayecto por el canal del parto sufren de una fuerte compresión a cada contracción del útero. El cuero cabelludo también se inflama, lo cual ocasiona una deformidad transitoria de la cabecita, llamado *caput sucedanum* (checa más a detalle en el tomo 2 de este manual, donde hablaremos de enfermedades y problemas más frecuentes del bebé). A veces leve y otras veces más marcado, el *caput* normalmente se desinflama y toma su forma normal sin ningún tratamiento especial en las siguientes 24 a 48 horas según su intensidad.

✓ **En la cara** checamos la forma e integridad de sus **ojitos**, buscando con la aplicación de luz el llamado "reflejo rojo" que nos indica que la luz entra hasta el fondo del ojo, descartando la posibilidad de cataratas congénitas. Inspeccionamos su **nariz**, que en su apretado paso por el canal del parto pudiera luxarse y requerir de alguna maniobra, y habremos de estar seguros de que sus fosas nasales estén permeables. En su **boca** checaremos la integridad de sus labios, encías, paladar, lengua, campanilla y faringe. Pasamos entonces a checar sus **mandíbulas**, tanto su forma como movilidad.

Revisando el cuello del bebé

Habiendo ya checado su forma y tamaño, valoraremos también su movilidad. El bebé recién nacido tiene un cuello muy corto, normalmente sus ganglios son pequeños y difíciles de sentir al tacto. Es muy poco común encontrar alteraciones o malformaciones de cuello, por lo que su revisión es relativamente rápida y fácil.

✓ Revisar que esté alineado y sin malformaciones aparentes.
✓ Checar que presente movilidad normal hacia todos los lados y ángulos.

✓ Inspeccionar detalladamente el área de la glándula tiroides.

La alteración congénita de cuello, más frecuente en los recién nacidos es por mucho la tortícolis congénita. Este problema consiste en un cierto entumecimiento del cuello o una cierta incapacidad de moverlo hacia un lado en especial, y es debido a que la posición que el feto guardó durante varios meses dentro del útero materno no le permitió movilizar su cuello hacia ambos lados, en especial durante los últimos dos meses de gestación, cuando ya le era muy difícil mover su cabeza. Afortunadamente, es un problema postural, que con el debido manejo se resolverá pronto sin consecuencias ni secuelas (checa más a detalle en el tomo 2 de este manual, donde hablaremos de enfermedades y problemas más frecuentes del bebé).

Revisando el tórax del bebé

Previamente en la sala de parto, auscultamos ya su corazón, pulmones y respiración, pero es importante ya con más calma, y con el bebé respirando más tranquilo, escucharlo de nuevo con mucha atención. En este punto, es crucial basarse en la inspección visual, palpación, y auscultación con el estetoscopio.

✓ Es importante valorar el esfuerzo respiratorio a la simple inspección, así como la entrada y salida de aire en forma simétrica y suficiente. El estetoscopio nos ayudará a saber que sus pulmones están ya maduros y ventilan adecuadamente.

✓ Los ruidos cardiacos del recién nacido son un punto altamente importante en esos momentos. La frecuencia de latidos por minuto y la ausencia de soplos u otras anormalidades nos indicará que tu bebé tiene un corazón sano.

✓ También es importante ver la forma de su tórax, proporción con su abdomen, implantación de pezones, sus costillitas y revisión de sus clavículas.

Revisando el abdomen del bebé

Veremos primero el color, grosor y vitalidad del muñón umbilical, tomando en cuenta que ya previamente en sala de partos, corroboramos que contara con dos arterias y una vena en su interior. Palpando todo su abdomen con nuestras manos, debemos checar con mucha precisión varios puntos.

✓ Valorar ombligo y descartar algunos de sus posibles problemas.

✓ Descartar la presencia de alguna masa sólida, que sugiera un tumor congénito.

✓ Tocar los bordes del hígado y descartar crecimiento.

✓ Descartar crecimiento del vaso.

✓ Tratar de tocar la punta de los riñones y descartar crecimiento o tumores.

✓ En la parte baja del abdomen, descartar una posible hernia inguinal.

✓ Buscar algún posible quiste congénito de ovarios en las niñas.

✓ Un pediatra o neonatólogo experimentado puede descartar el crecimiento de los principales órganos o incluso quistes o crecimientos pequeños.

✓ También habremos de corroborar que sus intestinos estén moviéndose y funcionando adecuadamente.

Revisando los genitales del bebé

Para la revisión de los genitales nos basaremos primeramente en la apariencia exterior y luego en la palpación. Es importante valorar el color, tamaño, forma y características de los genitales del bebé, checando diferentes puntos cuando se trata de hombres o de mujercitas.

✓ **En las niñas**

Empezaremos por revisar los labios mayores, menores y el orificio de entrada a su vagina. En una bebé de término, los labios mayores cubren a los labios menores, lo cual no sucede en bebés prematuros. En ocasiones, sus labios menores se encuentran fusionados o pegados, y pudieran requerir de alguna probable maniobra en edades posteriores. También es importante valorar y describir su himen, y anotar sus características o cualquier alteración encontrada.

✓ **En niños**

Veremos que su pene sea de características normales y que presente su orificio de salida en el glande o cabeza del pene, o de no poderse apreciar por lo cerrado del prepucio (piel que cubre el glande o cabeza del pene), habremos de descartar que presente algún otro orificio de salida de orina en la parte posterior del pene. Ese orificio extra que algunos presentan se llama hipospadia (por favor checa más a detalle en el capítulo de malformaciones congénitas más frecuentes del tomo 2 de este manual). Seguimos con los testículos, corroborando la presencia de ambos en sus respectivas bolsas escrotales (el escroto es la piel que cubre los testículos). Tratándose de un recién nacido de término, ambos tendrán que haber descendido.

Revisando las extremidades y cadera del bebé

✓ Cada uno de los brazos y piernas deben estar completos, bien formados, simétricos y proporcionados.

✓ La cuenta total de dedos deberá terminar siempre en veinte.

✓ Asimismo, vamos a corroborar que cada extremidad tenga la movilidad adecuada.

✓ La cadera será valorada con varias maniobras específicas, tratando de descartar la posibilidad de luxación congénita de cadera, que de presentarse requerirá de algunos estudios, e idealmente debe ser manejada por un especialista en ortopedia pediátrica desde su nacimiento.

Revisión de la espalda y columna vertebral del bebé

La revisión de su espalda es muy importante desde el nacimiento y habremos de checar lo siguiente:

✓ Que se encuentre bien alineada

✓ Sin desviaciones o deformidades

✓ Que no tenga bolas o masas palpables

✓ Que tenga una movilidad adecuada

Los reflejos primarios del recién nacido

Al momento de nacer, si el bebé se encuentra ya recuperado y adaptándose a su nueva vida fuera de su madre, presenta varios reflejos que habremos de checar.

Se trata de movimientos que se presentan en forma involuntaria, algunos como respuesta a un estímulo, ya sea un sonido o un estímulo táctil, y en ocasiones en forma espontánea sin ningún estímulo que lo desencadene. En algunos casos pueden ser débiles o estar ausentes en bebés prematuros, enfermos, delicados o graves. Su presencia nos indica integridad y buena función de su sistema nervioso, y casi todos ellos desaparecen progresivamente en sus primeros doce meses de vida. Existen también otro tipo de reflejos, llamados secundarios, que van apareciendo en edades posteriores. A continuación te mencionaré los más notables.

✓ **El reflejo de búsqueda**: con el simple hecho de tocar los labios o mejillas de tu bebé, ya sea con la mano, al rozar la piel de quien lo carga, y obviamente al tocar el pecho de mamá, normalmente volteará hacia el lado donde recibió el estímulo en busca de alimento. Además del tacto, también el olfato puede ayudar a localizar el seno materno.

✓ **El reflejo de succión y deglución**: el succionar no es solo una muestra de apetito, y el simple hecho de introducir un dedo, su propia mano u otro objeto, el recién nacido empezará a succionarlo en forma refleja. Este reflejo inicia desde los últimos meses de gestación, y es común que el producto aún dentro del útero de su madre se succione la mano o un dedo. Ya aplicado a la vida diaria, este reflejo puede ser también causa frecuente de que un bebé se sobrealimente, pues aun estando lleno su estomaguito, podría seguir succionando, y tú podrías pensar que aún tiene hambre. Asimismo, al tener alimento o saliva en la parte posterior de su faringe, se detona el reflejo de deglución que le ayuda a tragar aquello que se encuentra en su garganta. Lo perfeccionará poco a poco con el tiempo, y sus primeros meses puede ahogarse frecuentemente.

✓ **El reflejo de la marcha automática**: tomando al bebé recién nacido y colocándolo en posición vertical, apoyando suavemente la planta de sus pies sobre la cama, verán ustedes cómo solito levanta una de sus piernitas y da un paso adelante, al hacerlo procura que ese pie que adelantó toque suavemente la cama, y seguramente dará varios pasos más. Es curioso ver cómo un recién nacido simula caminar.

✓ **El reflejo de prensión palmar**: este reflejo lo podemos ver tomando al recién nacido de sus manos y al introducir uno de nuestros dedos entre sus palmas, veremos cómo, al tratar de retirarlo, de inmediato apretará sus manos tratando de retenernos. Algunos bebés aprietan tan fuerte que incluso podemos levantarlos en su propio peso. Pruébenlo ustedes mismos y verán qué agradable se siente, que tu hijo atrape tus dedos. Normalmente, se presenta también en recién nacidos prematuros.

✓ **El reflejo de moro**: este reflejo consiste en un movimiento repentino, de sobresalto, manifestado por una extensión de sus brazos, apertura de sus manos y dedos, para posteriormente cerrar y mover sus brazos hacia su cuerpo, también acompañado de estiramiento de sus piernas; comúnmente puede acompañarse de llanto. El estímulo que despierta este reflejo puede ser un movimiento o un ruido. Este reflejo da pauta a algunas creencias —por cierto muy frecuente aquí en nuestro México—, como el pensar que "el niño está asustado", por lo cual habremos de explicar siempre a los nuevos padres que esto es algo totalmente normal.

✓ **El reflejo de Bavinski**: tomando su pie, se le realiza un suave estímulo en la planta, de abajo hacia arriba, notando cómo el bebé de inmediato estira su pie, también abriendo y separando sus dedos en abanico.

✓ **El reflejo tónico del cuello**: llamado también el "reflejo del espadachín", consiste en voltear suavemente la cabeza del bebé hacia un lado y mantenerla así durante quince segundos, para después girarla de nuevo hacia el centro. Con esto veremos cómo el bebé estira el brazo y la pierna, del mismo lado hacia donde antes giramos su cabecita.

Mi comentario

Sobre la exploración física detallada del bebé, podrás encontrar algunos comentarios más en el capítulo del recién nacido normal. Cada niño es diferente y único, pueden heredar características no solo del padre o de la madre, sino también de sus ancestros de generaciones anteriores. Existen una gran variedad de características físicas que pueden considerarse como normales.

Procedimientos inmediatos al nacer

Al finalizar la exploración física del recién nacido, realizamos algunos procedimientos que a continuación mencionaré. Se han venido realizando por la mayoría de los pediatras y neonatólogos a lo largo de casi todo el mundo. Debo mencionar que algunos médicos afectos a corrientes conservadoras o naturistas optan por no realizar al bebé recién nacido ningún tipo de maniobras o solo algunas de ellas.

Aseo de los ojos del recién nacido

Esta maniobra va encaminada a la prevención de infecciones en los ojitos del recién nacido y consiste en la colocación de un antibiótico en gotas en aquellos bebés que nacen por vía vaginal. Después de la ruptura de la membrana amniótica, el bebé pierde ya su ambiente estéril y empieza a contaminarse con aquellos microorganismos presentes en la vagina de su madre. Algunos de ellos podrían ocasionarle problemas, por lo cual realizamos un lavado ocular con agua estéril (lavado por arrastre), y a seguir colocamos una o dos gotas de antibiótico en cada ojito. Por seguridad, en algunos casos preferimos continuar aplicando estas gotas, durante 2 o 3 días más.

✓ Con esta fácil maniobra prevenimos en forma eficaz la conjuntivitis neonatal temprana.

✓ Aquellos bebés nacidos por operación cesárea se encuentran estériles dentro de su madre, nacen en un medio también estéril, y al no tener la contaminación del canal del parto no requieren de la profilaxis oftálmica con antibiótico, y solo un lavado por arrastre para quitar la sangre obtenida de la herida materna.

Mejorar la coagulación con vitamina K

✓ Al momento del nacimiento, como norma general aplicada en forma internacional a todos los bebés recién nacidos, aplicamos una inyección de vitamina K por vía intramuscular en su muslito, a una dosis de 0.5 a 1 miligramo según la edad gestacional y peso del bebé.

✓ Esto es con la intención de prevenir la enfermedad hemorrágica temprana del recién nacido, mientras mejora por sí mismo su proceso de coagulación.

✓ Normalmente una sola dosis es suficiente, en espera de que ya iniciada la alimentación, la aportación de vitamina K y nutrientes cubran adecuadamente la función de coagulación.

La prueba de permeabilidad de orificios naturales

Así como se escucha, habremos de corroborar que todos sus orificios naturales, que deben encontrarse permeables desde el mismo momento del nacimiento, en realidad lo estén. Algunos se aprecian a simple vista, aunque otros no.

✓ Ambos conductos auditivos hasta la membrana timpánica.

✓ Ambas fosas nasales hasta las coanas, que es punto donde la nariz se une a la garganta.

✓ Toda la trayectoria del esófago hasta llegar al estómago.

✓ El meato urinario del pene (cuando el prepucio baja un poco y logra apreciarse o en bebés con circuncisión).

✓ Orificio vaginal en las niñas (no es indispensable que se encuentre permeable desde el nacimiento, aunque la gran mayoría sí lo está).

✓ Permeabilidad del ano, por fuera y al menos tres centímetros hacia dentro.

Mi comentario

Afortunadamente, las malformaciones congénitas, que incluyen los orificios naturales, no son tan frecuentes, pero debido a su gran importancia, tendrán que ser descartadas desde el mismo momento del nacimiento. Sus fosas nasales y esófago serán checados con la ayuda de una pequeña sonda, primeramente por cada una de sus fosas nasales y posteriormente por su boca, hasta llegar al estómago. Los oídos serán explorados con la ayuda de un otoscopio, el ano será checado por la colocación del termómetro digital, y sus genitales solo con la inspección visual. Especialmente en sus fosas nasales y esófago, algunas corrientes naturistas o conservadoras de médicos sugieren no realizar ninguna de estas maniobras con la intención de no molestar o alterar al bebé. En lo personal, considero que hacerlo de la forma adecuada, con la experiencia y delicadeza necesaria, no causa complicaciones, son muy útiles y nos darán tranquilidad de que tu bebé nació sano.

El lavado gástrico en el recién nacido

Aprovechando el momento de checar que su esófago esté permeable hasta el estómago a través de una delgada sonda conectada a una jeringa, realizamos a la vez un breve lavado gástrico con agua estéril o solución glucosada con el cual frecuentemente extraemos algo de moco, secreciones y sangre, tragados por tu bebé durante su paso por el canal del parto o la cesárea. Esta maniobra, además de ayudarnos a prevenir una posible infección o vómitos en sus primeras horas de vida, nos ayudará también a tener una mejor tolerancia a su alimentación. Muchos colegas aprovechan el estar ya dentro del estomaguito del bebé para dejar ya una dosis de suero glucosado en espera de su primera sesión de seno materno. Con la intención de no introducir la sonda al bebé, algunos médicos prefieren no probar la permeabilidad del esófago ni realizar el lavado del estomaguito del bebé. Por seguridad de mis pacientes y tranquilidad personal, siempre lo he hecho con buenos resultados.

Estudios de laboratorio y procedimientos recomendados

✓ Durante la estancia hospitalaria del recién nacido sano, que generalmente dura entre 24 y 72 horas, ya sea en forma rutinaria, en espera del egreso de mamá, o como norma de cada hospital, se pueden tomar algunos exámenes de laboratorio y procedimientos que nos serán de mucha utilidad a corto, mediano o largo plazo.

✓ Dependiendo de la capacidad de cada hospital, de su laboratorio, equipamiento y actualización tecnológica, pueden disponer de algunos o todos los estudios y procedimientos que a continuación te mencionaré.

✓ Si está dentro de tus posibilidades, te recomiendo mucho el realizarlos dentro o fuera del hospital donde haya nacido tu bebé.

✓ Hablando de un recién nacido enfermo, posiblemente requerirá también de otros estudios más, dependiendo de su problema y a criterio del pediatra o neonatólogo que lo atiende.

El tipo sanguíneo

✓ El examen para conocer el tipo sanguíneo del recién nacido es una sencilla prueba que comúnmente se toma a cada bebé.

✓ La sangre utilizada se colecta del cordón umbilical al momento de ligarlo, cortarlo y separarlo de la placenta, sin necesidad de picar o molestar al bebé. La sangre que queda en el trozo de cordón umbilical anexo a la placenta, ya separado del bebé, es sangre del bebé y no de la madre.

✓ La sangre del recién nacido puede ser diferente a la de su madre, lo que en algunos casos, según las diferentes combinaciones, pudiera ocasionar un aumento de la bilirrubina en las siguientes dos semanas de vida, por lo cual el recién nacido pudiera presentar una coloración amarillenta de su piel (ictericia), misma que habrá de vigilarse y en algunos casos tratarse con una luz especial llamada fototerapia.

✓ La toma del tipo sanguíneo comúnmente está incluido en el paquete de atención al recién nacido en la mayoría de los hospitales privados.

✓ También nos podría ser de utilidad en aquellos recién nacidos delicados o graves que más adelante requieran de alguna transfusión, cirugía, etc. Siempre es útil saber el tipo y Rh sanguíneo del recién nacido.

El tamiz metabólico neonatal

✓ Es un estudio tomado en la sangre del bebé con la intensión de detectar tempranamente un gran número de alteraciones metabólicas, congénitas o hereditarias que pudieran ocasionarle problemas en su salud, ya sea en forma inmediata, a mediano o a largo plazo.

✓ La mayoría de los bebés que padecen estas enfermedades no muestran ningún síntoma al nacer, por lo que es poco probable que se detecte sin esta prueba. De no ser detectados y tratados, varios de estos padecimientos pueden cursar con retraso mental, lo cual la convierte en una prueba muy importante y útil.

✓ La muestra se toma por personal capacitado de cuneros o de laboratorio con un pequeño pinchazo y la extracción de cinco gotas de sangre tomados del talón de tu bebé.

✓ Idealmente debe tomarse entre el segundo y quinto día de vida, sin pasar de un mes, y en el peor de los casos, si no pudo tomarse, nos sigue siendo muy útil hasta los tres meses de edad.

✓ Existen aquí en México varios tipos de tamiz metabólico, un estudio que solamente descarta el hipotiroidismo congénito (prueba de TSH); otro llamado tamiz básico, que descarta cinco padecimientos; otro más completo llamado tamiz ampliado, que miden poco más de cuarenta parámetros; y los más avanzados a la fecha, que llegan a medir más de ochenta parámetros.

✓ En un futuro muy cercano, las nuevas tecnologías nos permitirán descartar tempranamente, con las mismas cinco gotitas de sangre, cerca de doscientas enfermedades congénitas en un recién nacido.

En la actualidad (2021), en la mayoría de las instituciones públicas de México, se toma el examen básico que descarta los siguientes padecimientos congénitos:

✓ **Hipotiroidismo**
Ocasiona retraso mental (crisis agudas tempranamente)

✓ **Fenilcetonuria**
Ocasiona retraso mental (crisis agudas tempranamente)

✓ **Hiperplasia suprarrenal**
Problemas de diferenciación sexual y pérdida de la sal corporal

✓ **Galactosemia**
Cataratas, problemas de hígado, problemas inmunológicos e infecciones

✓ **Fibrosis quística**
Problemas pulmonares y digestivos

Antecedentes: aunque este estudio inició en Estados Unidos desde 1963, en los hospitales del sector público de México se toma este examen apenas desde 1998, inicialmente solo para descartar hipotiroidismo congénito, y desde ese entonces ha venido cubriendo algunas enfermedades más. En el ámbito médico privado de México, actualmente en el año 2021 y gracias a la globalización, contamos ya con algunos de los exámenes más avanzados del mundo, que incluyen cerca de 100 parámetros a revisar. En Estados Unidos, desde el año 2005, se realiza obligatoriamente el tamiz metabólico neonatal que incluye 29 enfermedades, además del tamiz auditivo neonatal para descartar la sordera congénita, ya sea total o parcial. En el medio médico privado, además de un comprobante de haber sido tomado, recibirás un reporte completo de los resultados, mientras que en las instituciones públicas solamente recibirás una notificación si los resultados fueron positivos a alguno de los padecimientos. Siempre comparte esta información con tu pediatra o neonatólogo. A la más mínima sospecha o duda de enfermedad, el examen podría ser repetido o ampliado, además de una posible valoración médica especializada, dependiendo de la enfermedad congénita que se sospeche.

Mi comentario

> Aunque en las instituciones de salud pública de México se toma solo el tamiz metabólico básico, considero mi deber ético y profesional el informar a los padres de mis pacientes la existencia y disponibilidad de los tipos más avanzados de tamiz metabólico, y sean ellos quienes decidan qué estudio quieren y pueden pagar para su bebé. Este examen será tomado una sola vez en la vida, y con una buena explicación de la importancia de este estudio, seguramente muchos podrán hacer el esfuerzo de tomar algo mejor que solo el tamiz básico.

El tamiz auditivo neonatal

✓ El tamiz auditivo neonatal es un estudio actualmente recomendado en forma rutinaria a todos los recién nacidos, aunque actualmente en México aún no es obligatorio por ley, y en este momento la mayoría de las instituciones públicas carecen de él o tienen equipos que se encuentran fuera de servicio.

✓ Se realiza en la misma sala de cunas a través de un sencillo método en el cual se coloca un pequeño audífono en cada oído del bebé, y enviando emisiones oto-acústicas, en solo unos segundos nos registra si hay o no audición.

✓ Los métodos actualmente utilizados ponen a prueba la estructura y funcionalidad de la vía auditiva, en sus estructuras anatómicas, desde el oído externo, medio e interno, hasta las estructuras nerviosas, desde el nervio auditivo hasta las áreas responsables de la audición en el cerebro. Una alteración a cualquiera de estos niveles puede afectar directa o indirectamente la función de audición de tu bebé.

✓ Este estudio va encaminado a detectar tempranamente cualquier alteración en la audición. "Hipoacusia" es el término médico que indica disminución de la audición, mientras que "acucia" significa su ausencia total.

✓ El detectar y tratar tempranamente cualquier alteración, aumenta las posibilidades de recuperar la audición y ayudar también a que no afecte el inicio del lenguaje de tu bebé.

✓ La alteración de la audición se presenta en 1-3 de cada 1,000 nacimientos vivos en México.

✓ Se ha encontrado un lenguaje significativamente mejor en aquellos casos de hipoacusia detectados y tratados antes de los once meses de edad, en comparación con aquellos en que se hizo a edades mayores.

✓ Ciertos problemas en el recién nacido, como prematurés, infecciones y el uso de algunos antibióticos, pueden aumentar el riesgo de alteraciones de la audición.

✓ Si este estudio no le fue realizado a tu bebé antes de egresar del hospital, puede realizarse lo antes posible en los siguientes días o meses.

✓ Aproximadamente un 5% de los recién nacidos (cifra variable) presentan antecedentes o situaciones de alto riesgo, lo cual representa una posibilidad entre 10-20 veces mayor de presentar un problema de audición.

✓ Ocho de cada 100 recién nacidos (8%) de alto riesgo padecerá de hipoacusia, y una cuarta parte de ellos (25%) será de moderada a severa.

✓ Además del estudio inicial al nacer, estos pacientes de alto riesgo desde su nacimiento deberán llevar un seguimiento en los meses o años posteriores, por la posibilidad de la aparición de hipoacusia o acucia tardía.

✓ Afortunadamente, la hipoacusia o disminución de la audición, incluso los casos severos, son un problema con posibilidades de ser tratado aquí en México.

✓ Los resultados del tratamiento, en términos de recuperar la audición parcial o total, y la incorporación de los niños afectados a una vida normal, depende importantemente de lo temprano que se haya llegado al diagnóstico.

✓ Estos pacientes contarán con diferentes opciones de manejo, como podrían ser un implante coclear, auxiliares de amplificación de la audición, terapia de lenguaje y en casos necesarios el idioma por señas, etc.

✓ El detectar problemas de audición en un niño debido al retraso del lenguaje se considera ya como una detección tardía, pues el estímulo auditivo en edades tempranas es indispensable para el desarrollo del lenguaje.

Mi comentario

Si en el hospital donde nació tu bebé no le fue tomado este estudio, pregunta de inmediato a tu pediatra o neonatólogo sobre la posibilidad de tomarlo en otro lugar. Aunque tengas que pagarlo, bien vale la pena la tranquilidad de saber que tu hijo oye bien y no tendrá problemas futuros.

El tamiz cardiológico neonatal

✓ Al momento de nacer, la revisión médica integral nos ayuda a detectar algunos padecimientos de varios tipos, aunque algunos otros no son fácilmente detectables, solo con nuestras manos, vista u oído. Ese es el caso de algunos padecimientos cardiacos.

✓ Al momento de nacer, en la exploración física convencional utilizamos el estetoscopio para escuchar los latidos cardiacos, medimos su frecuencia, su ritmo y buscamos ruidos anormales como los soplos, arritmias, etc.

✓ Muchos de los padecimientos cardiacos presentan soplos de diferentes tipos, lo cual nos ayuda a detectar algunos padecimientos, pero otros tantos no presentan soplos ni otras manifestaciones clínicas inmediatas que podamos detectar sin la ayuda de estudios auxiliares. Por tal motivo, después de revisar a un bebé recién nacido podemos descartar quizá la mayoría de los problemas cardiacos congénitos, más no asegurar en forma absoluta que su corazón es totalmente sano.

✓ Algunos problemas en el corazón de un bebé pudieran no presentar ninguna pista con qué diagnosticarlos, por lo cual solo nos queda el estar muy pendiente de cualquier anormalidad que el niño pudiera presentar en las siguientes horas o días. Para nosotros como pediatras, el contar con algún estudio sencillo, práctico y económico que nos dé la certeza casi total de estar frente a un corazoncito sano, nos da una gran tranquilidad.

✓ Este estudio en un recién nacido se practica con un sencillo equipo portátil por una enfermera capacitada con un bajo costo sin ocasionar ninguna molestia o dolor al bebé, en la misma sala de cunas donde acaba de nacer, y representa para nosotros un gran apoyo tecnológico fácil de utilizar.

✓ La más mínima duda o alteración en los resultados sería consultada con un especialista en cardiología pediátrica.

✓ De momento, contamos ya con este sencillo y útil equipo en el hospital donde laboro diariamente, y de no contar con él en otros hospitales podría buscarse a un cardiólogo pediatra que lo tenga en su consultorio o clínica.

La vacunación en el recién nacido

La vacunación en el bebé y durante toda la niñez es un tema demasiado importante como para no tocarlo a fondo. Las vacunas son por excelencia el mejor método preventivo, del cual habremos de sacar el máximo provecho. Siempre desde los primeros días después del nacimiento, aunque idealmente desde antes de nacer, un buen neonatólogo o pediatra debe siempre de tocar este tema y plantear a los padres del bebé las diferentes opciones de vacunación disponibles en su ciudad.

✓ En México, antes de ser egresado del hospital, ya sea de una institución pública o privada, a los padres de todo recién nacido, se les debe entregar su cartilla nacional de vacunación, y explicarles la importancia de las vacunas sobre la salud de su hijo.

✓ El esquema nacional de vacunación actual de México (2023) incluye la aplicación de dos vacunas al recién nacido, la vacuna BCG contra tuberculosis, y la primera dosis de vacuna contra la hepatitis-B.

✓ Tratando de evitar cualquier posible retraso en el esquema subsecuente, si la salud del recién nacido lo permite, idealmente, deben ser aplicadas antes de salir del hospital junto a su madre.

✓ El esquema mexicano de vacunación no incluye algunas vacunas incluidas en el esquema regular de otros países como EUA, Canadá o algunos países desarrollados de Europa. Algunas sí se tienen, pero se aplican en un número menor de dosis.

✓ Ya más adelante, en sus visitas subsecuentes, los pediatras habremos de insistir en el debido cumplimiento de este esquema, y tendremos también la oportunidad de recomendarles aquellas vacunas que consideremos importantes y que por cualquier motivo no estén contempladas en el programa nacional de vacunación.

✓ En estos casos, al no ser obligatoria su aplicación, es importante mencionar a detalle a los padres del bebé qué vacunas son, en qué momento deben ser aplicadas, los costos en el medio privado y sus beneficios o riesgos.

✓ También será importante informar a los familiares del pacientito cuando la situación epidemiológica de la región o del país requiera de alguna modificación del calendario de vacunación o de la dosis extra de alguna vacuna.

✓ Más adelante, en el capítulo de prevención, te mencionaré a detalle los diferentes esquemas de vacunación para tu hijo.

Mi comentario

En mi práctica pediátrica privada explico y recomiendo a todos los padres de mis pacientitos con qué vacunas puedo disponer para su aplicación, los beneficios, los costos, posibles reacciones y les muestro el esquema de vacunación de otros países, en especial el de EUA. Mi deber como pediatra y padre de familia es ofrecer a mis pacientitos las mejores y más actualizadas opciones de prevención a nivel mundial y tenerlas disponibles para su aplicación. Debido a los altos costos de algunas vacunas, muy posiblemente solo algunos de ellos podrán pagarlas. El cumplir con explicarles detalladamente, tenerlas a mi alcance y ponerlas a su disposición, me da la gran satisfacción profesional de estar siempre intentando hacer lo mejor por mis pacientitos.

La colocación de aretes en tu bebé

✓ Tratándose de una bebé femenina, casi en la totalidad de los casos, los padres solicitan la aplicación de aretes en sus orejas. Para mí, como pediatra neonatólogo, es una maniobra rápida y sencilla que realizo con gusto a solicitud de los padres de mis pacientitos.

✓ Recomiendo siempre conseguir aretes de titanio, oro o bañados en oro, por la menor posibilidad de dar reacción que frecuentemente se ve con otros materiales.

✓ Deben evitarse algunos modelos con forma de flores, o cualquier figura que tenga extremos picudos que puedan molestar a la bebé al estar acostada y apoyada sobre esa orejita.

✓ Considero que los mejores aretitos son aquellos que solo presentan una bolita por el frente, e igualmente otra pequeña bolita posterior como tapón.

✓ Para colocarlos ahí mismo en la sala de cunas se efectúa un aseo rápido de los pabellones auriculares con un poco de alcohol, y sin la necesidad de algún tipo de anestésicos, que en este caso solo sumaría riesgos y más molestias, procedo a seleccionar detalladamente el mejor sitio de aplicación.

✓ Previo a un buen aseo de los nuevos aretitos, procedo a realizar la punción de la forma más rápida y precisa posible, con molestias leves y rápidamente pasajeras de la bebé.

✓ Durante las siguientes dos semanas a la aplicación, se deberá lavar con agua y jabón el sitio de la aplicación, movilizando los aretitos de un lado a otro para asegurar su mejor aseo y prevenir una posible infección.

✓ Cualquier posible reacción o infección en el sitio de aplicación serán detectados en sus visitas de seguimiento o con una fácil llamada telefónica, en caso de requerirse.

✓ Respeto a cualquier madre que solicite colocar dos o más aretes en cada oreja de su bebé, pero yo solamente coloco uno en cada oreja, y recomiendo que sea cada persona ya en edades mayores quien decida si se coloca un segundo o más en cada oreja. Tampoco coloco expansores u otro tipo de accesorios diferentes a los aretes.

La circuncisión en tu bebé

Cuando estamos ante un bebé masculino, considero importante el platicar acerca de la posibilidad de practicar una circuncisión. Con ello, no afirmo ni sugiero que sea necesario realizarla, pero sí considero importante el mencionar la opción, plantearles los pros y contras, y escuchar qué piensan los padres acerca del tema. Nuestra labor como pediatras neonatólogos es la de ofrecerte la mejor asesoría posible acerca de cada tema relacionado con tu bebé, y como sucede en este caso, después de haberlo platicado y revisado la mayor información posible, ustedes como padres del bebé tendrán siempre la última palabra.

¿Qué es la circuncisión?

La circuncisión es un procedimiento menor que frecuentemente se realiza a un bebé masculino con la finalidad de extirpar la piel (prepucio) que cubre la cabeza del pene (glande).

¿Cuáles son los pros y contras de realizarla?

Como cualquier intervención quirúrgica, aunque sea menor, puede tener ciertos riesgos que habremos de valorar junto a los posibles beneficios, y de esa manera tomar la decisión que más convenga en cada caso. Algunos riesgos o posibles beneficios pueden ser controvertidos, algunos pueden contar con sustento científico, aunque otros no, y algunos pueden estar sustentados en experiencias personales, familiares, en nuestra experiencia como pediatras o neonatólogos, modas, aspectos religiosos, tendencias y costumbres.

Algunos de los posibles pros pueden ser los siguientes:

✓ Hay quien considera importante y le da valor al factor estético, asumiendo que un pene circuncidado es un pene más estético y de mejor aspecto. Otros pudieran considerar lo contrario dependiendo de su país y cultura.

✓ El tener el glande o cabeza del pene descubierta favorece su higiene, pues aquella grasa que naturalmente se produce en este sitio, llamada esmegma, se limpia constantemente por el contacto con el calzón, lo cual evita malos olores y posibles infecciones.

✓ Al estar descubierto el glande se evita también la humedad, que junto a una temperatura tibia, pueden ser causantes de infecciones externas que pudieran también contagiarse al interior de las vías urinarias. Estudios demuestran que durante el primer año de vida, el riesgo de padecer infección de vías urinarias (IVU) en un bebé NO circuncidado es de 1 entre cada 100 niños, mientras que al tener la circuncisión, disminuye 10 veces a 1 entre cada 1,000 niños.

✓ Hay estudios que mencionan, desde hace varias décadas, que el esmegma acumulado en la cabeza del pene de un hombre NO circuncidado con el tiempo puede aumentar el riesgo de cáncer en el cuello (cérvix) de la matriz (útero) de la pareja con quien tenga relaciones sexuales.

✓ El hacer la circuncisión es una tradición milenaria y considerado como sagrado para quienes siguen ciertas religiones.

✓ El extirpar esa parte de tejido (prepucio) del pene puede ocasionar una doble disminución de la sensibilidad debido a que se trata de piel muy sensible, además de que al dejar descubierto el glande, debido al constante roce con la ropa, este se va engrosando poco a poco con los años, perdiendo cierta sensibilidad en comparación con aquellos que no tengan la circuncisión. Tomando en cuenta que por lo general el hombre llega al orgasmo más rápido que la mujer, esta pérdida de sensibilidad es muy "bien" vista por muchos, y ser un factor que nivele un poco la sexualidad entre una pareja. Por tal motivo, es recomendada por cierta corriente de sexólogos, aunque pudiera haber quien lo vea incluso como una desventaja.

✓ Todo padre que tenga la circuncisión y esté contento con ello, estará más tranquilo con que su hijo la tenga también.

✓ El sangrado en este tipo de intervenciones es bastante escaso o nulo, y podría calcularse quizá entre 1-2 ml, lo cual no ocasiona ningún riesgo.

✓ Tratándose de un recién nacido, personalmente utilizo una pequeña cantidad de anestesia local inyectada, evitando así la necesidad de anestesia general, necesaria en niños de edades mayores, o el bloqueo peridural usado en pacientes adolescentes o mayores. Esto disminuye los posibles riesgos y los gastos.

✓ La técnica que personalmente utilizo en el recién nacido, no incluye las clásicas puntadas para suturar, utilizándose solamente un pequeño anillo plástico en el glande, y un hilo que lo rodea, dejando una delgada cicatriz lineal que normalmente desaparece en un par de meses.

✓ En mi experiencia, la sensibilidad aún no bien organizada en los recién nacidos me ha mostrado que no hay llanto ni otras muestras de dolor en los días siguientes a la circuncisión, y es muy poco probable la necesidad de usar medicamentos analgésicos. Aun así, a mis pacientes les recomiendo gotas de paracetamol en caso necesario.

✓ El realizarla con las condiciones ideales, nos da la confianza de no tener que utilizar antibióticos tomados, y solamente la aplicación de un antibiótico en ungüento, aplicado localmente en forma preventiva por unos días.

✓ Considero que los pediatras y neonatólogos debemos realizar la circuncisión solo a bebés recién nacidos o durante su primero o segundo mes de vida. Recomiendo que en edades posteriores sea un cirujano pediatra quien la realice.

Algunos de los posibles contras pueden ser los siguientes:

✓ Como cualquier procedimiento, quien la realice puede cometer errores o presentarse accidentes, aunque realmente en este caso son casi nulos cuando se realiza por manos expertas.

✓ El procedimiento debe procederse en un lugar adecuado y con materiales e instrumentos estériles y especializados, por lo cual es recomendable practicarlo en un hospital o clínica que cuente con esas condiciones.

✓ Podría presentarse algún caso de cicatrización defectuosa, aunque te menciono que en casi cuarenta años de práctica profesional no he visto ningún caso de este tipo.

✓ Aunque la circuncisión se considera como una intervención menor, tiene ciertos costos, que en este momento y en un hospital de buena calidad, tratándose de un bebé recién nacido e incluyendo gastos hospitalarios y honorarios médicos, varía entre 300 y 500 dólares americanos.

Mi comentario

Tratándose de un recién nacido en su primera semana de vida, la circuncisión es un procedimiento fácil de realizar, de muy bajo riesgo, barato, poco doloroso, no requiere de internamiento y deja una cicatriz casi imperceptible. En la gran mayoría de los casos se realiza de manera preventiva a solicitud de sus padres. Tomando en cuenta mi experiencia personal de casi cuarenta años de ejercer la pediatría y neonatología, así como haber efectuado miles de circuncisiones, pienso que los posibles beneficios superan a los posibles riesgos. Considero muy importante, que los nuevos padres se informen por cualquier vía, y juntos tomen una decisión al respecto, misma que como médicos habremos de respetar. Personalmente, respeto también, cualquier opinión médica contraria a la mía. Son los padres quienes bien informados analizarán el tema, y al tomar una decisión tendrán siempre la última palabra. **Cito textualmente la postura de la Academia Americana de Pediatría (AAP) acerca del tema en *El primer año de vida de su bebé*).**

La Academia Americana de Pediatría considera que "la circuncisión tiene beneficios médicos potenciales y ventajas, así como ciertos riesgos y desventajas inherentes. Por eso recomendamos que la decisión de practicar o no esta operación la tomen los padres del bebé en consulta con el pediatra. Entre los factores que influyen sobre esta decisión cabe mencionar consideraciones médicas y estéticas, religión, actitudes culturales, presiones sociales y tradición. El pediatra deberá compartir con los padres los beneficios y los riesgos que implica el procedimiento y pedirles un consentimiento informado antes de realizarlo".

El recién nacido prematuro

✓ La llegada de un nuevo bebé normalmente nos traerá alegría y buenas nuevas, aunque el nacimiento no siempre sucede en las condiciones ideales para nosotros y el recién nacido. Uno de esos problemillas que frecuentemente suceden es el nacimiento antes de tiempo.

✓ Algunas veces se ve venir con anticipación y nos previene, y otras veces solo se presenta en forma inesperada. Un nacimiento antes de tiempo, dependiendo principalmente de las semanas de duración que tenga la gestación, y del problema que haya adelantado el nacimiento, puede cambiar drásticamente nuestros planes.

✓ Más días de estancia hospitalaria del recién nacido, un aumento considerable en los gastos programados, pero principalmente un aumento en los riesgos que nuestro bebé está sufriendo, de perder la vida o de sufrir alguna secuela, serán los obstáculos a superar.

✓ En aquellos casos en que sabemos con anticipación la posibilidad de un nacimiento prematuro, es importante seleccionar un hospital que cuente con las instalaciones, equipamiento, personal y capacidad suficiente para atender las exigencias que el caso amerite.

✓ Asimismo, se habrá de seleccionar un pediatra neonatólogo de probado prestigio y resultados, a quien los padres puedan conocer y platicar previo al nacimiento. Es importante escuchar las recomendaciones de su gineco-obstetra, quien seguramente conoce ya algunos especialistas en el ramo o cuenta ya con un equipo integrado de profesionales en cada área. Si tienes una preferencia en especial, hazlo de su conocimiento en tu próxima cita.

✓ En aquellos casos en los que el nacimiento se adelante en forma sorpresiva, habrán de tomarse las mismas decisiones, aunque en forma más apresurada.

✓ Las adecuaciones en el cuarto o en la casa, así como los cuidados especiales de cada bebé, dependerán totalmente de las condiciones en que cada recién nacido sea egresado del hospital.

✓ En general, podría decirles que algunos problemas que seguramente enfrentarán podrían ser aplicables a casi todos los casos.

✓ La succión de un bebé prematuro es un poco más débil y lenta, por lo que requerirá de más insistencia y paciencia, o en algunos casos podría requerirse del apoyo de algún accesorio que ayude a facilitar la alimentación, como podrían ser un extractor para leche materna —ya sea manual o eléctrico— un chupón especial para prematuros o un alimentador que nos ayude empujando un poco la leche con algo de presión para suplir la succión débil.

✓ La temperatura corporal podría enfriarse más fácilmente en un recién nacido prematuro que en uno de término, por lo cual tendrán que ser más cuidadosos en mantener una temperatura ambiental un poco menos fría y cubrir al bebé adecuadamente.

✓ Los cuidados antes mencionados u otros que pudieran ser necesarios según cada caso en especial, pudieran ser practicados por una madre sana, si está dispuesta a hacerlo, y de requerirse, o si los familiares así lo desean, podría buscarse también el apoyo de personal de enfermería especializado en estos casos.

El recién nacido grande (macrosómico) al nacer

✓ De la misma manera que ocasionalmente recibimos recién nacidos pequeños, también tenemos con frecuencia recién nacidos excedidos de peso.

✓ Además de ser genéticamente grande, otra posible causa de tener un embarazo con un recién nacido excedido de peso (macrosómico), habremos de descartar la diabetes materna como una de las causas frecuentes, y que pudiera ocasionarnos algunos riesgos metabólicos en el bebé, sobre todo en sus primeras horas de vida.

✓ El recién nacido macrosómico o excedido de peso, y generalmente también de talla, puede deberse a características genéticas, heredadas de padre y/o madre, lo cual puede no estar relacionado con otro tipo de problemas de mayor riesgo.

✓ Por sí solo, un producto excedido de tamaño representa un mayor riesgo de nacer por vía vaginal, tomando en cuenta que tanto su cabeza como su cuerpo pueden exceder los diámetros habituales del canal de parto y de la cadera de su madre. Por tal motivo, el solo hecho de presentar una desproporción entre la cabeza del bebé y el diámetro de la pelvis de su madre es indicación ya de realizar una operación cesárea.

✓ El arriesgarse a dar la oportunidad de que estos bebés nazcan por vía vaginal muy probablemente terminará en un parto forzado, con el uso agresivo de fórceps y con un bebé lastimado, probablemente fracturado o con la indicación de operación cesárea urgente. Es tu gineco-obstetra quien, con base en la exploración física y los ultrasonidos tomados durante la gestación, valorará esta posibilidad.

✓ El esfuerzo metabólico y los grandes cambios fisiológicos que una mujer sufre durante la gestación pueden ocasionar que aun teniendo cifras normales de glucosa en sangre, desde antes de embarazarse, estas incrementen sus niveles hasta límites perjudiciales para su salud y posiblemente también para la del producto que lleva dentro.

✓ Una madre con cifras elevadas de glucosa en sangre previo al embarazo puede clasificarse como diabética, mientras que aquellas que la manifiestan durante el período de gestación pueden diagnosticarse como diabetes gestacional. Esas cifras elevadas de glucosa en la sangre materna alimentan también al bebé que porta en su útero, que al recibir cantidades altas, acumula poco a poco esos excedentes, llegando al sobrepeso aun antes de nacer. Esas altas cantidades de glucosa en la sangre del producto hacen que su pequeño páncreas secrete una mayor cantidad de insulina necesaria para que esa glucosa pueda ser utilizada dentro del cuerpo del bebé.

✓ Al momento de nacer y que ese bebé deje de recibir la gran cantidad de glucosa que recibía de su madre, junto a una elevada secreción de insulina por su páncreas, muy posiblemente sufrirá de una disminución abrupta de su glucosa en sangre, médicamente llamada como hipoglucemia.

✓ Habremos de recordar que en esos momentos es la glucosa la principal fuente de energía del cerebro, y su ausencia puede ocasionar un daño al recién nacido.

✓ Como parte de la vigilancia habitual en estos casos, a los niños macrosómicos les tomaremos exámenes de glucosa frecuentemente, y además de la leche del seno de su madre o la fórmula láctea, les daremos aportes extras de glucosa, disminuyéndola poco a poco para que de esta manera vaya normalizando su metabolismo de la glucosa. La falta de azúcar en estos casos puede variar desde leves signos de temblores, sudoración, hasta crisis convulsivas o posible daño cerebral.

Mi comentario

En resumen, un bebé grande, al nacer, corre ciertos riesgos por su tamaño por sí mismo, así como por posibles alteraciones metabólicas. Ambos deberán ser tomados en cuenta en forma preventiva desde antes de nacer. Algunos bebés grandes y descompensados nos llegan a presentar problemas iguales o incluso peores que algunos prematuros.

La dificultad respiratoria en el recién nacido

✓ La dificultad respiratoria en un recién nacido es la causa más frecuente de que tu bebé tenga que quedarse internado en el hospital cuando hayas sido ya dada de alta por tu gineco-obstetra.

✓ Esta puede ser debida a un variado grupo de problemas, dentro de los cuales el nacimiento prematuro es una de las causas más frecuentes.

✓ Puede presentarse también por aspiración de líquido amniótico, por retención del líquido que ya tenía dentro de sus pulmones desde antes de nacer y no haya sido expulsado correctamente en sus primeras respiraciones, por ruptura pulmonar y varias causas más.

✓ Dependiendo de las causas de cada caso, los estudios, tratamientos y el pronóstico, podrían variar. Por lo extenso y complicado del tema, los tocaremos más a profundidad el tomo 2 de este libro, dedicado a los problemas y enfermedades más frecuentes en el recién nacido y en el bebé pequeño.

Mi comentario

Cada una de las causas de dificultad respiratoria en el neonato tendrá un determinado estudio, manejo y cuidados específicos que irán variando según la evolución de cada paciente. Seguramente todos ellos requerirán de un aporte extra de oxígeno, ya sea por unas puntas nasales convencionales, y algunos casos más severos requerirán de otras técnicas quizá más complejas. El pronóstico de cada bebé variará grandemente de un paciente a otro, dependiendo de la intensidad y duración del problema, así como de las posibles complicaciones agregadas en cada caso. Aunque espero que no sea tu caso, y tu bebé se encuentre sano y feliz, en el tomo 2 de este libro tocaremos este tema a detalle.

Las malformaciones congénitas en el recién nacido

Desafortunadamente, algunos bebés llegan a presentar alguna malformación congénita al momento de nacer. Habremos de detectarla tempranamente, y de ser necesario tomar los estudios necesarios para llegar al diagnóstico preciso, de esta manera saber cuál será su pronóstico a futuro y su manejo. Algunas de ellas son evidentes a la simple vista, y puede tenerse un diagnóstico inmediato sin la necesidad de estudios.

Algunos casos requerirán no solo de estudios, sino también de la valoración de un especialista en genética.

✓ Podemos dividirlas para su mejor entendimiento en malformaciones mayores y menores, refiriéndome con mayores a aquellas que comprometen las funciones vitales del recién nacido, y que, por su tamaño, extensión o localización, pueden poner en peligro la vida o pueden ocasionar una limitación seria en el bebé, como podrían ser algunas malformaciones de ciertos órganos vitales, grandes vasos sanguíneos, etc.

✓ Algunas de ellas podrían ser diagnosticadas desde su nacimiento, aunque en ocasiones no es suficiente la exploración física y se requieren de estudios auxiliares que apoyen o descarten las sospechas diagnósticas.

✓ Con malformaciones menores me refiero a aquellas que no comprometen las funciones vitales del bebé ni ponen en peligro su vida. Generalmente, afectan alguna función, un movimiento o simplemente representan un problema estético. Estas podrían ser resueltas más adelante, y al no amenazar la vida del bebé habremos de tomarlas con más calma.

✓ Dependiendo del sitio donde se presente la malformación o el defecto, así como los órganos y funciones que estén involucrados o comprometidos, serán necesarios algunos estudios de laboratorio, gabinete o cualquier otro tipo.

✓ Algunos de estos padecimientos requerirán manejos agresivos de urgencia desde el mismo momento de su nacimiento, mientras que otros podrán esperar un poco más a mediano o a largo plazo.

✓ Las malformaciones congénitas pueden presentarse de forma variada en cualquier parte del cuerpo, pueden ser únicas o múltiples, y son necesarios libros enteros para describirlas a detalle.

✓ Cada caso deberá ser valorado en forma particular, y su pronóstico dependerá mucho de lo oportuno y adecuado de su tratamiento.

✓ El manejo irá prioritariamente orientado a preservar la vida del pacientito, posteriormente buscaremos conservar o recuperar la función, y finalmente buscaremos la manera de cuidar la estética.

✓ Siempre en manos expertas, la atención temprana tendrá mejores posibilidades de resolver los problemas.

✓ En manos de un experto, un estudio de ultrasonido durante la gestación podría también dar pistas o incluso el diagnóstico preciso de algún problema o malformación del feto, con lo que en ocasiones podrían realizarse procedimientos al feto, aún dentro de su madre antes de nacer.

✓ Si a su bebé le ha sido detectada una posible malformación aun antes de nacer, deberán contactar a un especialista en perinatología obstétrica, quien en conjunto con un neonatólogo o perinatólogo pediatra y la madre gestante habrán de tomar las decisiones que más convengan.

✓ Si el bebé ya ha nacido, es conveniente que sea atendido preferentemente por un pediatra neonatólogo o por un pediatra con suficiente experiencia. Frecuentemente, se requiere de la participación de un genetista y de varios pediatras sub-especialistas, dependiendo cada caso en especial.

Mi comentario

De momento solo te mencioné algunas generalidades acerca de las posibles malformaciones congénitas de un bebé. Espero que el tuyo haya nacido tan sano y hermoso como lo hicieron mis tres hijos en su momento. En el tomo 2 de este libro —donde hablo sobre los problemas y enfermedades más frecuentes del bebé— tocaremos más a detalle algunos de estos problemas.

Embarazo con productos múltiples

La gestación de productos múltiples puede lograrse en forma espontánea o debida a tratamientos de fertilidad tan comúnmente vistos en estos tiempos. La generación actual de mujeres jóvenes muestran una tendencia muy clara a iniciar la actividad sexual a edades cada vez más tempranas, pero a embarazarse a edades cada vez mayores, y en un número cada vez menor. El uso frecuente de anticonceptivos, las conocidas píldoras del día siguiente y la búsqueda de embarazarse por primera vez a edades cada vez mayores ha ocasionado que las mujeres fracasen frecuentemente en su intento de un embarazo espontáneo y recurran a tratamientos o procedimientos de fertilidad asistida en cualquiera de sus variantes. Ya sea en aquellos contados casos de embarazo múltiple espontáneo, en aquellos logrados por productos que estimulen la ovulación, o por implante de embriones ya fecundados, la posibilidad de tener un embarazo múltiple aumentará.

Inicialmente, el tener un embarazo múltiple seguramente será causa de alegría, pero al conocer que al aumentar el número de bebés aumenta también el riesgo de algún problemilla, quizá nos preocupemos un poco. Tratándose de dos productos, tal vez las cosas no sean tan riesgosas, pero ya tratándose de tres o más, muy probablemente surgirán algunos obstáculos que superar, y que exigirán mucho cuidado y atención. A continuación te menciono algunas consideraciones que deberás de tomar en cuenta:

✓ Cuantos más bebés vengan dentro del útero, puede haber mayor riesgo.

✓ Muy posiblemente cada bebé tenga su propio ritmo de alimentación y horarios de sueño, por lo cual muy seguramente tendrás menos tiempo para descansar.

✓ Tratándose de dos bebés, el seno materno seguramente puede ser suficiente, pero de ser tres o más, muy seguramente no lo será, y requerirás de una nodriza que te done algo de su leche, o de alguna fórmula complementaria.

✓ Los gastos en muebles de casa, accesorios, ropa, alimentación, consulta pediátrica, etc., seguramente serán mayores.

✓ En estos casos se requiere de una pareja muy participativa o de apoyo diario de otra persona para el cuidado de los bebés.

✓ Aquellas sillitas para llevar al bebé en el carro habrán de multiplicarse.

✓ De haber alguna complicación al nacer o más adelante que requiera de hospitalización de los bebés, seguramente los gastos se multiplicarán.

Mi comentario

Bueno, no todo es malo en estos casos, y el tener un par de gemelos es algo maravilloso y un gran regalo de vida. Seguramente habrá también una dosis mayor de amor, diversión y alegría, y tendrás muchos aspectos positivos que disfrutar, como lo es una dosis doble de amor y ahorrarte el esfuerzo y el gasto de uno o varios partos o cesáreas, etc.

El recién nacido
que requiere cuidados especiales

Desafortunadamente, no siempre las cosas salen como quisiéramos, y uno de tantos recién nacidos requerirá de cuidados especiales, ya sea en cuidados intermedios o en cuidados intensivos, y quedarse internado por uno o varios días después de que mamá haya sido ya dada de alta. Algunos padecimientos pueden ser detectados durante la gestación, previo al nacimiento, y algunos otros surgen de última hora durante el trabajo de parto o el nacimiento. Lo importante es estar preparado para todos ellos y manejar cada situación adecuadamente en tiempo y forma. La gran mayoría de hospitales en México cuentan ya con salas de cuidados intermedios o cuidados intensivos neonatales, y de no haberla en el hospital donde tu bebé nacerá, aún estás a tiempo de platicarlo con su gineco-obstetra y solicitar un cambio a otro que sí las tenga. Si tu bebé ha nacido ya y el hospital no cuenta con el equipamiento y personal adecuados, solicita un traslado por personal especializado de inmediato. Durante la estancia hospitalaria de un bebé en cuidados especiales será muy importante la visita de ambos padres, en especial de ti como mamá, pues habrás de aportar tu propia leche, que jugará un papel muy importante en la lucha por sacar adelante a tu bebé.

Al visitar a tu bebé en la sala de cuidados intensivos, deberás tomar siempre en cuenta las siguientes consideraciones:

✓ Ninguna persona enferma deberá visitar y estar en contacto con el bebé.

✓ El estar bien aseado y con ropa limpia ayudará a prevenir contagios.

✓ Deberá seguirse el reglamento de la sala estrictamente sin excepciones.

✓ Los informes sobre el estado de salud del bebé deben ser dados diariamente a madre o padre, personalmente por el médico responsable.

✓ En cuanto la salud del bebé lo permita, solicita a tu neonatólogo el contacto cuerpo a cuerpo con su hijo. Lo recomiendo ampliamente a madre y padre, y podría extenderse a los abuelos o a un hermanito mayor bajo supervisión. Con la técnica canguro o cualquier modalidad será muy útil a tu bebé.

✓ La música suave y relajante, así como un masaje leve y delicado pueden ayudar a tranquilizar tanto a madre como al bebé. Infórmate, y de ser autorizados por el médico a cargo, realízalos.

✓ El estar bajo cuidados intensivos indica que la vida de tu hijo está en peligro, aun así, habremos de mantener siempre el ánimo en alto, con mucha fe y esperanza de que la evolución será favorable.

✓ Al estar con tu bebé, habla con él en tono suave y a bajo volumen, repítele lo mucho que lo amas y deseas que se recupere.

 *Mi comentario*

En el tomo 2 de este libro podrás encontrar los problemas y enfermedades más frecuentes en un bebé, y de esta manera, al estar correctamente informados como padres, podrán entender más el manejo y tratamientos que tu bebé posiblemente requiera, y así poder lograr la calma y tranquilidad.

EL BEBÉ NORMAL

Aun habiendo tenido la experiencia previa de un hijo, las dudas acerca de los cuidados de un recién nacido surgen desde el primer momento en que padre y madre se tiene que hacer cargo personalmente del recién nacido.

Por favor, lee cuidadosamente este capítulo, pues en gran parte es la clave para conocer y entender a tu bebé. Al hacerlo comprenderás también por qué en muchas ocasiones no utilizaremos medicamentos, y tendremos que esperar a que tu bebé vaya superando sus problemas por sí mismo mediante la adaptación. Como buenos padres, procuraremos que nuestro bebé esté siempre tranquilo y en calma, cosa que frecuentemente es un poco difícil, sobre todo durante los primeros tres o cuatro meses de vida. Habremos de ser muy observadores, mantener una muy cercana comunicación, tener bastante imaginación y una buena dosis de paciencia. Sin duda esta aventura de ser padres, será una experiencia inolvidable, y juntos habremos de convertirla en algo alegre y divertido.

Mitos – costumbres y creencias

✓ Inmediatamente después del nacimiento inician rápidamente las visitas, y junto a ellas un sinnúmero de comentarios, recomendaciones y recetas para el recién nacido. Todas ellas irán acompañadas de la mejor de las intenciones de ayudar con el problema, pero en su mayoría carecen de sentido, de fundamentos científicos, y se basan en mitos y creencias que se van pasando de padres a hijos por generaciones.

✓ Con menos recursos científicos con qué enfrentar los malestares de sus bebés, nuestras madres y abuelas utilizaban remedios caseros y procedimientos extraños, algunos extremadamente absurdos, otros parecerían mágicos y otros más que en verdad representan un verdadero riesgo para la salud del bebé.

✓ En nuestra cultura mexicana somos muy dados a autorrecetarnos y recomendar tratamientos y procedimientos a alguien más, pero tratándose de un bebé recién nacido o un niño pequeño, habremos de ser bastante considerados y cuidadosos al respecto.

✓ No tiene la culpa nadie por recetarte o recomendarte algo para la salud de tu bebé, la culpa es tuya por creerlo y utilizarlo sin consultar antes con tu neonatólogo o pediatra.

✓ Es muy importante que los nuevos padres sepan enfrentar dichas situaciones y tomen de ellas las buenas intenciones, pero antes de ofrecer algún remedio de dudoso efecto o quizá hasta peligroso, por favor llamen y consulten a su pediatra.

✓ Hay grandes variaciones dentro de la misma geografía de nuestro querido México, así como entre los diferentes niveles de cultura y educación, por lo cual me limitaré a mencionarles tan solo unos cuantos de ellos.

✓ Serán ustedes quienes en las consultas de seguimiento nos comentarán a nosotros, sus pediatras, sus inquietudes particulares.

1. **"No le cortes las uñas al bebé antes de cumplir la cuarentena, porque se pueden quedar ciegos"**

Esta creencia carece de cualquier fundamento médico-científico. Tú puedes cortarlas desde el nacimiento, pues esas uñas tan delgadas, largas y filosas de un bebé, en unas manos que aún no controlan sus movimientos, hacen que comúnmente se arañen la carita o podrían lastimarse un ojo. Además de cortar las uñas largas y limarlas delicadamente, se pueden colocar también unos guantes delgados que lo protejan de rasguños.

2. **"Lavarle el ombligo al bebé antes de la cuarentena es peligroso"**

El ombligo del recién nacido normalmente lleva dentro dos arterias y una vena, que a través de la placenta lo unieron a su madre. Estos vasos sanguíneos están conectados a la circulación del bebé, por lo que cualquier infección en este sitio (onfalitis) puede diseminarse a todo el cuerpo y ocasionarle una seria infección (sepsis neonatal) y poner en riesgo la vida. Por tal motivo, el ombliguito del recién nacido debe lavarse detenidamente con abundante agua y jabón cada vez que lo bañes. Cualquier señal de infección en este sitio deberá reportarse y tratarse de inmediato por tu médico.

3. **"Que no lo cargue ninguna mujer que esté embarazada o menstruando, porque te lo harán "pujón""**

   Todos los bebés recién nacidos, y durante sus primeros meses de vida, muestran pujido o quejido muy frecuente. Esto se debe a que después de nunca haber comido, inician una rutina de alimentación cada dos o tres horas que mantiene un ritmo acelerado y ciertamente forzado de su aparato digestivo, lo cual incluye pujidos, quejidos, eructos y cuetitos frecuentes. En caso de ser muy molestos, buscaremos la manera de hacerlo sentir mejor, aunque definitivamente la mejor solución será esperar unos meses a que su aparato digestivo madure y funcione mejor. Para supuestamente solucionar ese problema, las personas creyentes tendrán que buscar a un hombre que se llame Juan, y con una de sus prendas de ropa interior, ya sea camiseta o calzón, cortarla y hacer una pequeña pulsera para su tobillo o su muñeca. Tristemente, un porcentaje bastante alto de los mexicanos somos tan ignorantes e ingenuos que casi a diario veo un pacientito con estas tiras de tela amarradas. Al hacerles algún comentario, con algo de pena, la gran mayoría de padres me contestan: "Yo no creo en esas cosas, pero por si las dudas mejor lo hago".

4. **"Fájale el ombliguito para evitar hernias"**

   Está demostrado científicamente que fajar el ombligo del bebé, ya sea solo con una venda y gasa, o incluyendo algún objeto como moneda, hueso de tamarindo, etc., no disminuye el riesgo de padecer una hernia. Con estas prácticas, su ombligo tampoco quedará estéticamente mejor, y al contrario, el mantenerlo constantemente húmedo favorecerás la formación de una posible infección. Será tu neonatólogo o pediatra quien revise su ombligo a cada cita mensual, y te indique algún posible manejo al respecto. La forma adecuada de lavar el ombliguito del bebé está indicada en otra sección de este manual, pero es muy fácil, mucha agua, jabón y lavar sin miedo. El ombligo de un recién nacido normalmente se va cerrando progresivamente, y puede cerrarse totalmente a la edad de un año y medio o dos, aunque puede quedar una pequeña abertura que puede palparse con la punta de los dedos por un tiempo más. Es necesario que permanezca abierto durante estas edades, con un diámetro de dos o más centímetros para diagnosticarlo como hernia umbilical, y pensar en tratarlo de alguna otra manera.

5. **"Llévalo a sobar o paladear porque trae la mollera caída"**

La famosa "mollera" es uno de los mitos más comunes en México. Esta parte de la cabeza del bebé se llama "fontanela" y un recién nacido tiene seis de ellas en su cráneo. Son orificios entre las uniones de los huesos del cráneo, que al no estar unidos aún, algunos son palpables y a veces resaltan a simple vista, principalmente la fontanela anterior ubicada en la parte superior de la frente. Su nombre médico correcto es: fontanela anterior o bregmática. Las demás frecuentemente son pequeñas y en algunos casos difíciles de ubicar y tocar. En la fontanela anterior algunas veces pueden sentirse las pulsaciones del corazón por los vasos sanguíneos que se encuentra debajo de ella, además puede moverse en relación con los movimientos y esfuerzos del bebé, sin representar ningún problema. Debajo de ella hay líquido céfalo-raquídeo que cubre el cerebro y sigue por la médula espinal. Al disminuir este líquido en casos de deshidratación, la fontanela anterior puede mostrar cierto hundimiento, y obviamente la solución es el hidratar al bebé. El untar infundia de gallina o aplicar sal, no traen ningún beneficio a un problema inexistente, y el llevar al bebé a que supuestamente le levanten la mollera, presionando su paladar hacia arriba, puede lastimarlo seriamente y ocasionar algún problema mayor.

6. **"Está hinchado de la pancita porque está empachado"**

El término "empachado" se ha relacionado por mucho tiempo en México como sinónimo del estreñimiento u obstrucción intestinal. De hecho, quienes tienen dicha creencia mencionan que "seguramente trae algo pegado en su intestino", lo cual ocasiona que el excremento no avance adecuadamente por los intestinos. Es normal que un recién nacido o bebé pequeño, tenga su abdomen distendido por falta de músculo y exceso de gases intestinales, incluso si tu bebé es delgado, comúnmente se pueden apreciar en su abdomen las formas de su intestino delgado. En niños más grandes atribuyen el empacho al hecho de haberse tragado un chicle, cosa que no representa ningún problema serio si en realidad así fuera. Como parte del tratamiento empírico, soban el abdomen del bebé con algún aceite, lo cual no ocasiona ningún problema si se hace gentilmente, incluso puede ayudarle y facilitar que evacúe, pero el darle a tomar añil o cualquier otra substancia puede ocasionar un riesgo serio a tu bebé. En el capítulo de problemas más frecuentes comentamos más ampliamente sobre el estreñimiento y demás alteraciones del sistema digestivo.

7. **"Tu bebé ya está asustado"**

Las personas que tienen estas ideas relacionan el reflejo de moro del bebé, que consiste en abrir sus brazos, separar los dedos de sus manos, y a veces llorar, que se presenta cuando el bebé tiene un estímulo al tacto o por sonidos, con el hecho de haber sido asustado por algún ruido o movimiento brusco que le ocasionó ese problema. Es un reflejo normal de todo recién nacido y que desaparecerá solo lentamente con el tiempo y sin necesidad de ninguna maniobra o tratamiento.

8. **"A tu bebé ya le echaron ojo"**

Con este término algunas personas tienen la creencia de que si a alguna otra persona le gustó tu bebé, y por envidia lo quisiera para ella, "le echan el ojo". Para tal fin y evitar las envidias y sus posibles consecuencias sobre el bebé, le cuelgan pulseras o collares de color rojo con pequeños ojitos.

Mi comentario

Seguramente conoces o has oído ya estos y muchos mitos y creencias más de nosotros los mexicanos. Entre ciertas etnias indígenas de nuestros países habrá también otras cosas que a algunos nos asombrarían. Ciertas personas tienen además la capacidad de darle un toque dramático o mágico a estas creencias, que incluso pudiera parecer una verdadera urgencia, y asustar a padres y madres primerizos e inseguros. Una vez más te repito por el bien de tu bebé, si estás practicando alguna de estas u otra maniobra o tratamientos empíricos, por favor no dejes de comentarlo a tu médico sin ninguna pena, y con el debido respeto habrá de platicarse acerca de sus fundamentos científicos, y sobre los posibles riesgos de que lo sigas haciendo.

La piel del bebé

La piel del recién nacido tiene varias características especiales, reseca, se descarapela, normalmente presenta pequeñas ronchitas en casi todo su cuerpo, popularmente llamadas "salpullido", etc., que cambiarán rápidamente al cabo de los primeros meses de su nueva vida, ya fuera de su madre. Durante esos primeros meses de adaptación es importante no perder la calma y esperar un poco, pues antes que recurrir a medicamentos, esperaremos a que su piel se adapte, y de ser posible el problema se resuelva en forma espontánea. Hay un buen número de problemas serios de la piel, pero el objetivo de este manual es el darte a conocer los que verás más frecuentemente. Más adelante, en el tomo 2 de este libro, donde hablaremos sobre los problemas y enfermedades más frecuentes del bebé, te mencionaré algunos de los problemas a los que posiblemente te enfrentarás, sus causas y sobre todo cómo manejarlos en forma segura.

✓ Después de varios meses de estar en contacto exclusivamente con tu líquido amniótico, la piel de tu bebé habrá de enfrentarse a nuevos factores que podrían agredirla.

✓ Polvo, agua limpia, más no estéril al momento de bañarlo, restos de jabón y suavizantes en su piel y en su ropita, diferentes tipos de telas, etc., son factores externos que podrían irritar su piel, y habrá de adaptarse a ellos con el paso del tiempo.

✓ La falta de grasa, bello y sudor en la piel de un recién nacido o bebé pequeño, lo hacen aún más propenso a irritarse, resecarse y presentar algunos problemas.

✓ Serán necesarios algunos meses de adaptación, algunos cuidados y una buena dosis de paciencia para esperar que la piel de tu bebé madure y luzca bella.

El pelo y vello en el bebé

El pelo del recién nacido

Qué más quisiéramos que al momento del nacimiento, nuestro bebé tuviera ya el pelo brilloso y hermoso, pero tristemente no es así. Normalmente, el pelo de un recién nacido es opaco y sin brillo, quebradizo, tieso y poco lucidor. Al cabo de los primeros meses de vida, todo ese pelo que se tenía al nacer se va cayendo poco a poco, saliendo pelo nuevo, más sedoso, brillante y dócil, aunque esto pudiera tardar varios meses. Hay gente que prefiere quitar todo ese pelo feo desde el nacimiento, rapando al bebé desde sus primeros días de vida. El rapar al bebé es una costumbre o un gusto, más no una necesidad, y de hecho no representa ninguna ventaja real fuera del factor estético. De hacerlo, procura que sea en manos de una persona que tenga el conocimiento y destrezas suficientes para evitar esas cortadas en el cuero cabelludo que tan frecuentemente veo en mis pacientitos que han sido rapados, y que seguramente le dolerán más a quien las ocasionó que al propio bebé. La técnica es muy sencilla: utiliza una navaja de afeitar nueva, de las mismas que usa papá al rasurarse, toma una poca de la espuma o gel de afeitar, tan solo hazlo sin miedo, con seguridad, con delicadeza y extremo cuidado.

✓ Utiliza una navaja nueva y que sea exclusivamente para el bebé.

✓ Cambia por otra navaja nueva después de 5 rasuradas o antes si tú consideras que ha perdido el filo.

✓ El dar muchas pasadas con el rastrillo irritará su piel.

✓ El uso de espuma o gel para afeitar es indispensable.

✓ Si gustas, también puedes probar con una rasuradora eléctrica.

✓ Después de afeitarlo puedes aplicar crema de bebé.

✓ Puedes repetir el procedimiento cuando lo consideres necesario.

✓ Si le ocasionas una cortada o su piel se irrita, llama o visita a tu neonatólogo o pediatra.

Muy pronto el nuevo pelo asomará por diferentes áreas de su cabecita, lo más probable es que sea en forma irregular y no tan parejito como todos quisiéramos, por lo que ya habiéndolo hecho una primera vez, seguramente se optará por repetir el proceso cada diez o quince días durante los siguientes meses. Después de este tiempo, al ver que ya su pelo sale en una forma más pareja y regular, podrás decidir en qué momento dejar de rasurarlo, dejando ya su pelo a libre crecimiento.

Si el bebé es rapado durante el invierno, es conveniente utilizar un gorro adecuado para recién nacidos, pues el pelo tiene como función importante el proteger a la cabeza del frío y de esa forma guardar el calor. No te recomiendo que rasures otras partes del cuerpo aparte de su cuero cabelludo. Acerca de las tradiciones o costumbres de cada país o familia: "eres tú quien decide seguirlas o no".

El vello de la piel

Acerca de ese espantoso vello que cubre gran parte la piel de tu bebé, empiezo por pedirte que "no te angusties", tu hermoso bebé no será así de peludo, ni tendrá vellos en las mejillas y en la frente, tampoco será el hombre lobo. Los recién nacidos presentan este vellito fino tipo terciopelo que es llamado **"lanugo"**; puede ser muy abundante al nacer, indistintamente al sexo del recién nacido. Poco a poco todo ese vellito se va cayendo durante las primeras semanas o meses de vida hasta quedar una piel normal. Algunos niños nacen con abundante vello en todo el cuerpo, incluyendo la cara, espalda, las orejitas y hasta en la frente. Despreocúpate, pues todo eso se normalizará después de algunos meses sin la necesidad de ningún tipo de tratamiento. El ser o no muy velludos en la edad adulta es aparte de ese vellito llamado lanugo, y se definirá en edades posteriores por su genética. **Por favor, no vayas a rasurar el cuerpo o la cara de su bebé**, tampoco apliques cremas depiladoras y mucho menos vayas a usar algún otro accesorio o método de depilación. El mejor tratamiento es la paciencia y un poco de tiempo. Hay algunos síndromes o enfermedades congénitas o hereditarias que sí pudieran cursar con vello abundante (hipertricosis), pero afortunadamente son poco comunes.

El ombligo del bebé

El cordón umbilical es la conexión que existe entre el bebé y su madre durante el tiempo que se encuentra dentro del útero. Su función principal es la de llevar la sangre que circula entre el bebé y la placenta materna con la finalidad de realizar el intercambio sanguíneo con su madre, en el cual tomará los nutrientes necesarios y a la vez eliminará algunos desechos generados por su metabolismo que serán metabolizados o desechados por su madre. En este capítulo me enfocaré en los cuidados y posibles riesgos a evitar en el cordón umbilical de un bebé sano, mencionando solo brevemente algunas posibles alteraciones, mismas que trataremos más a detalle más adelante en el tomo 2 de este libro.

Durante sus primeros días y meses, el ombliguito del recién nacido pasará por varias etapas que trataré de describirte detalladamente:

Los primeros 10 a 15 días de vida
✓ Al pinzar o ligar el cordón umbilical al momento del nacimiento, la mayoría de los neonatólogos o pediatras dejamos un pequeño tramo de cordón de aprox. 3 a 5 centímetros de largo.
✓ Su capa exterior está formada por un material de color blanquecino, casi trasparente, que en su interior contiene una gelatina blanda y trasparente llamada "Gelatina de Warton", y a simple vista se puede identificar tres vasos sanguíneos, dos arterias delgadas, y uno más grueso situado al centro que corresponde a la vena.
✓ Así como pudieran encontrarse ciertas malformaciones congénitas en cualquier parte del cuerpo, también el ombligo pudiera mostrar la presentación de una de ellas, y se trata de la presencia de una "arteria umbilical única" como la anormalidad

más frecuentemente vista en este sitio y que pudiera sugerirnos la posibilidad de que ese bebé pudiera también cursar con alguna malformación de las vías urinarias, por lo cual habremos de tomar algunos estudios que descarten esa posibilidad.

✓ Al haber ligado o amarrado el cordón umbilical cerca de su unión a la piel del abdomen del recién nacido, este trozo de tejido blando empieza a secarse rápidamente, tomando un color cada día más oscuro y una consistencia cada vez más seca y sólida, parecida a la de una costra de las que comúnmente vemos en las heridas de la piel.

✓ La sangre que queda atrapada dentro de los vasos sanguíneos del ombligo se coagula entre el segundo y tercer día, tomando un color oscuro. En casi todos los casos, a partir del tercer día, el cordón umbilical tiene un aspecto seco, consistencia dura y color oscuro, un poco fétido, y poco a poco en su base empieza a desprenderse de la piel del bebé.

✓ Aprox. entre los siete y diez días de vida, el cordón umbilical totalmente seco se desprende del abdomen del bebé, notándose aún un poco fresco en la piel del niño, y en ocasiones pueden ser de nuevo visibles los vasos sanguíneos vistos inicialmente.

✓ Es muy importante que durante estos primeros diez días de vida se realice una adecuada limpieza diaria del cordón umbilical, misma que es explicada a detalle en la sección de limpieza y aseo del bebé. El no hacerlo adecuadamente aumenta el riesgo de una posible infección local que pudiera incluso diseminarse a la sangre y por ende a todo el cuerpo, poniendo en serio riesgo la vida del recién nacido.

El desprendimiento del muñón umbilical

✓ Por lo general, después de siete a diez días, el cordón umbilical se desprende parcialmente de su base, y cuando menos lo imagines, al estarlo aseando se desprenderá totalmente.

✓ Feo y maloliente, casi todos los padres optamos por envolverlo en un trozo de papel sanitario y tirarlo por el caño, aunque aún hay unos cuantos —como mi adorada madre— que prefirieron secarlo al sol y coleccionarlo, dejándolo por ahí de recuerdo para la posteridad en uno de esos casi extintos álbumes de papel que se usaron por décadas.

✓ Al desprenderse los vasos sanguíneos antes mencionados, en el extremo del bebé pueden dejar salir un material sanguinolento de color oscuro en pequeñas cantidades que pueden manchar el pañal durante varios días. Esto es totalmente normal y corresponde a los residuos de sangre que quedaban dentro de esos vasos sanguíneos por dentro del abdomen del bebé.

✓ Muy pronto el tejido se va secando y cerrando hasta verse solo la piel. Aun después del desprendimiento, el ombliguito debe seguirse lavando diariamente hasta cerrarse totalmente. Por favor, checa el capítulo de limpieza y aseo del ombligo.

La cicatrización del ombligo

✓ Aprox. después de un mes, ya el ombliguito del bebé debe mostrarse limpio y en vías de cicatrización, aunque aún puede verse una pequeña burbuja al momento de hacer esfuerzos, y si lo tocas con la punta de tu dedo, podrás sentir un pequeño orificio que irá cerrándose progresivamente en los próximos meses de vida hasta llegar aprox. a los 2 años de edad, cuando ya deberá haberse cerrado casi en su totalidad. Es muy común que aún con los meses y años se siga sintiendo un pequeño orificio en la base del ombligo, quizá cercano al 10% de su abertura inicial, y perdure ahí por varios años, sin considerarse como "hernia umbilical" ni requerir de ningún tratamiento.

✓ En cada chequeo mensual de tu bebé, seguramente tu pediatra o neonatólogo revisara detalladamente su ombliguito, y tú podrás plantearle cualquier duda que pase por tu mente.

✓ El ombligo del bebé, al igual que otras partes del cuerpo, no se escapan de la posibilidad de sufrir algunas alteraciones agregadas y malformaciones congénitas, de las cuales te menciono en el tomo 2 de este libro.

La respiración del bebé

Tratando de evitar preocupaciones innecesarias, y conocer más a fondo al nuevo bebé de casa, iniciaré describiéndote el tipo normal de respiración de los recién nacidos. Los rangos **normales** de la frecuencia respiratoria en diferentes edades del niño son los siguientes:

✓ **Recién nacido** (1 - 28 días): 40 a 60 respiraciones/minuto.

✓ **Lactante** (1 mes - 2 años): 30 a 40 respiraciones/minuto.

✓ **Preescolar** (2 - 5 años): 20 a 30 respiraciones/minuto.

✓ Después de 9 meses de gestación, ya el corazón del bebé latía dentro de su madre desde varios meses antes de nacer, cosa que no sucedía con sus pulmoncitos que, aunque tenían unos pequeños movimientos similares a la respiración, tan solo absorbían pequeñas cantidades de líquido amniótico, mas nunca antes habían tenido contacto con el aire hasta el mismo momento de nacer.

✓ Después de nunca haber respirado, y hacerlo abruptamente por primera vez al momento de nacer, la respiración de todo recién nacido iniciará con cierto grado de dificultad, con un ritmo un tanto variable, hasta que poco a poco, al cabo de sus primeras horas de vida, vaya estabilizando sus funciones vitales y la circulación sanguínea mayor, que involucra al corazón, los grandes vasos sanguíneos y los pulmones.

✓ Habiendo ya superado la prueba mayor de respirar por primera vez, y la de llenar y vaciar sus pulmones de sangre y aire en forma sincronizada a cada respiración, el bebé irá mostrando una respiración cada vez más regular, aunque tardará varios meses más en afinar su ritmo respiratorio.

✓ Durante esos meses de adaptación es muy común que un recién nacido tenga una respiración un tanto irregular, respirando varias veces en forma normal para después hacer una pausa, dejando de respirar por aprox. cinco a diez segundos. Esto es conocido como "**respiración periódica del recién nacido**" y es más notable en bebés nacidos prematuramente.

✓ El límite de tiempo normal que un recién nacido puede dejar de respirar son 20 segundos, a partir de lo cual toma el nombre de **"período de apnea"**, que deberá ser reportada de inmediato a tu pediatra o neonatólogo y debe ser atendida como una urgencia.

✓ Algunos bebés podrían mostrar cambios de coloración o incluso disminución de su ritmo cardiaco (bradicardia) aun con menos de veinte segundos sin respirar, y de igual manera se podría considerar como un período de apnea que habrá de valorarse y atenderse de inmediato como una urgencia verdadera.

✓ En este texto no trataremos a fondo el problema de las apneas, pero es muy importante que tú sepas cómo enfrentarlas en caso de presentarse, por lo que debes revisar detalladamente el tema: "el bebé que deja de respirar súbitamente", en el capítulo de Urgencias más frecuentes en el bebé" del tomo 2 de este libro.

Factores que pudieran acelerar la frecuencia respiratoria:

✓ Los siguientes minutos después de haber comido.

✓ Manejo: seguramente disminuirá sola en los siguientes 30-60 minutos.

✓ El aumento de temperatura corporal arriba de 37° C.

✓ Manejo: mantener en ambiente fresco, ofrecer líquidos y reportar a su pediatra.

✓ Obstrucción de fosas nasales por moco.

✓ Manejo: aspirar con perilla o realizar lavado nasal.

✓ Infección de cualquier tipo, especialmente las de vías respiratorias.

✓ Manejo: atenderse con tu pediatra.

✓ Anemias o enfermedades de la sangre de cualquier tipo.

✓ Manejo: atenderse con tu pediatra.

✓ Cualquier enfermedad del corazón.

✓ Manejo: atenderse con tu pediatra.

✓ Nerviosismo, miedo, dolor, llanto por cualquier causa.

✓ Manejo: eliminar la causa.

Los ojos y la visión de tu bebé

Al igual que otros órganos, aparatos y sistemas del cuerpo humano, los ojos y el sentido de la visión tendrán que desarrollarse y adaptarse lentamente, pues al momento del nacimiento presentan un gran número de deficiencias en sus funciones. Inmediatamente después del nacimiento, como ya lo mencioné el capítulo de **la primera revisión integral**, habremos de descartar alguna malformación aparente de sus ojos y la presencia de cataratas congénitas manifestada por una opacidad en el cristalino del ojo que no permite la correcta entrada de la luz. Aunado a las deficiencias en la visión del recién nacido, sabemos que tampoco tiene la capacidad neurológica de interpretar lo que ve ni la habilidad de seguir los objetos con la mirada, lo que hace aún más difícil valorar su capacidad de visión. De tal manera que, de no presentar alguna anormalidad estructural aparente en sus ojos, habremos de esperar el desarrollo del bebé e ir interpretando mes con mes en sus revisiones periódicas el avance de su visión.

La agudeza visual del recién nacido

✓ Se calcula que un recién nacido, en sus primeros días de vida, con dificultad puede ver un objeto un tanto borroso a distancias cortas de aproximadamente 30-40 cm. Mes con mes irá viendo a mayores distancias hasta poder enfocar ya más correctamente de los 6 meses de vida en adelante.

✓ Es conocido que los conos y bastones, células ubicadas en su retina allá en fondo del ojo y altamente especializadas en captar las imágenes y enviarlas a ser procesadas e interpretadas al cerebro, aún no se encuentran lo suficientemente maduras para realizar sus funciones a la perfección, cosa que tardará cerca de diez meses. Por el mismo motivo, se concluye que muy seguramente un recién nacido ve solamente en blanco y negro o con colores muy tenues.

✓ Como buen detalle de la naturaleza tenemos que la mejor visión de un recién nacido se logra a una distancia aproximada de 30 a 40 cm., que coincide con la separación entre sus ojos y los de su madre al momento de estarlo amamantando.

✓ Durante estos momentos de satisfacción y placer al estarse alimentando, el bebé va relacionando en el subconsciente las imágenes de esa cara que le proporciona satisfacción, hecho que muy seguramente recordará por siempre.

Al igual que las demás funciones de la vista, su capacidad de enfocar a distancias mayores irá mejorando rápidamente en su primer año de vida. Para definir la calidad general de su visión ya en edades adultas, y la posibilidad de padecimientos como la miopía, astigmatismo, etc., influirá fuertemente el factor hereditario.

Mi comentario

No olvides que, aun sin verte claramente, tu bebé te identificará también por tu voz e incluso por tu olor. Háblale continuamente y dile cuánto lo amas; no entenderá tus palabras, pero sí el tono y sentimiento de tu voz.

Los movimientos oculares en el recién nacido

✓ Las desviaciones oculares leves tipo estrabismo, cuando se pone un poco visco, ya sean hacia dentro o hacia fuera, de un solo ojo o de ambos, son muy frecuentes, considerados como normales en un recién nacido, y normalmente se irán mejorando lentamente al cabo de sus primeros meses de vida.

✓ En algunos casos hay ciertos tipos de estrabismo permanente que se considera anormal, por lo cual, en caso de presentarse, se solicitaría el apoyo de un especialista en oftalmología pediátrica. Esto será detectado por tu neonatólogo o pediatra durante sus chequeos mensuales.

✓ Como parte del programa de estimulación temprana que podemos implementar en todo bebé sano (tratado en el capítulo de Cuidados generales de este libro), el realizar ejercicios de enfoque de la visión acercando y alejando objetos, así como seguir los objetos de un lado al otro, serán de mucha utilidad para ayudar a que estas funciones mejoren los siguientes meses.

✓ El que un recién nacido o un bebé pequeño no siga un objeto con la mirada no significa que no pueda verlo.

✓ Al ir enfocando cada vez mejor los objetos, sus ojos estarán más fijos e irá dejando de hacer "bizquitos".

El color de los ojos en el recién nacido

✓ Al momento de nacer, los ojos de un bebé generalmente tienen un color grisáceo, parecido a un azul oscuro, lo cual alegra a sus padres y familiares, pensando en la posibilidad de que su niño tendrá unos hermosos ojos azules.

✓ Es muy probable que ese no será su color definitivo. Durante los primeros meses de vida, el color de los ojos de un recién nacido va cambiando, algunas veces aclarándose y otras oscureciéndose, lo que irá mostrando una determinada tendencia que más adelante se definirá.

✓ El iris, músculo que da el color del ojo y que sirve para enfocar el lente natural de nuestros ojos llamado cristalino, va acumulando pigmentos que definirán el color de sus ojos, pero esto será concluido al cabo de varios meses o años.

✓ El color definitivo de sus ojitos seguramente se definirá después de un par de años, según su tendencia observada a irse aclarando u oscureciendo.

✓ La combinación de genética familiar entre ambos padres será finalmente lo que determine el color de sus ojos.

Las lágrimas y lagañas en el recién nacido

✓ En un recién nacido es muy frecuente ver lagrimeo o lagañas en mayor cantidad que una persona adulta.

✓ Todo ello es debido a que los conductos lagrimales que drenan hacia la nariz aún no se encuentran del todo permeables, función que va mejorando los siguientes dos o tres meses después del nacimiento.

✓ Tanto lágrimas como lagañas se acumulan en sus ojos y es necesario limpiarlos con algodón y agua cuantas veces al día se requiera, junto con suave masaje en ambos lagrimales.

✓ Hasta el momento no se ha encontrado ninguna ventaja de limpiar los ojos con té de manzanilla, comparado con hacerlo solo con agua; el usar este tipo de remedios caseros es más que nada una costumbre mexicana no utilizada en otros países.

✓ En el momento que se presente alguna infección, sus ojos tomarán un color más rojo de lo habitual, se inflamarán, también presentarán más lagrimeo y lagañas abundantes. Comunica dichos síntomas de inmediato a tu pediatra por la posibilidad de requerir algún tipo de medicamento para controlar la infección.

La audición del bebé

✓ Desde mucho antes de nacer, el bebé adentro del útero materno ya escucha varios tipos de ruidos, empezando por los latidos cardiacos, ruidos intestinales y la voz de su madre.

✓ Todos esos ruidos desconocidos para él van estimulando tempranamente su audición. Un poco más adelante, en el segundo trimestre de la gestación, el bebé podrá escuchar mejor e incluso reconocer bien y reaccionar a la voz de su madre.

✓ Hay estudios que demuestran que los bebés que han escuchado música durante el periodo de gestación y durante sus primeros meses de vida, experimentan un desarrollo cognitivo más rápido. De ahí nuestra recomendación de escuchar música durante el embarazo, preferentemente música clásica o instrumental suave para estimular el desarrollo de todos los sentidos del bebé.

✓ Como ya te mencioné en el capítulo de procedimientos recomendados al nacer, es muy importante realizar el tamiz auditivo neonatal a todo recién nacido con la intensión de detectar tempranamente cualquier deficiencia en la audición, ya sea parcial o total.

✓ Te recomiendo que siempre que estés en presencia de un recién nacido, se hable y emitan sonidos (música, TV, radio, chiflidos, etc.) suaves y en bajo volumen, y de no hacerlo así, rápidamente verás una respuesta de rechazo, inquietud o llanto de parte del bebé.

✓ Es muy importante recordarte que el sentido de la audición estará directamente relacionado con el sentido del habla, y de haber deficiencias desde el nacimiento, seguramente las habrá más adelante también para el lenguaje.

✓ Al igual que el resto de los sentidos, la audición se irá desarrollando lentamente en los primeros meses y años de nuestras vidas, por lo que como padres habremos de estar preparados para prevenir algún problema que pudiera afectar dicho desarrollo y saber detectar y atender tempranamente cualquier anormalidad.

✓ También habremos de estimular la audición desde el mismo momento del nacimiento, siguiendo la guía y consejos que te recomiendo en el capítulo de Estimulación temprana en el recién nacido.

✓ Hablando de prevención, debo de mencionarte que es importante atender cualquier infección de oídos durante la niñez, evitando así una posible repercusión en la audición en edades futuras.

✓ Será tu médico pediatra quien, durante los chequeos en sus primeros años de vida, solicitará una valoración por el especialista en otorrinolaringología cuando lo crea necesario.

✓ En el capítulo de Malformaciones congénitas te menciono algunas de las malformaciones congénitas de oídos y audición que comúnmente vemos.

Mi comentario

Es de muchísima importancia corroborar por medio del tamiz auditivo neonatal que tu bebé tenga una audición normal. Si tu bebé nace en una institución pública, donde no se realiza este procedimiento, vale la pena que busques siempre la posibilidad de que se le haga en otro sitio, aunque tengas que pagar por ello.

El paladar, encías y dientes del bebé

Así como casi toda la anatomía del recién nacido tiene características especiales y únicas, el paladar, las encías y los dientes no son la excepción. Aquí te mencionaré algunos de los detalles más comúnmente vistos en el bebé sano.

El paladar del bebé

✓ Es normal que el paladar de un recién nacido sano tenga cierta curvatura cóncava que normalmente puede variar un poco en cuanto a su profundidad. En algunos casos, esta cavidad puede estar más elevada, llamándose "paladar en cúpula", en ocasiones heredada de sus padres, aunque la gran mayoría tiene una profundidad normal al momento del nacimiento.

✓ Comúnmente se aprecia también una línea media reforzada, de color más claro y que simula una cicatriz; con los meses y años irá disminuyendo su intensidad.

✓ En aproximadamente la mitad de los recién nacidos podemos ver también unas pequeñas bolitas blanquecinas al centro del paladar o a sus lados, llamadas "perlas de Ebstein". Están formadas por un material grasoso. Generalmente, miden entre uno y tres milímetros, no se consideran como enfermedad, no duelen ni ocasionan complicaciones de ningún tipo, tampoco requieren de tratamiento, y comúnmente desaparecen solas después de meses o un par de años.

Las encías del bebé

✓ Las encías en los recién nacidos normalmente presentan una forma irregular u ondulante, o sea que sus bordes no son lisos en la mayoría de los casos.

✓ En la línea central de ambas encías suele verse fácilmente un pequeño engrosamiento en forma de frenillo que más adelante irá disminuyendo.

✓ Un poco más adelante, a partir de los dos meses, las encías empiezan a crecer y engrosar, provocando un poco de comezón en el bebé, proceso que continuará sin detenerse hasta la salida de los primeros dientes.

✓ Es común que ante cualquier calentura que el bebé presente durante esos meses, las abuelas influyan a la madre, atribuyéndola a la inflamación de encías y posible brote de un nuevo dientito, lo cual no tiene sustento científico, a menos que precisamente por dicha inflamación y comezón el bebé se meta a la boca cuanto objeto encuentre, y de esa manera adquiera alguna infección intestinal.

✓ Al momento de aparecer por ahí la puntita de un nuevo diente, la encía cambiará de color por la presión que el diente ejerce para reventarla y salir. Es en esos momentos cuando podemos calmar un poco a nuestro bebé con un suave masajito con las yemas de nuestros dedos (bien lavados previamente), repitiéndolo varias veces al día, durante varias semanas.

✓ Los dientes irán saliendo de mes en mes a un ritmo variable, y finalmente, al completar la dentición, las encías irán tomando poco a poco su forma final.

✓ Muy comúnmente durante los primeros dos o tres meses de vida brotan también en las encías unos pequeños quistes de color blanquecino y de consistencia sólida que sin ser propiamente un diente reciben el nombre de **quistes dentarios**, mismos que pueden presentar cierto crecimiento por varios meses y van desapareciendo ya cerca del momento de iniciar la dentición. Cuando son muy visibles, frecuentemente confunden a sus padres, quienes piensan que el primer diente ha salido ya. No requieren de ningún tratamiento o manejo, y al igual que las encías inflamadas, un masajito suave con las yemas de los dedos siempre será bienvenido.

Los dientes del bebé

Brote de los dientes de leche

✓ Después de varios meses de cambios en sus encías, como ya te mencioné en el capítulo anterior, el momento de aparición del primer dientito es aproximadamente a los seis meses de edad, aunque las fechas no son nada exactas, incluso hay niños que desde el mismo momento del nacimiento cuentan ya con un dientito, que normalmente está fijado muy débilmente y se cae con facilidad, mientras que a otros bebés pudiera retrasársele tanto como al año de edad, considerándose también como algo normal.

✓ En caso de nacer ya con un dientito, idealmente este deberá ser extraído, pues le estorbará al momento de ser amamantado por su madre, o puede desprenderse en cualquier momento y ser aspirado a bronquios, lo que ocasionaría un problema bastante serio.

✓ Los dientes de leche, además de cumplir su principal función de triturar y moler los alimentos, ayudan al desarrollo de las mandíbulas, y van preparándolas para la llegada de los dientes permanentes, que se encuentran creciendo lentamente atrás de los de leche, en el fondo de las encías.

✓ Estos dientitos delgados, filosos y sin raíz están programados para irse cayendo poco a poco, aproximadamente a la edad de seis años.

✓ Cuando un niño pierde un diente de leche demasiado pronto, por ejemplo, cerca de los tres años de edad, los dientes permanentes pueden moverse hacia el espacio vacío que ha dejado y hacer difícil que otros dientes definitivos encuentren sitio para salir. Esto puede causar que los dientes se tuerzan o encimen, lo cual podría requerir de largos tratamientos de ortodoncia en la niñez y adolescencia.

✓ Con la salida de más dientes, en sus chequeos mensuales se te indicará el momento adecuado en que será necesario visitar por primera vez al odonto-pediatra para su primera sesión de cuidados y consejos preventivos.

✓ A partir del inicio de la dentición, tu bebé tardará aproximadamente 3 años en completar las 20 piezas, que normalmente conforman la dentición infantil, y que de ser posible habrán de durarle hasta los 6 o 7 años, edad en la cual empezará la muda por dientes definitivos para toda su vida.

Edades aproximadas de aparición de los dientes de tu bebé

✓ **6 a 9 meses de vida:** brote de los dientes incisivos inferiores

✓ **9 a 10 meses de vida:** brote de los dientes incisivos superiores

✓ **10 a 11 meses de vida:** brote de los otros dos dientes incisivos superiores

✓ **11 a 12 meses de vida:** brote de los otros dos dientes incisivos inferiores

✓ **12 a 14 meses de vida:** brote de los colmillos superiores e inferiores

✓ **14 a 24 meses de vida:** brote de los dientes premolares y primeros molares

Los mitos y creencias sobre los dientes

✓ Erróneamente, muchas madres suelen relacionar el inicio de la dentición con otras alteraciones propias del desarrollo de la edad, o relacionadas con el inicio de alimentos sólidos. En especial, me refiero a la presencia de abundante saliva, fiebre o diarrea.

✓ Hay quien apoya la teoría de que al tener una infección de cualquier tipo, acompañada de fiebre, esta pudiera a su vez acelerar el metabolismo corporal, lo cual podría acelerar la salida de un nuevo diente que ya se encontraba muy cerca de brotar por sí mismo.

✓ La misma comezón intensa y constante que ocasionan las encías inflamadas hace que el bebé se meta a la boca cuanto objeto encuentra a su mano, lo cual favorecerá la posible aparición de una diarrea infecciosa por contaminación.

✓ También sabemos que cuando hay varios dientes a punto de salir, con unas encías inflamadas, el pH de la saliva puede ser un poco más ácido, ocasionando heces un poco más blandas, pero sin llegar a ocasionar una diarrea.

✓ Otra de las coincidencias es el marcado aumento de la salivación en el bebé, que inicia incluso desde antes de inflamarse las encías, aprox. desde los dos meses de edad, notándose ya una salivación abundante desde los cuatro meses en adelante, como señal de que las glándulas salivales, junto al resto del aparato digestivo, están madurando y preparándose para poder digerir alimentos diferentes a la leche. Como conclusión, no son los dientes los que ocasionan ese aumento de saliva, sino las glándulas salivales que aumentan cada vez más su actividad en estas edades.

✓ Todos estos signos que te menciono coinciden precisamente durante sus primeros meses de vida, en la edad de la dentición, aunque hay muchas personas, incluso médicos pediatras, que aun sin el sustento científico, prefieren dar otro tipo de explicaciones a los familiares de sus pacientitos.

El aseo dental del bebé

✓ Puedes empezar a lavar la boca de tu bebé desde sus primeros meses de vida, aun sin contar con ningún dientito. Puedes hacerlo con un trozo de algodón o una gasa húmeda, limpiando suavemente su lengua, encías, labios y toda su boquita por dentro.

✓ Tan pronto como salgan sus primeros dientes de leche pueden desarrollarse también las caries, por lo cual se habrá de practicar esa limpieza con más frecuencia, al menos una vez al día, y ya pasando el año de edad te recomiendo empezar con el entrenamiento del lavado dental con cepillo y pasta para bebés.

✓ El aprovechar la tendencia de imitar que tienen los niños pequeños, nos invita a lavarnos los dientes junto a ellos, y de esta forma divertirse juntos por un rato. Por favor, no olvides guardar ese momento para la posteridad tomándote una *selfi*.

✓ Aprox. al año y medio de edad, cuando ya tu bebé tenga unos 10 a 12 dientitos, es conveniente acudir por primera vez con un odonto-pediatra para iniciar con la aplicación de flúor y sus limpiezas periódicas.

Los trucos para aliviar las molestias de encías del bebé

Hay algunos trucos que te puedo compartir que seguramente te ayudarán a escuchar menos llantos y ver más sonrisas.

✓ El morder un objeto blando y suave será uno de los momentos que tu bebé te agradecerá. Hay una gran variedad de "mordederos" especiales para ese fin. Algunos pueden meterse al refrigerador, pues además de frotarles las encías con una superficie suave, la temperatura fría ayudará otro tanto, pues el frío tiene efecto antiinflamatorio e insensibiliza un poco, y le ayudará con esas encías inflamadas y adoloridas.

✓ Si tu bebé come ya alimentos diferentes a la leche, puedes ofrecerle un trocito de fruta fría, bien lavada y pelada, idealmente una fruta que ya haya probado previamente, y dentro de un chupón con maya de fibra, de esos diseñados para meter el trozo dentro, para evitar que se vaya a ahogar. Esto también le sirve como un masaje de encías que le ayudará un poco.

✓ Un suave masaje en las encías con la yema de los dedos, una gasa o algodón mojados con agua fría, seguramente serán recompensados con una bonita sonrisa de parte de tu bebé.

✓ Hay algunas sustancias en gel o líquidas especiales para ser aplicadas en las encías de los bebés cuando la molestia lo hace llorar. Checa con tu pediatra o neonatólogo antes de usarlas. Actualmente, aquí en México tenemos Nenedent, Oragel y Kanka, marcas que pueden cambiar de un país a otro.

✓ Intenta algo novedoso como una "paleta de leche materna". ¡Sí, escuchaste bien! Puedes extraerte un poco de leche de tus senos, colocarla en un molde para hielos o paletas, insertar una cucharita desechable o un chupón para que puedas tomarlo, y aprovechar todas las ventajas que representa. Podemos conseguir varios efectos benéficos: alivia las molestias de la dentición, desinflama, refresca, hidrata y además es nutritivo. Aunque te aclaro que de esta original idea aún no tiene estudios de investigación, cosa que veo poco necesaria. Si tu bebé también toma fórmula, puedes usarla de la misma manera. En bebés que hayan iniciado ya su alimentación complementaria, pueden usarse también los jugos de frutas. Prefiero que no utilices este método en época de invierno.

✓ La leche materna tiene un secreto más, pues tranquiliza y calma a los bebés de una forma ya muy conocida, que incluso se ha apodado como "tetanalgesia", lo que suma un efecto más a nuestro favor. Este efecto es mucho más evidente cuando se alimenta al bebé directamente al pecho de su madre.

Los pechitos o glándulas mamarias del bebé

Al momento del nacimiento, las glándulas mamarias de un bebé son idénticas, indistintamente entre hombres y mujeres. Durante sus primeras semanas de vida sufren algunos cambios, de los cuales los padres deben estar enterados:

✓ Al paso de los días y sus primeras semanas, el efecto de las mismas hormonas de su madre, que durante todo el embarazo le estuvieron pasando en pequeñas cantidades, a través de la placenta, le ocasionan un crecimiento de sus glándulas mamarias que, aunque pequeñas e inmaduras, reaccionan fácilmente ante el potente estímulo hormonal, inflamándose, y muy frecuentemente, casi siempre entre la segunda y sexta semana producen calostro.

✓ Algunas veces son solo pequeñas gotas, pero frecuentemente les sale una cantidad abundante, con un delgado chorro que alcanza a verse claramente.

✓ ¡Así es, escuchaste bien! Más de la mitad de los bebés recién nacidos producen leche de sus glándulas mamarias, indistintamente hombres y mujeres.

✓ Hay quienes le llaman "leche de brujas", nombrado así supuestamente por una historia de hace ya varios siglos en épocas de la inquisición que cuenta que algunas mujeres dedicadas a cuidar recién nacidos exprimían dicha leche y se la untaban en su cara, con lo cual daban una apariencia de juventud poco creíble, lo cual las llevó a ser consideradas como brujas. Lo desconozco, pero desearía que al final del cuento, no hayan terminado quemadas en la hoguera.

✓ Este efecto irá pasando en un par de semanas, aunque en aquellos bebés que sean amamantados constantemente pudiera prolongarse por dos o tres meses.

✓ Aunque suele ser molesto y doloroso al tacto, no es necesario ningún tipo de tratamiento, ni exprimir los pechos de tu bebé, y solo en muy contados casos, yo como neonatólogo lo he hecho, ayudando a descongestionar a algún bebé con inflamación moderada a severa, evitando así una posible complicación.

✓ Es importante saber este dato, pues no es raro que al mostrarlo a sus padres en una de las visitas de seguimiento se sorprendan bastante, cuanto más si se trata de un bebé masculino. Me encanta ver la cara de sorpresa de los padres, cuando presiono los pechitos de su bebé y les explico esto.

✓ Si la abuela ya conoce este secreto y luce cada vez más joven, usted ya sabrá el motivo.

Los genitales de la bebé femenina

Los genitales de una bebé recién nacida son revisados al momento de nacer, y durante sus primeros meses de vida muestran ciertas características especiales que al desconocerlas pueden crear cierta preocupación en ustedes como padres, por lo cual es muy importante mencionarlas. Antes que nada, es importante conocer la anatomía de los genitales femeninos, pues a cada parte le llamaremos por su nombre.

Al conjunto de partes de los genitales externos de una bebé se le llama "vulva" y está formada por labios mayores, labios menores, clítoris, el meato urinario (orificio de salida de la orina), el introito vaginal (entrada de la vagina) y el himen.

Vulva o genitales externos de la bebé

El himen en la bebé

✓ El himen es una fina membrana que cubre el orificio de entrada a la vagina; está presente en la mayoría de las mujeres desde su nacimiento y al momento del nacimiento puede estar total o parcialmente cerrado, con algunas variantes.

✓ Durante el desarrollo fetal temprano, el himen no está presente, puesto que aún no existe apertura vaginal, y esta se forma unos meses antes del nacimiento. Finalmente, al concluir su desarrollo puede abrirse o dejar ese pequeño remanente de tejido membranoso fino que es el himen.

✓ La forma y tamaño del himen difieren mucho entre las mujeres. Lo más común es que no esté completamente cerrado, sin embargo, se puede ver que al nacimiento el himen esté completamente sellado e incluso pudiera permanecer así por varios años.

✓ Es poco probable, pero se ven casos de himen imperforado y completamente sellado que pueden llegar de esta manera hasta la edad de presentación de su primera menstruación. Dicha variante se considera como un problema que requiere de ser perforado en su momento para permitir el paso del flujo menstrual.

✓ En aquellas bebés con himen imperforado puede verse una o varias perforaciones que suceden en forma espontánea durante su crecimiento, y no necesariamente perforarse hasta el momento de tener una relación sexual como algunas personas pudieran creerlo.

✓ Podemos encontrar varios tipos de himen, como el bi-perforado, anular, semilunar, labial, etc., todos ellos basados principalmente en la ubicación, forma y aspecto de la perforación cuando la hay, y todos ellos son considerados como normales.

✓ El himen imperforado obstruye totalmente el orificio vaginal y se presenta en menos del 1% de las niñas al nacer. Cuando se detecta desde el nacimiento y la membrana es muy delgada, debe esperarse a que suceda la perforación espontánea en los siguientes años sin necesidad de realizar ninguna maniobra.

✓ himen hipertrofiado es aquel que presenta un tamaño mayor de lo normal.

Los labios mayores y menores en la bebé

✓ Los labios mayores en una bebé recién nacida generalmente son de mayor tamaño y cubren a los labios menores y demás partes de la vulva. En las bebés prematuras normalmente son de menor tamaño y pudieran no cubrir totalmente las demás partes de la vulva.

✓ Entre ambos labios mayores y menores normalmente se produce una grasita que deberá asearse diariamente al momento de bañarla. En ocasiones suele ser algo espesa y gruesa, por lo cual pudieras usar aceite mineral para bebé al momento de limpiarla.

✓ En una bebé de término, los labios menores son más pequeños que los mayores e incluso pudieran ser de un color un poco diferente.

✓ En algunos casos, ambos labios menores de un lado y del otro pudieran estar pegados o fusionados entre sí, y es importante diferenciarlo del himen imperforado, pues se asemejan bastante, y de no tener muy clara la anatomía de una recién nacida pudieran confundirse. La mayoría de las veces esta unión es solo por una membrana muy delgada que sola va abriéndose al paso de unos cuantos meses.

Meato urinario e introito vaginal

✓ El meato urinario es el orificio de salida de la uretra por donde viene la orina proveniente de la vejiga a través del conducto llamado uretra. Es un orificio pequeño, difícil de distinguir, que encuentra situado entre el clítoris y la entrada de la vagina.

✓ El introito vaginal es el orificio de entrada de la vagina, bastante más amplio que el de la orina y apreciable a simple vista.

Vagina y genitales internos de la bebé

La vagina en la bebé

✓ La vagina en la bebé recién nacida inicia a partir del himen, y mide tan solo un par centímetros, y debido a la influencia hormonal recibida de su madre, es normal que después de varios días de nacida presenten un cierto flujo vaginal de tipo blanquecino, mucoso.

✓ Este flujo puede verse constante durante varias semanas y desaparecerá gradualmente sin necesitar tratamiento alguno.

✓ Por los mismos efectos hormonales, las niñas pueden presentar también un leve sangrado vaginal llamado **"mini regla" o "menstruación diminuta"**, que si no se les explica previamente a los padres puede ocasionar un gran susto al ver que sale sangre de su vaginita, y ver el pañal teñido de rojo.

✓ Solamente se necesita que limpies sus genitales cada cambio de pañal, y de la misma forma que el flujo mucoso, este pequeño sangrado desaparecerá por sí solo en unos cuantos días al pasar el efecto hormonal que lo ocasionó.

Los genitales internos de la bebé

✓ El resto de los genitales internos de tu bebé como el útero, las trompas de falopio y los ovarios no se encuentran a la simple vista. Al momento de nacer son muy pequeños y se encuentran prácticamente atrofiados por falta de funcionamiento, mismo que iniciará en edades más adelante.

Mi comentario

Como bien puedes ver, los genitales femeninos de una bebé son bastante detallados, requieren que los conozcas bien para que puedas asearlos con delicadeza, pero sin miedo, cuidarlos y prevenir infecciones o cualquier otra alteración. Hay muchos tabúes y temores al respecto, también hay mucho desconocimiento sobre este tema, y es por eso por lo que trato de verlo a detalle contigo en este manual. Por la gran cercanía entre el ano y su vulva, y las evacuaciones comúnmente aguadas de las bebés, frecuentemente se embarran sus genitales a cada evacuación, y habrás de limpiarle bien a cada momento. El saber bien qué parte estás limpiando te dará más confianza y seguridad. Espero haberte ayudado en este tema para que cuides y atiendas mejor a tu bebé. **Comentario de la madre de uno de mis pacientitos:** "Dr., con mucha pena le confieso que con esta explicación apenas voy conociendo algunas partes de mí misma". Por favor, en los chequeos de tu bebé no dudes en preguntar a tu médico, que te explique y enseñe cada una de las partes de los genitales de tu bebé.

Los genitales del bebé masculino

Al igual que las niñas, los bebés masculinos tienen características especiales que a continuación te explico, una vez más empezando por la anatomía de los genitales de un bebé masculino.

El pene del bebé

✓ Aunque es variable, por lo general el tamaño normal del pene de un recién nacido tiene un tamaño entre 2 y 3 cm. de largo, considerándose que 4 cm. o más de largo es un pene bastante largo, y aquel de 1 o menos pudiera considerarse como pequeño, llegando a presentarse, aunque poco frecuente, lo que llamamos micropene.

✓ El pene se conforma de **cuerpo** o tronco, **cuello** o surco balano-prepucial y la **cabeza** o glande.

✓ En su interior está formado por dos estructuras laterales llamadas cuerpos cavernosos, una central llamada cuerpo esponjoso, vasos sanguíneos y la uretra, que es el conducto que trasporta la orina. Por un estímulo nervioso, estos dos cuerpos cavernosos y el esponjoso se dilatan y se llenan de sangre ocasionando una erección, asimismo, se contraen y vacían causando la flacidez.

El prepucio del bebé

✓ El prepucio es la piel que cubre el glande o cabeza del pene.

✓ Tiene la función de mantenerlo tibio, lubricado y húmedo, y protegerlo de agentes externos como la ropa, polvo, etc., y así evitar una posible infección.

✓ Al momento del nacimiento, en casi todos los bebés, esta piel se encuentra cubriendo en su totalidad al glande o cabeza del pene, adherida por dentro, además de presentar un orificio de salida pequeño, con un anillo fibroso que muchas veces solo permite la salida de orina.

✓ Para que el prepucio se dilate y logre bajar con facilidad hasta descubrir totalmente el glande o cabeza del pene, pueden pasar algunos meses o quizá varios años, según cada bebé.

✓ Entre la piel del prepucio y la cabeza del pene se va formando una grasa llamada esmegma que se produce en las glándulas sebáceas de la cara interna del prepucio y que tiene la función de lubricar esta área. Esta grasa se va acumulando y formando pequeños quistes que a su vez ayudan a que la piel del prepucio se vaya despegando del glande o cabeza del pene.

✓ Si el prepucio de tu niño puede ya bajar y descubrir el glande, fácilmente verás que la coloración y tipo de piel de la cara interna del prepucio, es diferente al resto del pene, mostrando un color más rosado y delicado.

✓ Es muy importante no confundirlos con pus, pues esta grasa se encuentra estéril y mientras esté cerrada no está infectada.

✓ Puedes esperar tranquilamente a que el prepucio crezca, se estire y afloje hasta bajar y dejar descubierta la cabeza del pene con cierta facilidad, lo cual ocurre aprox. a los 4 años de edad. Durante este tiempo pueden ocurrir ciertas alteraciones no deseables, como infecciones en ese sitio (balanitis), que a su vez pudieran contagiar y subir a las vías urinarias e infectarlas.

✓ Pudiera haber cierta controversia acerca de hacer o no la circuncisión a un bebé en forma preventiva desde su nacimiento, lo cual se debe platicar y analizar incluso desde antes de nacer, en tu visita prenatal con el neonatólogo.

✓ Después de haber platicado y analizado los pros y contras de este procedimiento en tu recién nacido, seguramente tomarán una mejor decisión.

✓ Un bebé con circuncisión desde su nacimiento solamente requerirá de lavar con agua y jabón diariamente al momento del baño, mientras que un bebé no circuncidado, que presente problemas, requerirá de insistir poco a poco en cada visita al médico en ir dilatando y bajando su prepucio hasta lograrlo.

✓ Mientras tu bebé no presente infecciones, no corre prisa ni es necesario forzar y lastimar su prepucio, pudiendo esperar naturalmente a esto suceda por sí mismo aprox. a los 4 años de edad.

✓ Infecciones de repetición, ya sean exteriores en su prepucio y glande o de las vías urinarias, son indicación de valorar una maniobra para bajar su prepucio, llamada sinequiotomía o balano lisis, y en ciertos casos pudiera requerirse de practicar una circuncisión como primera opción. Este tema es tratado a detalle en su área respectiva de maniobras y procedimientos en el bebé.

La fimosis y para-fimosis en el bebé

✓ La fimosis es cuando el prepucio se encuentra estrecho y además adherido al glande o cabeza del pene, sin poder bajarlo y descubrir el glande. Esto es considerado como normal en todos los recién nacidos y lactantes.

✓ La para-fimosis es cuando el prepucio se logra bajar, descubrir el glande o cabeza del pene hasta el cuello del pene, y que ya no sea posible regresarlo de nuevo por estar demasiado ajustado y estrecho.

✓ La para-fimosis, en caso de presentarse, requerirá de ser atendida de inmediato si te sucede, pues este tejido se inflama demasiado rápido por la falta de circulación sanguínea del prepucio, y de no atenderse pronto pudiera requerir de una cirugía de urgencia.

Cuidados y aseo del prepucio

✓ Al cabo de varios meses, o quizá varios años, esta piel irá despegándose del glande, y a la vez el orificio de piel del prepucio irá ampliándose cada vez más, permitiendo poco a poco que el prepucio pueda bajarse, descubrir todo el glande para su higiene y ser regresado de nuevo a su posición original.

✓ Durante todo este tiempo, al momento de la revisión mensual del bebé, tu pediatra o neonatólogo te irá dando indicaciones y observaciones al respecto.

✓ Dependiendo de los cambios que el prepucio vaya mostrando, puede haber un momento en que se requiera el estar bajando suavemente el prepucio cada día para que de esta forma se estire y permita ya bajarlo diariamente para su aseo al momento del baño o al cambio de pañal. Más adelante, después de enseñarle cómo hacerlo, tu propio hijo deberá asearse por sí mismo sin temor.

✓ Puede prescribirse una pomada con cortisona que algunos reportan que ayuda a que este proceso se lleve a cabo un poco más rápido; los resultados no son tan contundentes como se quisiera, y personalmente no la uso.

El glande o cabeza del pene en el bebé

✓ El glande o cabeza del pene es la parte más distal del pene y tiene características totalmente diferentes al resto.

✓ Es de coloración rojo oscuro cuando está en erección, o violácea cuando hay flacidez, con una piel más delgada, sensible y delicada.

✓ En su interior está comunicado con el cuerpo esponjoso, que es algo así como un vaso sanguíneo grueso que cruza todo el pene, que tiene la consistencia de una esponja que se llena de sangre al momento de la erección debido a un estímulo nervioso, y se vacía al momento de estar flácido.

✓ Su piel es muy delgada y sensible, aunque si se realiza la circuncisión, con el tiempo y el roce con la ropa se va engrosando un poco.

Los testículos y escrotos en el bebé

✓ Los testículos son dos pequeñas glándulas que están protegidas dentro de los escrotos (bolsas de piel que cubren y protegen a ambos testículos).

✓ Su principal función es la producción de hormonas masculinas como la testosterona, y más adelante, a partir de la adolescencia, la producción de espermatozoides.

✓ Al momento de nacer son pequeños, de un tamaño aprox. 1 y 1.5 cm.

✓ A las 40 semanas de gestación, ya ambos testículos deberán haber descendido de la parte baja del abdomen, sitio donde se formaron y crecieron durante la vida fetal, y deberán ocupar su sitio correcto en los escrotos.

✓ El no haber descendido los testículos totalmente al momento de nacer se considera como una anormalidad llamada **"criptorquidia"** que puede afectar a uno o a ambos testículos, y ser clasificada en varios grados según su ubicación dentro del canal de la ingle.

✓ Esta alteración suele ser más frecuente en recién nacidos prematuros, pues el descenso total de los testículos se realiza prácticamente en los últimos 3 meses de la gestación.

✓ También pueden estar un poco arriba de las bolsas escrotales, pero al ser estirados pueden bajar a su escroto correspondiente y regresarse al soltarlos, llamándose en estos casos **"testículo retráctil"**.

✓ En la vida fetal, los testículos se encuentran dentro del abdomen bajo y van bajando lentamente hasta ocupar su lugar definitivo. Durante este tiempo, hay una comunicación entre el abdomen y el escroto, a través del canal inguinal, mismo que deja pasar también un poco de líquido del que normalmente tenemos en el abdomen.

✓ Este acumulo de líquido en los escrotos recibe el nombre de **"hidrocele"**, que quizá es la anormalidad más frecuente en los genitales de un bebé recién nacido.

✓ Este líquido se irá reabsorbiendo poco a poco, y aproximadamente en un lapso entre dos y tres meses volverá a la normalidad. Muchas veces esto sucede en tan solo 3-4 semanas.

✓ El tener líquido dentro del escroto no ocasiona ningún problema, a menos que la cantidad sea abundante y se encuentre lleno a tensión.

✓ A simple vista, los escrotos se verán llenos, hinchados y abultados.

✓ Como neonatólogo, mi labor también es la de supervisar que el contenido sea en realidad líquido y no una masa sólida del testículo.

✓ En aquellos casos en los que los escrotos se encuentren llenos de líquido a tensión, y que corroboremos que ese conducto inguinal aún se encuentra amplio, permeable y comunicado, lo cual recibe el nombre de **"hidrocele comunicante"**, existe la posibilidad de que requiera ser valorado por un cirujano pediatra, y ser necesario una cirugía para cerrarlos, similar a la que se realiza cuando se tiene una hernia inguinal.

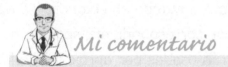 *Mi comentario*

Como puedes ver, los genitales de un bebé pueden presentar algunas alteraciones que se ven con frecuencia, y mi intención es que en esta sección veamos solo los aspectos normales de los genitales del bebé, revisando los problemas más a detalle en el capítulo 2 de este libro, donde platicaremos de los problemas y enfermedades más frecuentes en el recién nacido y en los bebés pequeños. Por favor, en los chequeos de tu bebé no dudes en preguntar a tu médico, que te explique y enseñe cada una de las partes de los genitales de tu bebé.

La nariz del bebé

✓ La nariz de los recién nacidos es uno de los órganos que también sufrirá algunas semanas o meses para adaptarse a su nueva vida fuera del útero materno.

✓ De las características externas y aspectos estéticos de la nariz al momento de nacer, es importante descartar en su primera revisión la posible luxación del cartílago nasal, que puede presentarse ocasionalmente en recién nacidos por parto normal, y que debido a lo estrecho del canal vaginal, o algunas veces como consecuencia de la aplicación de un fórceps mal colocados, pudieran afectar el cartílago nasal y luxarlo. Afortunadamente, los fórceps de todo tipo se han venido usando cada vez menos.

✓ Es frecuente que un bebé nazca con una leve desviación de su cartílago nasal, sin llegar a luxarse, debido a frecuentemente pueden estar colocados en una posición que comprima su nariz hacia un lado, lo cual seguramente se corregirá en unos cuantos días después del nacimiento sin necesidad de ninguna maniobra.

✓ Afortunadamente, en caso de presentarse una luxación del cartílago nasal, tenemos la posibilidad de intentar solucionarlo de inmediato, tomando un cotonete (Q-Tips) y desplazar el cartílago nasal de nuevo a su lugar correspondiente, seguido de la colocación de unas delgadas vendoletas que serán usadas por aprox. unos días.

✓ En los casos de luxación muy marcada del cartílago nasal se solicita la valoración por un especialista en otorrinolaringología para que realice el manejo que considere.

✓ Al momento de nacer, la piel de la nariz de la gran mayoría de bebés presenta pequeños puntos de grasa, algunas veces poco aparentes, aunque en algunos bebés se ven bastante marcados. Las glándulas de grasa de la piel son consideradas como normales e irán desapareciendo en unos cuantos meses

En realidad, al momento de nacer y las semanas siguientes, la mucosa nasal es una de las partes que más sufre en el proceso de adaptación de un bebé, las causas son múltiples, y aquí te explicaré algunas de ellas.

El cambio de un ambiente líquido a seco

✓ Durante varios meses, mientras el bebé crecía cómodamente dentro de su madre, flotando en un líquido de características especiales para él, que inundaba todo su tracto respiratorio alto y parte del bajo, el bebé no padecía de ningún tipo de resequedad ni irritación en su mucosa nasal. Esta siempre se encontraba hidratada, sin moco y en buen estado.

✓ A partir del mismo momento del nacimiento, con su primera respiración, el recién nacido experimenta súbitamente un drástico cambio a un ambiente seco al cual habrá de adaptarse poco a poco, produciendo secreciones mucosas nasales que equilibren ese inconveniente.

✓ Este proceso seguramente durará varias semanas o quizá un par de meses. Durante este tiempo, su nariz seguramente estará algo reseca y congestionada, con tapones de moco seco que dificultan su respiración.

Las substancias contaminantes y alergénicas

✓ Hasta el momento del nacimiento, el bebé se mantuvo en un ambiente totalmente estéril y libre de cualquier agente infeccioso, contaminante o de substancias que podrían ocasionarle una reacción alérgica, como polvo, polen y un gran número de partículas que viajan en ese polvo que muchos pensamos que es solamente tierrita, pero tristemente no es así.

✓ El contacto directo de estas sustancias con la mucosa nasal dará cierta reacción como respuesta, lo cual puede incluir aumento en el moco nasal, comezón, estornudo y congestión que obstruya en parte la respiración.

La incapacidad del bebé de limpiar su nariz

✓ Para nosotros como adultos es muy fácil jalar aire hacia adentro fuertemente o sonarnos la nariz al momento de sentir cierta obstrucción, cosa que un bebé recién nacido no puede realizar hasta una edad más avanzada.

✓ Como única respuesta para intentar limpiar sus fosas nasales, el bebé recurre al estornudo, cosa que hace con bastante frecuencia y excelentes resultados.

✓ Es por eso por lo que es necesario que ayudes a tu bebé, humedeciendo, limpiando y lubricando su nariz.

Los lavados nasales en el bebé

✓ Afortunadamente para todos, la solución es tan fácil como realizar un simple lavado nasal a tu bebé, usando solución salina, también llamado suero fisiológico.

✓ Puedes aplicar unas dos o tres gotas en cada fosa nasal, de una en una, con tu bebé acostado, seguido de una aspiración gentil con la perilla de hule.

✓ Esos lavados nasales se pueden repetir cada vez que sea necesario por nariz reseca, congestionada o tapones de moco. Con esto seguramente podrá respirar mejor, se tranquilizará y podrá descansar mejor.

✓ La función de los lavados nasales es: humedecer, limpiar el moco seco que obstruye el polvo, polen y contaminantes, y mantener las vías aéreas del bebé permeables.

✓ Estos lavados ayudan a evitar el uso de algunos medicamentos que muchos médicos recetan a esta edad.

✓ Pruébalo haciéndote un lavado tú misma y verás lo refrescante y útil de hacerlo. Quiero decirte que después de décadas yo mismo lo sigo haciendo diariamente.

 *Mi comentario*

Es muy importante que conozcas esta información, que tengas paciencia y des tiempo para que la rinitis transicional del recién nacido, ese periodo de adaptación de la mucosa nasal de tu bebé, se lleve a cabo poco a poco, evitando utilizar medicamentos con cortisona u otras substancias innecesarias. Hay varias marcas comerciales de suero salino, aunque lo más fácil y económico es comprar un frasco de medio litro y aplicarlo tú misma con un gotero.

El excremento
y orina en el bebé

El excremento en sus primeros tres días de vida

✓ Durante su vida fetal, dentro de su madre y flotando en líquido amniótico, el bebé ocasionalmente tragaba pequeñas cantidades, que junto a las escasas secreciones intestinales, jugos gástricos y bilis que ya el bebé empieza a producir al final de la gestación, se forma un excremento espeso, chicloso, de color verde oscuro casi negro, llamado "meconio", y que normalmente es evacuado en sus primeros dos días de vida.

✓ Ese excremento pegajoso, por su misma consistencia, avanza muy lento por el intestino del bebé, y normalmente no alcanza a ser expulsado en una sola evacuación, por lo que de seguro lo verás en varias ocasiones.

✓ Luego, en los siguientes días, sus heces van cambiando poco a poco a un color amarillo verdoso parecido a la mostaza.

✓ La cantidad y características del excremento de tu bebé durante sus primeros días de vida puede variar mucho según la cantidad y tipo de alimento que el niño ingiera.

✓ El tiempo que el alimento tarda en cruzar todo el aparato digestivo y eliminar los sobrantes es de aprox. tres horas y es por eso por lo que normalmente recomendamos alimentar al bebé con ese horario.

El excremento en sus días y meses siguientes

✓ Después de haber eliminado totalmente el meconio antes descrito, las características de las evacuaciones serán totalmente relacionadas con el tipo de alimentación.

✓ Mas adelante, el cambio más notable se verá cuando después de varios meses se inicie con alimentos diferentes a la leche.

A continuación, te menciono algunas de las características generales en las evacuaciones de tu bebé según el tipo de alimentación que reciba.

La alimentación con leche materna exclusivamente

✓ Mayor número de evacuaciones.

Tu bebé pudiera obrar cada vez que coma o hasta 10 veces al día y es totalmente normal.

✓ Consistencia aguada.

No te confundas pensando que tu bebé tiene diarrea, que le ha caído mal algo que tú has comido o que quizá sea el medicamento que aún tomas. La leche materna es laxante, y principalmente el calostro de los primeros 15 días de vida, y ese es el motivo.

✓ Color parecido a la mostaza.

✓ Olor tipo ácido.

Alimentación con leche en fórmula

✓ Menor número de evacuaciones que con la leche materna.

Muy probablemente tu bebé evacuará cada vez menos. Llamamos estreñimiento cuando llegan 3 días completos sin evacuar. En esos casos seguramente requerirá de cierta ayuda.

✓ Consistencia más sólida y en forma de grumos.

No te asustes, los grumos no son un signo de que esa leche le esté cayendo mal a tu bebé o que no la esté digiriendo bien. Son totalmente normales.

✓ Color blanquecino y poco a poco más amarillenta.

Cuando se combinan ambas leches

✓ Aquellos bebés que toman ambas leches de pecho y fórmula pueden tener un tipo de evacuaciones con características también compartidas, quizá un poco sólidas al inicio de la evacuación, y posteriormente finalizar un poco aguadas dependiendo de qué tipo de leche tomó en mayor cantidad.

✓ Esta es la alimentación más frecuentemente utilizada en la actualidad aquí en México, y aun en mayor proporción en bebés a partir de los 6 meses de vida.

El excremento del bebé al paso del tiempo

✓ Al paso de los meses, la tendencia normal de los bebés es la de evacuar cada vez menos veces al día, en ocasiones 1 sola evacuación cada 2 a 3 días, de una consistencia cada vez más sólida y de un color entre café y verde cada vez más oscuro.

✓ Cuando tu bebé inicie con alimentos diferentes a la leche como frutas, verduras, cereales, carnes, etc., sus evacuaciones dependerán mayormente del tipo de alimentos que coma.

✓ Será importante buscar siempre una combinación de alimentos que logre un excremento de consistencia pastoso-blando y mínimo 1 vez al día.

✓ Recuerda que hay que jugar con los alimentos LAXANTES y ASTRINGENTES, subiendo uno y bajando otro según la respuesta de cada bebé.

Orina del bebé

✓ Al momento de nacer, la orina de un recién nacido normalmente es de coloración bastante clara, pues sus riñones apenas empezarán la difícil función de filtrar todo aquello que habrán de eliminar y que poco a poco le dará una coloración más turbia.

✓ Iniciando su alimentación pronto sus riñoncitos tendrán bastantes desechos que tirar y su coloración será entre color amarillo y anaranjado e irá variando según la alimentación y su estado de hidratación.

✓ Cuanto mejor hidratado esté su cuerpo, más clara será la orina, y al contrario, mientras más deshidratado esté, su orina será más oscura.

✓ Ciertos alimentos, complementos o medicamentos pueden cambiar también la coloración de la orina. Las vitaminas suelen cambiarlo.

✓ Normalmente un bebé orina tan frecuente como cada vez que come, pues habremos de tomar en cuenta que la leche, su única alimentación, es líquida.

✓ El volumen de orina diaria también variará de la cantidad de líquidos ingeridos.

✓ De hecho, el número de veces que tu bebé orine y el color de su orina son una buena guía para saber si está comiendo lo suficiente.

✓ Prepárate con una buena dotación de pañales desechables, y te recuerdo que no es mala idea el volver a usar los pañales lavables en su versión moderna. Son excelentes y ayudarás bastante a prevenir la contaminación del medio ambiente.

Mi comentario

En sus primeros días o semanas de vida, los bebés pueden eliminar por la orina algunas sales que, al tener contacto con el aire, toman un color rosa o rojo que pudiera hacerte sospechar que es sangre. Esto desaparece por sí solo sin necesidad de ningún tratamiento. Tratándose de una bebé femenina, te recuerdo que ella pudiera presentar un leve sangrado vaginal, como te lo expliqué ya en el capítulo donde te hablo de sus genitales. Aunque el pañal haya absorbido toda la orina y tu bebé se sienta seco, no olvides de todos modos limpiarlo o lavarlo para evitarle una rozadura.

La temperatura normal del bebé

Tomando en cuenta la importancia de este tema, y la frecuencia con que pueden presentarse alteraciones, lo trataré un poco más a detalle en el capítulo de Cuidados generales del bebé, donde te hablo sobre su temperatura, cómo tomarla y la temperatura ideal para su cuarto. También un poco más adelante, en el capítulo de Alteraciones o problemas más frecuentes de tu bebé del tomo 2 de este libro, te hablo también sobre las alteraciones de la temperatura, como la hipertermia (calentura) e hipotermia (enfriamiento), así como qué manejo dar a cada una de esas situaciones. Para fines prácticos, la temperatura normal de un bebé puede variar entre 36 y 37° C, aunque pudiera considerarse como normal desde 35.8° C e incluso hasta 37.3° C.

✓ Hipotermia: temperatura de 35.7° C o menos.

✓ Normotermia: temperatura entre 35.8º C hasta 37.3º C

✓ Calentura o hipertermia leve: (también llamada febrícula o niño irritado) temperatura entre 37.3º C – 37.9º C

✓ Calentura o hipertermia moderada: temperaturas entre los 38º C hasta los 38.9º C

✓ Calentura o hipertermia alta: temperatura entre 39º C o más.

Mi comentario

La medición de la temperatura de tu bebé puede variar dependiendo de que tipo de termómetro uses, y del sitio donde la tomes. Actualmente, los termómetros láser la toman en la frente, también puedes tomarla con un termómetro digital en su ano o en su axila, etc. La actividad que tenga tu bebé en ese momento también cuenta bastante y es preferible tomarla en reposo sin estar llorando, con su actividad normal, tampoco recién bañado, por ejemplo. Es muy común que los bebés presenten temperatura en su límite máximo, si están dormidos o recién despertados en ese momento, porque hay una tendencia muy marcada a tenerlos tapados de más. Tan solo quita un poco de ropa y vuelve a tomar su temperatura 20 o 30 minutos después. Te recuerdo que los antiguos termómetros de vidrio y mercurio no deben usarse ya, y son peligrosos a cualquier edad.

Acerca del sueño del bebé

✓ Los bebés recién nacidos generalmente son muy dormilones durante su primera semana, y esto es muy oportuno para que la madre se recupere del parto o cesárea.

✓ Muy pronto, en solo unos días, tu bebé exigirá más atención y estará cada día más despierto.

✓ Parecería una constante que durante sus primeros meses de vida los recién nacidos traen "el horario volteado", queriendo estar despiertos de noche y dormidos de día.

✓ Poco a poco, con el tiempo, tu bebé irá acostumbrándose a los horarios familiares, siempre y cuando ustedes, sus padres, ayuden un poco usando la siguiente lógica:

➤ Es el bebé quien deberá irse adaptando a nosotros como familias y no la propia familia adaptarse a los horarios del bebé.

➤ Claro, habremos de respetar un poco su sueño y descanso con algo de silencio y poca luz, pero también habremos de tratar que poco a poco se acostumbre a diferenciar entre día y noche.

✓ En la siguiente tabla te menciono las horas de sueño de un bebé durante su primer año de vida.

HORAS APROXIMADAS DE SUEÑO DE TU BEBÉ EN SU PRIMER AÑO DE VIDA			
EDAD	SUEÑO NOCTURNO	SUEÑO DE DÍA	TOTAL
0 a 3 meses de vida	8 a 10 h.	4 a 8 h.	16 a 17 h.
3 a 6 meses	10 horas	5 a 6 h.	16 horas
6 a 9 meses	10 horas	4 a 5 h.	15 horas
9 a 12 meses	11 horas	3 a 4 h.	14 horas

Estas cifras pueden ser cambiantes y variar de un bebé a otro. Para ayudar a que tu bebé establezca sus horarios de estar dormido y despierto, te recomiendo que como padres le ayuden haciendo lo siguiente:

✓ Durante sus primeros dos meses de vida, difícilmente controlaremos los horarios de sueño-despierto, por lo tanto, duérmete la siesta junto con tu bebé siempre que puedas hacerlo. Ajusta un poco tus horarios a los suyos.

✓ Mantén su cuarto oscuro durante la noche, prendiendo una luz solo en caso necesario, pero no constantemente.

✓ Durante el día, mantener la luz natural del cuarto sin cerrar cortinas. Quizá quitar solo un poco el exceso de luz.

✓ En horario de día, al estar junto al bebé, hablen a su volumen normal, vean TV o escuchen música a volumen bajo, pero pueden hacerlo.

✓ Después de 2 meses de edad, trata de ya no darle la toma de leche que antes le dabas entre las 2 y 4 de la madrugada, iniciando el día a partir de las 6 am, y dando la última toma no después de las 11 p.m. Esto irá formándole un horario acorde a la familia.

Mi comentario

Ten un poco de paciencia con esto, el niño dormirá cada vez un poco más durante la noche y tendrá solo 2 o 3 siestas durante el día, acoplándose con el tiempo a los horarios familiares. Si mantenemos una lámpara siempre prendida por las noches, iluminando su cuarto, y cerramos cortinas obscureciendo su día, ¿cómo podremos pretender que nuestro hijo vaya formando sus horarios? Debo mencionarte que así como hay bebés que casi no duermen, a quienes llamo **ojiduros**, también los hay **dormilones**, aunque nada mejor para nuestras familias que un sano equilibrio.

Los pujidos, cólicos, vómitos, gases y flatulencias en el bebé

✓ Los pujidos frecuentes, casi constantes, quizá sean una de las causas de consulta más frecuentes en pacientitos recién nacidos y lactantes pequeños durante sus primeros 3-4 meses de vida.

✓ Casi siempre de la mano de gases o flatulencias abundantes, ya sea en forma de eructos por arriba o cuetitos por abajo, se presentarán también algunos otros malestares como podrían ser las regurgitaciones o vómitos, llanto por cólicos, estreñimiento y obviamente ese llanto que tanto nos inquieta y mortifica a los padres del bebé.

✓ Podemos englobar todos estos malestares con el término de "dispepsia funcional" o "dispepsia transitoria" del recién nacido y el lactante.

El período de adaptación del aparato digestivo del bebé

✓ Empezaré por explicarte que el aparato gastrointestinal de un bebé recién nacido y durante sus primeros 3 meses de vida, seguramente es el que más trabaja y batalla en adaptarse a su nueva vida fuera de su madre.

✓ Te recuerdo que durante su vida fetal, tu hijo solo tomaba uno que otro traguito del líquido amniótico en el que vivía sumergido.

✓ Después de nunca haber comido, nacer y empezar a comer cada 2-3 h, o sea que entre 8 y 12 comidas en 24 h, sin importar que sea de día o de noche, es obvio que representa un cambio demasiado drástico para ese aparato gastrointestinal recién estrenado e inexperto, ¿verdad?

✓ Además de los horarios tan frecuentes de alimentación, en cada toma de leche, ya sea del seno materno o fórmula en polvo, el bebé se llena al máximo de su capacidad gástrica, algunas veces hasta vomitarse.

✓ La succión en un recién nacido es un reflejo involuntario y no solamente una señal de tener apetito, por lo cual muchos bebés siguen succionando aún a pesar de ya estar llenos, lo cual invita a sus padres a seguir insistiendo en que coma aún más, lo cual también le traerá más molestias.

✓ Acerca del tipo de leche que tu bebé tome, debo mencionarte que a pesar de los constantes adelantos en la composición de nuevas fórmulas lácteas, aún estamos muy distantes de tener una leche similar a la del seno materno, el cual por mucho sigue siendo la mejor opción de alimentación, la más fácil de digerir y la que ocasionará menos molestias y malestares en tu bebé, especialmente durante sus primeros tres meses de vida.

✓ Debo de aclararte que aun tomando leche materna como único alimento, las molestias que acabo de mencionarte también estarán presentes, aunque en menor intensidad y frecuencia.

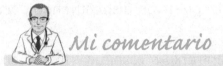

Mi comentario

Aun haciendo las cosas de la mejor forma habrás de entender que nada ni nadie evitará que cualquier recién nacido pase por una etapa de adaptación durante la cual sufrirá de algunas molestias de diferente tipo e intensidad. Afortunadamente, la "dispepsia funcional" o "transitoria del lactante" mejora notablemente después de los 3 meses de vida. Te mencioné también que es importante una buena dosis de paciencia durante esos 3 o 4 meses de vida en que los síntomas de tu bebé mejorarán notablemente. Siendo este uno de los problemas más frecuentes en los bebés pequeños, y motivo de consulta repetitiva, al no ver una solución rápida y total del problema, también es común que sea causa de cambio de pediatra o neonatólogo. Habremos de ser muy claros y convincentes en las explicaciones en decidir cuándo hacer cambios de fórmulas, cuándo iniciar con medicamentos, y siempre serán ustedes, los padres del bebé, quienes tengan la última palabra. También es muy importante el leer a detalle el capítulo de Alimentación del bebé, y más adelante, sobre Los cólicos, reflujo y demás problemas gastrointestinales en el bebé, tratados en el tomo 2 de este libro.

Los ruidos y sonidos raros en el bebé

✓ Los recién nacidos son especialistas en hacer varios tipos de ruidos que frecuentemente asustan e inquietan a sus padres.

✓ Su menú cuenta con **PUJIDOS, QUEJIDOS, SUSPIROS, GORGOREOS, RECHINIDOS, CHILLIDOS, ETC., AMPLIO MENÚ, ¿VERDAD?**

✓ Toda esta amplia variedad de ruidos, sin olvidar el llanto, hipo, tos y estornudo, son en su mayoría normales y no deben preocuparte, pues van disminuyendo poco a poco hasta desaparecer con el tiempo.

✓ Al momento de nacer, tu bebé súbitamente se enfrenta a respirar y tragar cosas que nunca había hecho antes, y menos el hacerlo simultáneamente. Es ahí en la garganta y en la laringe donde se generan un buen número de los ruidos que hacen los bebés pequeños y nos mortifica como padres.

✓ Si alguno de estos ruidos es muy intenso o frecuente, debe ser comentado con tu neonatólogo o pediatra en su próximo chequeo.

✓ También es normal que se escuchen los ruidos de sus intestinos, principalmente después de comer.

✓ Otro ruido frecuente y normal es que le "truenen sus rodillas o brazos" al moverlos, esto no se considera como un defecto y es completamente normal en recién nacidos y bebés pequeños.

✓ La gran mayoría de ruidos que acabo de mencionarte son parte de su período de adaptación de aprox. 3-4 meses, y seguramente los estarás escuchando con frecuencia.

✓ Nunca está de más que ante cualquier ruido raro que llame tu atención, supervises a tu bebé y corrobores que se encuentre en buen estado, con buena coloración, con temperatura tibia y respirando adecuadamente.

✓ Con solo tocarlo suavemente y ver que reaccione con algún movimiento, y una buena coloración de su cara y manitas, casi siempre será suficiente para tranquilizarte.

El hipo en el bebé

✓ El hipo es una contracción brusca y repentina del **músculo diafragma**, acompañada del ruido que ya conocemos, generado en la garganta.

✓ Este músculo tiene la función de dividir el tórax (el pecho) del abdomen (la panza), y junto a los músculos ubicados entre cada costilla, llamados músculos intercostales, tienen la función de juntos realizar los movimientos respiratorios.

✓ Además del clásico ruido que normalmente ocasiona, se acompaña también de un movimiento abrupto del abdomen.

Posibles causas de hipo en el bebé

Aunque actualmente no hay una causa científicamente bien comprobada sobre el hipo, te mencionaré algunas causas posibles y la forma de tratar de evitar o solucionar ese hipo tan molesto para tu bebé.

✓ **Tragar abundante aire**

Procura que tu bebé se prenda bien del pezón o del chupón de la mamila, evitando que trague más aire del deseado. Saca el aire que tu bebé tragó, con los golpecitos que ya toda mamá conoce, con la mano enconchada, en pecho y espalda, cada 5 minutos al cambiarle de pecho o cada una o dos onzas que le des en el biberón.

✓ **Tomar o comer alimentos más fríos o calientes que el cuerpo del bebé**

Procura no darle líquidos o alimentos que superen por mucho la temperatura de su cuerpo, ya sean fríos o calientes. Si lo haces, seguramente le provocarás hipo. Puedes darle alimentos o líquidos frescos, pero no tan fríos, y tibios, pero no muy calientes.

✓ **Reflujo gastroesofágico de leche o alimentos**

Por favor checa el tema de reflujo gastroesofágico en el capítulo Problemas y enfermedades frecuentes en el niño, en el tomo 2 de este libro, y sigue las recomendaciones que ahí te menciono, porque el regresar leche que ya entró a su estómago, viene mezclada con jugos gástricos que son ácidos, y al darle agruras también puede darle hipo.

✓ **Cambios bruscos de temperatura corporal**

El cambio de temperatura ambiental a una más fría no está comprobado que sea causa de hipo, y más bien es una creencia o mito popular.

✓ **Inmadurez de los nervios que inervan esófago y diafragma**

Los nervios que inervan el músculo diafragma (músculo que separa el pecho del abdomen) y el esófago (conducto que lleva la comida de la boca al estómago) maduran bien hasta los 2 -3 años de vida, y es por eso por lo que cualquier irritación, agruras, comidas muy frías, gases, etc., fácilmente ocasionan hipo en tu bebé.

✓ **Ansiedad o estrés emocional del bebé**

Hambre, dolor, cólico intestinal o cualquier causa de ansiedad pueden ser posible causa de hipo.

✓ Este fenómeno natural está presente prácticamente en todos los recién nacidos y durante el primer año de vida es más frecuente en los recién nacidos prematuros, más marcado durante los primeros 6 meses de vida, y seguramente es más molesto para los padres que al bebé, quien fácilmente lo tolera, pues rara vez lloran por tener hipo.

✓ Lo puede presentar el feto normalmente desde los primeros meses del embarazo, lo cual la madre puede sentir fácilmente dentro de su vientre.

✓ El hipo normalmente se quita solo después de 10-15 minutos.

✓ Por sí solo, el hipo es tan inofensivo que se recomienda poner una cita a revisión solo cuando el hipo haya durado 24 h. continuas o más.

✓ A mis más de sesenta años, lo sigo padeciendo al tomar líquidos muy fríos.

Los pies planos en el bebé

Los piecitos de un bebé recién nacido y durante sus primeros meses de vida son totalmente diferentes que los de un niño ya mayorcito que ya camina, y los motivos son bastante fáciles de entender.

✓ Durante la gestación y hasta antes de apoyar los pies y caminar, los piecitos de un bebé crecen y se desarrollan sin estar sujetos a su principal función, que es la de apoyar el peso del cuerpo y desplazarnos.

✓ A partir del momento en que el niño empieza a apoyar el peso de su cuerpo sobre los pies, y un poco más adelante ya caminar o correr, los piecitos rápidamente empiezan a cambiar de forma y ajustarse a esa nueva función.

✓ Desde el nacimiento, la planta del pie no muestra el arco que vemos en edades posteriores, mismo que se irá formando poco a poco debido a la presión que se ejercerá sobre el cojín de grasa de la planta del pie cada vez que tu bebé se apoye su peso en sus piecitos.

✓ No es raro que acudan a nuestra consulta padres preocupados por ver el pie plano en su bebé, para lo cual habremos de tranquilizarlos y realizar esta plática que en este momento tenemos tú y yo.

✓ Algunas parejas, antes de informarse o hablar con su pediatra o neonatólogo, acuden directamente con el médico ortopedista, que de tener experiencia en niños o haber cursado la subespecialidad de ortopedia pediátrica, seguramente les explicará esto mismo.

✓ Será a partir del segundo año de vida, y en ocasiones hasta cumplir los tres añitos, cuando ya el ortopedista pediatra podrá hacer una valoración más confiable y ver la posibilidad de algún estudio o manejo especial.

✓ El pie plano, por genética familiar, se hará presente en su momento.

✓ Obviamente, otros niños que tengan algún problema o malformación en sus pies serán canalizados y atendidos por el especialista de ser necesario desde el mismo nacimiento o más adelante a cualquier edad, a criterio de tu neonatólogo o pediatra.

Las piernitas zambas en el bebé

Con los mismos fundamentos explicados anteriormente al hablar de los piecitos del bebé, te puedo explicar que las piernitas de los recién nacidos o bebés pequeños que aún no caminan tienen una forma curvada hacia dentro que en México comúnmente llamamos como "piernas zambas", lo cual seguramente a todos nos desagrada.

✓ Una vez más habremos de explicar a detalle que no se trata de una malformación congénita del bebé y que tanto la tibia como el peroné, huesos que forman la pierna, tienen una forma un tanto curvada, además de que al ir apoyando nuestro peso sobre las piernas, con el tiempo estas irán cambiando poco a poco su forma y aspecto y ajustándose a su nueva función de soportar el peso del cuerpo.

✓ Asimismo, el crecimiento de los músculos gemelos de las pantorrillas es mayormente hacia dentro, ayudando también a cambiar el aspecto de las piernas de tu bebé.

✓ Al igual que otras partes de su cuerpo, será durante sus primeros años de vida, durante sus chequeos periódicos, cuando nos iremos dando cuenta de cualquier posible alteración en su crecimiento y desarrollo.

Los productos múltiples

El hablar de productos múltiples no solo me refiero a un par de gemelos, puesto que las tendencias de hoy en día, aquí en México e igual en muchos países del mundo, de casarse ya después de los treinta años, no querer tener hijos antes de viajar por el mundo, tener casa propia asegurada, mujeres que trabajan al igual que hombres, más una gran lista de situaciones que agregan estrés, están ocasionando que las mujeres de hoy no puedan embarazarse fácilmente y tengan que recurrir a especialistas en fertilidad asistida, lo cual aumenta notablemente la posibilidad de embarazarse con más de un bebé.

✓ Ya no es tan raro para nosotros, los neonatólogos, acudir al llamado del gineco-obstetra para asistir al nacimiento a gemelos, trillizos y hasta cuatrillizos.

✓ Recuerdo una ocasión en especial el haber tenido internados en hospital CIMA, Hermosillo, a gemelos, trillizos y cuatrillizos, simultáneamente, todos ellos como producto de tratamientos de fertilidad y nacidos antes de tiempo.

✓ No son situaciones habituales, pero actualmente se ven con mucha más frecuencia que antes.

✓ La asistencia de productos múltiples, sus cuidados generales y su atención médica habrá de ser más cuidadosa y detallada, y siempre bajo la asesoría de tu neonatólogo o pediatra.

La alimentación al seno materno

✓ Tratándose de solo dos bebés, de alguna manera ambos se pueden alimentar uno en cada pecho, para lo cual te recomiendo alternarlos de lado. Quien se amamantó de un lado, habrá de hacerlo del lado opuesto en el siguiente turno de comer.

✓ De no poder satisfacer el volumen necesario para dos bocas, o no ver los avances normales en el aumento de peso, se podrá complementar con la fórmula en polvo que tu pediatra o neonatólogo te recomiende.

✓ Tratándose de 3 o más bebés, te recomiendo alternarlos al pecho en una forma equitativa, tratando de que todos ellos tomen la misma cantidad de leche materna, y finalmente complementar con fórmula en polvo. Necesitarás una libreta en donde apuntar el turno y lado de tu pecho que le toque a cada bebé, o hacer uso de tu buena memoria.

✓ En lo personal, he tenido muchos casos de madres con dos bebés que han sido alimentados exclusivamente al seno materno, con excelente crecimiento, sin la necesidad de recurrir a otro tipo de leches. Requisito indispensable: mucha paciencia y dedicación, alimentación adecuada y sana, además de tomar una cantidad de líquidos suficiente.

✓ Finalmente te puedo aconsejar que tratándose de dos bebés, intentes alimentarlos exclusivamente al seno materno, al igual que fuera uno solo, y de no ser suficiente o tratándose de 3 o más bebés, no dudes ni te sientas mal de recurrir a una fórmula.

El descanso materno

✓ Este tema es de lo más importante para la familia de un nuevo bebé, y en especial para esa madre que está realizando su mejor esfuerzo.

✓ Sobre este tema solo quiero mencionarte en forma breve que el descanso no es necesario, ES INDISPENSABLE, y habrás de buscar la forma de descansar lo mejor posible, ya sea con la ayuda de una pareja bien consiente y dispuesta a colaborar en la paternidad, o por la contratación de alguien que te apoye.

✓ El descanso es tan importante como la alimentación, y tratándose de 2 o más bebés con horarios diferentes, el no recibir ayuda muy pronto puede afectar a tu salud personal.

✓ Como alternativa, aprovecha cada momento que tus bebés duerman, sin importar la hora del día, y duerme tú también un poco junto a ellos.

Las diferencias entre cada bebé

✓ Es de lo más común que siendo 2 o más bebés haya ciertas diferencias entre ellos. Las más frecuentes que veo en mis pacientes son: uno más dormilón que el otro, uno de ellos es mejor para comer, uno es más llorón y rezongón, casi siempre uno crece y engorda más que su hermano, etc.

✓ Quizá la diferencia que más impacte en sus primeros meses de vida es que haya diferencias en los horarios de sueño de tus bebés, pues no te dejarán descansar, ni a su(s) hermanito(s). Nada mejor que tener horarios sincronizados.

✓ En realidad, la mayoría de las diferencias que te estoy mencionando son consideradas como normales y no representan ningún problema, ni requieren de ningún tratamiento. Aun así, es importante que en sus citas a chequeo mensual lo reportes, y de esta manera se pueda descartar algún posible problema.

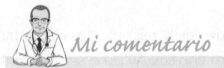 *Mi comentario*

Seguramente desde el mismo embarazo, el esfuerzo físico y las molestias fueron mayores por ser más de un bebé, aunque nada comparado con alimentarlos y atenderlos las 24 h. durante sus primeros meses de vida. Buscando siempre el lado positivo, te acabas de ahorrar otros nueve meses de gestación de un nuevo embarazo, además de varias horas de difícil trabajo de parto o los riesgos de una cesárea. Siempre es motivo de alegría y orgullo en tener un nacimiento múltiple, y seguramente tus esfuerzos bien valdrán la pena. ¡Muchas felicidades!

Los reflejos normales del recién nacido

Desde el mismo momento del nacimiento, todos tenemos ya una serie movimientos o reacciones automáticas, involuntarias e instintivas, que llamamos reflejos primitivos, o primarios, o temporales del recién nacido.

✓ Algunos de ellos pueden presentarse en forma espontánea o como respuesta a algún estímulo, como ruidos o movimientos.

✓ En lo general, su presencia nos indica que hay una buena integración de los diferentes sistemas nerviosos de nuestro cuerpo.

✓ Algunos de ellos están siempre presentes en un bebé sano, mientras que otros pueden no verse en todos los casos, y no es indispensable tenerlos.

✓ Hay algunos problemas de salud en los recién nacidos que pudieran cursar con la ausencia de estos reflejos primarios.

✓ El chequeo de estos reflejos primarios es parte del chequeo inicial de un bebé al momento del nacimiento.

✓ Es importante que los conozcas, pues de otra manera pudieras pensar que es algo anormal en tu bebé, y además seguirás viendo algunos de ellos durante algún tiempo. Poco a poco irán desapareciendo al cabo de los meses.

✓ A continuación, te describiré algunos de ellos:

El reflejo de búsqueda

✓ Este reflejo consiste en que al tocar las mejillas o los labios del bebé, este girará su cara buscando alimento. Es normal que al mismo tiempo también haga movimientos de succión.

✓ Puede presentarlo aun estando recién comido y lleno, por lo que no siempre es una señal de que tiene hambre.

El reflejo de succión

✓ Consiste en que con solo tocar los labios o lengua del bebé, este iniciará la succión.

✓ Es muy común que aun sin tocarlo o estando dormido, un recién nacido tenga movimientos de succión.

✓ Es recomendable que siempre, al momento de comenzar la alimentación del bebé, se estimule el reflejo de búsqueda, continuar con el reflejo de succión, y finalmente premiarlo con una rica lechita.

El reflejo de moro

✓ Este reflejo consiste en un movimiento de separación de ambos brazos hacia fuera, extendiendo y separando al mismo tiempo los dedos de sus manos, en forma de temblor o estremecimiento, para más adelante relajarse de nuevo.

✓ También puede estar acompañado de llanto y gesticulaciones de su carita.

✓ Puede presentarse espontáneamente sin ningún estímulo, y la manera más fácil de estimularlo es tomando la palma de sus manos hasta que él mismo apriete nuestros dedos (reflejo de prensión), para después hacer un poco de tracción y soltarla súbitamente. Es ahí donde tu bebé responderá presentando este reflejo.

✓ Es muy común que este reflejo alerte a los padres del bebé, pues podría simular que el niño se asustó por algún motivo.

✓ Aquí en México es una costumbre o mito bastante común que algunos padres piensen que su bebé quedó asustado debido a algún ruido, como ejemplo podría ser el cierre ruidoso de una puerta o al tocarlo bruscamente, en lugar de atribuir estos movimientos característicos a este reflejo de moro.

✓ Cuando las creencias son arraigadas, a pesar de todo nuestro esfuerzo de explicarles los motivos científicos, es difícil convencerlos de otra cosa.

Reflejo de la marcha automática

✓ Este reflejo consiste en sostener al bebé de sus brazos y axilas, colocándolo en posición vertical, y al apoyar suavemente sus pies sobre una superficie plana verás cómo muy posiblemente simula dar un paso adelante con uno de sus piecitos. Si sigues apoyando suavemente el pie que él echa adelante, seguramente repetirá el movimiento con el otro pie, simulando que está caminando. Seguro te sacará una sonrisa y te dará un buen momento que querrás contar a alguien más y guardar en un video.

El reflejo de prensión

✓ Consiste en poner tu dedo índice, atravesado en la palma de la manita de tu bebé; al sentirte, tomará tu dedo, y al tratar de retirarlo, te apretará.

✓ Algunos bebés aprietan tanto tu dedo que incluso pueden ser levantados en peso, y sin otro apoyo logran sostenerse por unos segundos.

✓ Hazlo tú misma, aunque prefiero que no te arriesgues a quererlo levantar en peso.

 *Mi comentario*

Como médicos, habremos de ser siempre muy cuidadosos con la forma de hacer nuestros comentarios, tratando de no herir susceptibilidades de los padres de nuestros pacientes que han crecido, escuchado y vivido en familias con ciertas creencias. Algunos mitos y costumbres podrían ser extraños o motivo de risa para alguien más, pero te reitero mi respeto y seriedad ante cualquier creencia. Te invito también a que siempre te informes con bases científicas e irte alejando de mitos y creencias mágicas que abundan en nuestra cultura. Observa bien a tu bebé, infórmate, ante cualquier duda, llama a tu pediatra o neonatólogo, y de ser posible, por favor, no recurras a curaciones o remedios mágicos. Algunas pueden ser inofensivas, pero otras más pudieran afectar a su bebé.

Los aumentos de peso, talla y cabecita en el bebé

Los aumentos de peso en el bebé

Acerca del peso de tu bebé, empiezo por decirte que durante sus primeros días después del nacimiento es completamente normal que un recién nacido no aumente de peso, incluso presentan una disminución que puede variar entre el 10 y 15% de su peso al nacer. Normalmente, esto es debido a la pérdida de líquido. El peso al momento del nacimiento se relaciona directamente a la edad gestacional, y de esta manera podemos calcular cuál es el peso normal de un bebé, dependiendo de las semanas que tenga de embarazo.

También se pueden detectar algunas posibles alteraciones desde antes del nacimiento, basadas en el peso del bebé, siempre relacionado con las semanas que lleva de embarazo, y que pudieran influir sobre la salud tanto de mamá como del bebé, como podrían ser:

✓ **Bebé con peso bajo para su edad gestacional – PBEG**
Nos sugiere desnutrición fetal, posiblemente debido a algunas alteraciones de cordón umbilical, de la placenta o algunas enfermedades maternas o del bebé.

✓ **Bebé con peso adecuado para su edad gestacional – PAEG**
Nos sugiere que se trata de una mamá y bebé sanos y normales.

✓ **Peso elevado para su edad gestacional – PEEG**
El sobrepeso de un bebé desde antes de nacer nos sugiere posible diabetes materna.

✓ Esto que acabo de mencionarte es de mucha importancia para los aumentos mensuales de peso de tu bebé durante sus primeros meses de vida, puesto que cada uno de estos grupos que acabo de mencionarte podrían crecer a diferente ritmo.

✓ Un bebé prematuro perderá más peso en sus primeros días de vida comparado con otro que nació a las 40 semanas completas.

✓ Es importante que lo sepas, pues en su primer chequeo a la semana de vida seguramente pesará igual o incluso menos que al nacer.

✓ Al momento de ver su peso, en su primera cita en el consultorio, considera que su primer peso al nacer es tomado en sala de cunas totalmente desnudo, y al pesarlo en el consultorio seguramente llevará algo de ropa, pañal, etc., por lo que el resultado puede ser un leve aumento con respecto al peso registrado al nacer.

✓ Para hacer una valoración más confiable de los aumentos de peso de tu bebé, tendremos que esperar hasta el mes de vida, y así el cambio será más valorable por hacerlo en la misma balanza, y mismas condiciones de vestimenta.

✓ Poco a poco, a partir de los 10 días de vida, iniciará su ganancia de peso de entre 20 y 30 gr. diarios, con un ritmo de aumentos mensuales, que cada mes serán menores durante el primer año de vida, y aunque cada bebé es diferente y lleva su propio ritmo, aumentan más o menos de la siguiente manera:

✓ Idealmente, cada vez que su bebé sea checado en el consultorio debe ser pesado y medido para compararlo con los datos del mes anterior, calcular los cambios, compararlo con los valores estándar para su edad, sexo, y cuando las cosas no van bien, ya sea por aumentos elevados o bajos, de ser posible llevar una gráfica de seguimiento, cuando menos los primeros dos años de vida.

✓ De una manera práctica, te puedo decir que un recién nacido duplica su peso a los 4 meses de vida y lo triplica al año de edad.

AUMENTOS APROXIMADOS DE PESO EN UN BEBÉ		
EDAD	GRAMOS/DÍA	GRAMOS/MES
0 a 3 MESES	25 a 30 gr.	750 a 900 gr.
4 a 6 MESES	20 a 25 gr.	600 a 700 gr.
7 a 12 MESES	10 a 20 gr.	300 a 600 gr.
1 a 5 AÑOS	5 a 10 gr.	2 a 3.5 kilos/año

Estas cifras pueden cambiar de un niño a otro.

Mi comentario

Además del cálculo de peso fetal durante cada chequeo con tu ginecólogo, al momento del nacimiento el bebé es valorado de nueva cuenta, clasificándolo según su peso con relación a las semanas que lleva de embarazo. Cada una de estas categorías sobre el peso del bebé, que recién te mencioné párrafos atrás, nos orienta a pensar si llevaste un embarazo normal o si hay algún problema o padecimiento de por medio.

Los aumentos de talla en el bebé

Al igual que su peso, la talla debe ser medida cada visita al pediatra o neonatólogo durante toda la niñez, anotada en su receta, compararla con las tablas de peso normal según cada edad y darle el debido seguimiento mensual, donde podremos ver cualquier alteración, buscar las posibles causas y atenderlas de inmediato.

✓ Te puedo decir que la talla al nacer de nosotros, los mexicanos, es de 50 cm. en promedio, y durante su primer año de vida tu bebé aumentará su talla en un 50%, o sea 25 cm. más de cuando nació, y al año de edad un niño sano normalmente medirá 75 cm.

✓ Normalmente tu bebé duplicará su talla a los 4 años de edad, o sea que si midió 50 cm. al nacer, aumentará su talla a 100 cm, equivalente 1 metro de altura a los 4 años de edad.

✓ Si repartimos los aumentos de talla por trimestres, veremos que el inicio es acelerado, y poco a poco el ritmo de crecimiento baja.

AUMENTOS APROXIMADOS DE TALLA EN EL BEBÉ	
Talla promedio al nacer	50 cm.
Aumentos primeros 3 meses	9 cm.

Aumentos del 4° al 6° mes	7 cm.
Aumentos del 7° al 9° mes	5 cm.
Aumentos del 10° al 12° mes	4 cm.
Aumento total aprox. primer año de vida	25 cm.
Talla promedio aprox. al año de edad	75 cm.

Estas cifras pueden variar de un niño a otro.

Acerca de la estatura en su edad adulta, es difícil calcularla al momento de nacer o incluso durante sus primeros años de vida. Será durante sus siguientes años de niñez y adolescencia cuando la misma gráfica de control de crecimiento nos irá marcando una determinada tendencia que habremos de revisar cada año.

Los aumentos de cabecita en el bebé

Así como el peso y la talla, la medida del perímetro de la cabecita de tu bebé es muy importante, pues durante los primeros dos años de vida, el crecimiento del cerebro del bebé es tan acelerado que puede llegar al 80% de lo que crecerá en toda su vida. Es por eso por lo que habremos de estar muy pendientes del ritmo y la forma de su crecimiento.

- ✓ Al momento del nacimiento, la cabecita de los bebés miden aprox. 35 cm., y crecerá en forma acelerada durante sus primeros meses de vida, disminuyendo mes a mes su acelerado ritmo de crecimiento.
- ✓ Los huesos que forman el cráneo del recién nacido, al momento de nacer y normalmente durante sus primeros 18 meses de vida, se encuentran sueltos y aún no fusionados entre sí, precisamente para permitir el acelerado crecimiento de la masa cerebral.

✓ Aprox. al año y medio de edad, los huesos del cráneo se fusionan entre sí, siguiendo con un crecimiento ya a menor ritmo.

A continuación, te muestro cómo va creciendo el perímetro cefálico y el cerebro de un bebé sano.

Recién nacido	Mide aprox. 35 cm.
0 – 3 meses	Crece aprox. 2 cm/mes
3 – 6 meses	Crece aprox. 1 cm/mes
6 – 12 meses	Crece aprox. 0.5 cm/mes
1 año de edad	Su perímetro cefálico mide aprox. 45 cm.

Estas cifras pueden variar de un bebé a otro

El perímetro cefálico no siempre crece relacionado con el aumento de la masa cerebral, y desafortunadamente puede presentar algunas alteraciones, incluso desde los ultrasonidos fetales. Ya sea que crezca de más o de menos, desde antes de nacer o durante sus primeros meses o años de vida habremos de tomar estudios y descartar una lista de posibles causas. El crecimiento lento de la cabecita recibe el nombre de "microcefalia", y el crecimiento de más se llama "macrocefalia". Ambos se pueden deber a problemas diferentes que habremos de estudiar a profundidad. Dependiendo de la causa encontrada, cada bebé debe recibir su tratamiento específico, tratando siempre de recuperar el adecuado crecimiento de su cerebro, que muy pronto se traducirá en su capacidad intelectual.

PESO APROXIMADO DEL CEREBRO SEGÚN LA EDAD	
Recién nacido	350 gr.
6 meses de vida	675 gr.
12 meses de vida (en solo un año su cerebrito pesa ya más del doble que al nacer)	810 gr.
18 meses de vida (en año y medio, su cerebro triplica su tamaño, y a los 2 años tendrá ya el 80% de tamaño y peso que en su vida adulta)	1.010 kilos
Adulto (28 años)	1.350 kilos

Estas cifras pueden variar de un bebé a otro.

El desarrollo en el bebé

De la par al rápido crecimiento físico que un bebé experimenta durante sus primeros meses de vida, veremos también un gran número de nuevas funciones que el niño empieza a mostrar. A dichos avances los llamamos "desarrollo", y podemos dividirlos en varios campos, y aunque esta lista que a continuación te mencionaré solo menciona algunos de los principales aspectos y no es la clasificación médico-científica, pienso que es práctica de entender y de observar por unos padres inquietos por ver los avances en el desarrollo de su bebé.

Actividad física y movimientos de tu bebé

Es muy importante que sepas que cada bebé tienen un crecimiento y desarrollo personal a su propio ritmo con varios meses de tolerancia, de tal manera que no es una regla infalible que realice una determinada actividad a una edad exacta. El darse vuelta y girar su cuerpo, sentarse, gatear, caminar, etc., pueden variar según los siguientes factores:

✓ Meses o semanas de edad del embarazo al momento de nacer.

✓ Enfermedades o problemas maternos de antes o durante el embarazo.

✓ Estado de salud y situaciones del nacimiento.

✓ Peso y estado nutricional al momento de nacer.

✓ Aumentos de peso y talla durante sus primeros meses de vida.

✓ Estado de salud o enfermedades que haya tenido.

✓ Tipo de alimentación recibida.

✓ Estímulos motores, sensitivos, auditivos, visuales, etc., que recibe.

 *Mi comentario*

Es muy importante saber que cada niño tiene su propio ritmo de crecimiento y que a fin de cuentas lo más importante es checar que su niño se encuentre dentro de los márgenes normales de crecimiento. También es importante considerar la edad gestacional, peso y talla al momento del nacimiento, pues no es igual cuando se trata de un bebé prematuro que nace a las 28 semanas de gestación y pesando 1 kilo, que aquel que nace de término a las 40 semanas de gestación y pesando 3.5 kilos. Es importante también tomar en cuenta las características de sus padres y familiares, pues tratándose de padres de estatura pequeña, muy probablemente los hijos seguirán esa tendencia genética. Tampoco crece al mismo ritmo un bebé alimentado exclusivamente al seno materno, que aquellos que combinan pecho y fórmula, o aquellos que toman solo fórmulas en polvo. Enfermedades repetitivas, severas o prolongadas también influyen sobre el crecimiento del bebé. Es por eso la importancia de llevar una gráfica adecuada con un seguimiento mensual que pueda detectar cualquier problema de crecimiento, y este sea manejado adecuada y oportunamente. Desde la misma revisión por el obstetra a través del ultrasonido se puede detectar ya si el crecimiento en peso-talla-perímetro cefálico son adecuados según su edad gestacional e influir en la toma de decisiones.

✓ **La motricidad**

Veremos cómo irá avanzando desde el simple control de su cuello y cabeza, realizar movimientos gruesos, avanzando a otros más complejos como movimientos finos, gatear, caminar, y correr.

➤ **Recién nacido**

Su cabeza necesita apoyo, sus movimientos son bruscos y descontrolados.

➤ **2 meses de vida**

Mueve y levanta su cabecita.

➤ **4 meses de vida**

Se sienta con ayuda.

➤ **6 meses de vida**

Se sienta solo y acostado empieza ya a girarse.

➤ **8-9 meses de vida**

Empieza a gatear.

➤ **12-15 meses de vida**

Empieza a caminar.

✓ **Desarrollo sensorial**

Iniciará frunciendo su mirada ante la luz, irá reaccionando ante los ruidos y movimientos de quien esté frente a él, se expresará ante el frío o calor, ante lo suave o áspero, reconocerá su nombre al escucharlo, etc.

➤ **Recién nacido**

Ve borroso y frunce los parpados ante la luz directa

➤ **2 meses de vida**

Empieza a fijar la mirada y a emitir algunos sonidos cortos.

➤ **4 meses de vida**

Su sistema auditivo va mejorando y su vista empieza a distinguir algunos colores.

➤ **6 meses de vida**

Sigue los objetos en movimiento con su mirada.

➤ **8 meses de vida**

Muestra alegría o sonríe cuando le hablas y te diriges a él.

➤ **12 meses de vida**

Reconoce su nombre y empieza a relacionar imágenes a nombres y sonidos.

✓ **La alimentación**

Se inquietará o llorará al tener apetito, mostrará gusto y preferencia por ciertos alimentos, pedirá o exigirá comida a sus horas, etc.

➤ **Recién nacido**

Se guía por el sabor y el olfato.

➤ **2 meses de vida**

Muestra que tiene hambre con sonidos, inquietud o llanto.

➤ **4 meses de vida**

Se distrae y deja de comer al estar ya satisfecho.

➤ **6 meses de vida**

Su gusto se diversifica con el inicio de la alimentación complementaria, mostrando gestos y caras ante los diferentes sabores.

➤ **8-9 meses**

Presenta ya movimientos de masticación, e intenta triturar los alimentos.

➤ **12 meses de vida**

Puede comer solo fácilmente y lleva con sus dedos los alimentos a la boca.

✓ **Las relaciones afectivo-sociales**

Muy pronto reconocerá a sus padres, principalmente la voz y el olor de su madre, mostrará felicidad ante aquellos que quiere, tendrá expresiones de risa y alegría o temor a alguien que desconoce, jugará con alguien más, etc.

> **Recién nacido**

Reconoce a su madre por el olor e interactúa con ella.

> **2 meses de vida**

Muestra interés por los objetos y personas, y puede empezar a sonreír.

> **4 meses de vida**

No le gusta estar solo y sonríe a quienes lo tratan bien.

> **6 meses de vida**

Reconoce a sus personas cercanas y puede molestar con extraños.

> **8 meses de vida**

Voltea cuando se le habla, y se molesta cuando lo dejan sus padres.

> **12 meses de vida**

Responde al escuchar su nombre, y comprende algunas expresiones en la cara de sus padres, como alegría o enojo.

✓ El lenguaje y expresión

Entenderá el significado de la palabra "NO", intentará pronunciar palabras, repetirá sonidos y pronto podrá nombrar personas u objetos.

> **Recién nacido**

Se comunica solo a través del llanto.

> **2 meses de vida**

Ya emite algunos ruidos.

> **4 meses de vida**

Ya emite ruidos y grita con frecuencia.

> **6 meses de vida**

Ya repite sonidos, generalmente con vocales.

> **8 meses de vida**

Pronuncia sílabas no repetidas.

> **12 meses de vida**

Pronuncia sílabas ya repetidamente.

✓ **Los patrones del sueño**

El crecimiento tan acelerado es agotante e inicialmente dormirá gran parte del tiempo, irá organizando sus horarios de sueño-despierto de acuerdo a los horarios familiares, las siestas irán desapareciendo poco a poco.

➤ **Recién nacido**

Duerme la mayor parte del tiempo.

➤ **2 meses de vida**

Se debe insistir en el hábito de dormir durante la noche.

➤ **4 meses de vida**

Duerme casi toda la noche y solo siestas cortas durante el día.

➤ **6 meses de vida**

Su sueño es menos profundo durante el día, y despierta más fácilmente.

➤ **8 meses de vida**

Sabe que con llorar logra que lo carguen, lo atiendan o jueguen con él.

➤ **12 meses de vida**

Duerme casi toda la noche, menos tiempo durante el día, y en ocasiones se resiste a dormir.

✓ **El control de esfínteres**

Ensuciará su pañal frecuentemente sin darse cuenta, cerca del año irá avisando cuando está sucio, empieza a avisar que evacuará pero sin poder contenerlo, hasta finalmente avisar y controlar sus esfínteres. Aprenderás algunos trucos para ayudarlo, cuando leas el capítulo sobre Cómo ayudar a que tu bebé deje los pañales.

➤ **Recién nacido**

Evacúan entre 2 y 8 veces al día, sin ningún control, y generalmente después de haber comido.

➤ **2-5 meses de vida**

Sigue sin control alguno para orinar o evacuar.

> **6 meses de vida**

Sus heces cambian de características debido al inicio de alimentos diferentes a la leche, y ya evacúa con menos frecuencia.

> **8-15 meses de vida**

Puede mostrar incomodidad o llanto por estar sucio.

> **18 meses de vida**

Empieza poco a poco con el control de esfínteres, avisando cuando ya lo ha hecho. Debe premiarse o celebrarse cuando el avise.

> **21 meses de vida**

Avisa con más frecuencia que desea evacuar u orinar, aunque con accidentes frecuentes.

> **24 meses de vida**

Empieza a familiarizarse con el inodoro.

> **30 meses de vida**

Empieza a dejar el pañal durante el día, con accidentes ocasionales, y a usarlo solo por las noches.

> **3 años de vida**

Normalmente, permanece seco, avisando durante el día cuando quiere evacuar u orinar, y aprox. 75% de ellos permanece seco durante la noche.

✓ **Los juegos y diversión**

Se alegrará frente a juguetes de colores y ruidos amigables, rápidamente los reconocerá, muy pronto sonreirá al verlos y los pedirá con expresiones y ruidos.

> **Recién nacido**

Sonríe indistintamente en cualquier momento, más por reflejo que como expresión de su estado de ánimo.

> **3-4 meses de vida**

Reconoce a sus padres y el seno materno o biberón, sonriendo cuando se le estimula y habla suave y alegremente.

➤ **6 meses de vida**

Sonríe al estar contento y se lleva a la boca los objetos que toma.

➤ **8 meses de vida**

Juega con objetos de colores y que emiten ruidos, pasándolos de una mano a la otra.

➤ **12 meses**

Suelta voluntariamente un objeto si desea dártelo. Juega y ríe alegremente con facilidad.

➤ **15 meses**

Inicia con la exploración de cualquier objeto a su alcance, a través del tacto.

Cualquier tipo de problemas o enfermedades pueden influir en el crecimiento y desarrollo de tu bebé, y es por eso por lo que debe darse un adecuado seguimiento mensual durante todo su primer año de vida. Algunos bebés requieren de ciertos estudios o programas de estimulación, según cada caso en particular.

 *Mi comentario*

Cada uno de estos pasos, de los diferentes aspectos que muestran el desarrollo o avance cognitivo de tu bebé, se irá mostrando poco a poco al cabo de varios meses y años, siempre tomando en cuenta las características especiales de tu bebé. A pesar de tener algunas guías que mencionen mensualmente los avances correspondientes en cada una de las diferentes áreas, es importante que sepas que no hay fechas exactas en ningún caso, tu hijo es especial, único, y por tal motivo, dentro de un margen razonable de tiempo, irá desarrollándose al ritmo que su cuerpo y mente se lo permita. Cuanto más estímulo reciba tu bebé, ya sean visuales, auditivos, sensoriales, motricidad, etc., más rápido serán también los avances que mostrará. Fácilmente, puedes seguir nuestra guía de estimulación temprana, o cualquier otra que tengas a la mano, y de haber retrasos o variaciones, por favor menciónaselos a tu pediatra o neonatólogo en la siguiente visita. Lee con atención el capítulo de Estimulación temprana en el bebé, ubicado más adelante, en la sección de CUIDADOS GENERALES de este manual, y ejercita a tu bebé lo más que puedas, logrando así el aprovechar al máximo sus capacidades.

LA ALIMENTACIÓN
DEL BEBÉ

El capítulo sobre la alimentación del recién nacido es un tema importante y que debe ser tratado detalladamente desde el primer día del nacimiento o incluso desde antes de nacer, insistiendo en promover la lactancia materna y preparando los senos para amamantar. A continuación les describiré las diferentes opciones de alimentación, y son ustedes, los padres, quienes decidirán cuál de ellas acomoda más a sus ideales, posibilidades y situación familiar. Cada una de las opciones tiene sus recomendaciones y condiciones especiales, aunque también te mencionaré algunas de las observaciones que son aplicables en todos los casos.

¿Cuál es la mejor opción?

✓ Tendrás la opción de alimentar a tu bebé de las siguientes maneras:
  ➤ Alimentación al seno materno exclusivamente
  ➤ Alimentación con fórmulas
  ➤ Alimentación combinando seno materno o fórmulas.
✓ Como comúnmente decimos, "aquí o en China" la mejor opción para alimentar a un bebé es el SENO MATERNO.
✓ Está demostrado que si una madre está dispuesta a hacerlo, si se informa sobre el tema, y trata insistentemente de amamantar, puede lograr el alimentar a su bebé exclusivamente con seno materno, con una probabilidad de éxito de más del 90%.
✓ Las ventajas de la alimentación al seno materno son muchísimas, y existe una gran cantidad de libros, artículos, videos, etc., sobre este tema.
✓ Hasta la fecha se han identificado en la leche materna más de 350 ingredientes, mientras que en las fórmulas basadas en leche de vaca "maternizada" solo se han logrado agregar apenas poco más de 70 de ellos, y seguramente con cualidades diferentes a los ingredientes naturales contenidos en la leche humana.
✓ En la actualidad hay ya disponibles y con bastante éxito fórmulas en polvo para bebés basadas en leche de cabra, lo cual considero excelente opción por representar

incluso algunas ventajas sobre la leche de vaca en cuanto a su parecido con la leche humana.

✓ Es mi obligación moral y profesional como pediatra el promover insistentemente las bondades de la leche materna e informarles a los padres de mis pacientes acerca de sus ventajas y grandes beneficios.

✓ Existen múltiples estudios que muestran cómo aquellos bebés alimentados al seno materno sufren con mucho menos frecuencia malestares como gases abundantes, cólicos intestinales, reflujo gastroesofágico, estreñimiento, así como enfermedades como diarrea, resfriados, alergias, etc., en comparación con aquellos que son alimentados exclusivamente con fórmulas lácteas en polvo.

✓ Hasta la fecha, las grandes compañías que producen las fórmulas lácteas para bebés han avanzado significativamente en su intento por parecerse cada vez más a la leche humana, pero este reto es difícil de alcanzar. Por el bien de nuestros niños, los intentos por lograrlo deberán continuar sin cesar.

La higiene y limpieza ante todo

Es muy importante mencionar que sea cual sea la opción que hayas elegido, la limpieza e higiene deben estar siempre presentes al momento de alimentar a tu bebé. Recuerda que sus defensas son aún muy débiles, deficientes y cualquier error de nuestra parte pudiera significar el inicio de una infección.

✓ Siempre lava bien tus manos con agua y jabón antes de tocar a tu bebé, de preparar las mamilas, antes de darle pecho o al manipularlo, aunque no vaya a ser alimentado.

✓ Es muy importante evitar el contacto con cualquier persona enferma, y de ser posible que la persona que maneje y alimente a tu bebé se encuentre sana. Una madre enferma y que no cuente con ayuda, debe utilizar cubrebocas, evitar los besos, no probar la comida en el plato o utensilios del bebé, y evitar tocarse la nariz, boca y ojos antes de tocar al bebé.

✓ La mejor manera de lavar tus manos es con agua y jabón, aunque si no las tienes al alcance, cuando menos usa una toallita húmeda para limpiarlas o gel desinfectante.

✓ Además de cuidar la higiene de tus manos, también es importante cuidar al bebé de personas que traigan su ropa sucia o contaminada, no importa quiénes sean. Si son personas cercanas, con más facilidad comprenderán que no deben tocar al bebé en esas condiciones.

Recomendaciones generales para alimentar al bebé

✓ Antes de alimentar al bebé, lava bien tus manos.

✓ Si tu ropa está sucia, cámbiala o ponte una bata adecuada.

✓ Ya sea seno materno o biberón, procura relajarte y estar tranquila.

✓ Algo de música suave y a bajo volumen le caerá bien a ambos.

✓ Antes de seleccionar posición de tu bebé primero ponte cómoda tú misma.

✓ En momento de estar en confianza, si alguien te estorba cámbiate de lugar.

✓ Si estás en un lugar público, nunca te avergüences, amamantar es motivo de orgullo, satisfacción y nunca de pena.

✓ La madre debe estar siempre cómoda, dispuesta y alegre.

✓ Procura que tu bebé esté bien despierto, con su pañal limpio y cómodo.

✓ Si darás seno materno, limpia tu pezón y areola solo con algodón y agua.

✓ Si le darás con mamila, siempre deberá estar esterilizada o hervida.

✓ Antes de empezar, estimula en tu bebé el reflejo de búsqueda.

✓ Puedes estimular el apetito de tu bebé dándole una gota de leche con la punta de tu dedo.

✓ Ante cualquier duda revisa este manual antes de empezar.

✓ Finalmente, el amamantar debe ser una experiencia agradable para ambos.

La posición adecuada para alimentar al bebé

La posición para alimentar a tu bebé puede tener diferentes variantes, ya sea que se trate de seno materno o de fórmulas en polvo, las posiciones recomendadas prácticamente pueden ser las mismas en ambos casos. Estas pueden variar también en función de la posición de la madre, ya sea sentada, reclinada o acostada. La mejor posición es aquella a la cual tú y tu bebé se acoplen mejor y ambos estén cómodos. Todas ellas son buenas y se recomienda alternarlas frecuentemente. Por supuesto que también tú puedes hacer las modificaciones o variantes que desees, siempre y cuando cumpla las recomendaciones generales antes mencionadas. Si alguna posición que te acomode y guste no viene mencionada en este manual, ¡bautízala a tu gusto con el nombre que desees!

Cualquiera de las posiciones que elijas para alimentar a tu bebé debe cumplir los siguientes puntos:

✓ Estas posiciones pueden usarse indistintamente al alimentar a tu bebé con seno materno o con mamila, cuidando el dejar siempre libres las fosas nasales del bebé y permitirle que pueda respirar fácilmente.

✓ Trata de que tu bebé tenga buen agarre del pezón y areola, o del chupón del biberón, para que trague menos aire.

✓ Nunca pierdas de vista su boca y fosas nasales.

✓ Mantén la cabeza y tronco del bebé siempre un poco inclinados hacia arriba para disminuir el riesgo de vómito.

✓ La posición de la madre debe permitirle moverse y actuar rápidamente en caso de presentar vómito o ahogamiento.

Para evitar confusiones o diferencias en los nombres a cada posición, además de leer la descripción, pon especial atención a las ilustraciones. Puedes llamar a cada posición con el nombre que desees y te identifiques.

Las diferentes posiciones para alimentar al bebé

1. **Posición de "cuna" (seno materno o biberón)**

   Esta posición es la más comúnmente utilizada por la gran mayoría de madres. Coloca a tu bebé atravesado sobre tu abdomen, un poco ladeado hacia tu pecho, colocando su cabecita un poco reclinada hacia arriba, y orientada hacia el seno que deseas amamantar o hacia cualquier lado si le darás biberón.

2. **Posición de "pelota de futbol americano" (seno materno o biberón)**

   Colocar al niño boca arriba, entre tu brazo y tu costado, con la cabeza hacia el frente y pies hacia atrás. La madre puede estar parada o sentada.

3. **Posición "recostada" (seno materno o biberón)**

   Debes acostarte de lado, un poco inclinada hacia arriba, con el bebé enseguida en la misma posición y a la altura de tu pecho. **Nota:** debes evitar el riesgo de quedarte dormida y afectar a tu bebé.

4. **"Montado sobre el muslo" (seno materno o biberón)**

   Por requerir más fuerza para mantener tu espalda recta, esta posición es más recomendada para bebés de más de 4 meses de vida. Puedes reclinarte un poco hacia atrás o hacia el frente, sosteniendo la espaldita de tu bebé. Si le darás biberón, esta posición es menos cansada para ti.

5. **"Pecho a pecho" (solo para dar seno materno)**

   En posición sentada o acostada con cierta inclinación hacia arriba, se coloca al bebé pecho a pecho frente al seno materno. Si el bebé se encuentra sin ropa y hay contacto piel a piel entre ambos, el beneficio y satisfacción es mayor que en otras posiciones.

Los nombres de cada posición pueden cambiar de un autor a otro, o se pueden utilizar palabras comunes de esa región o país. Nadie se molestará si inventas tus propios nombres o si modificas a tu antojo cada posición. La mejor posición es aquella en donde ambos se encuentren cómodos y contentos.

La posición adecuada para después de comer

La posición adecuada para después de comer es un punto importante a ser tomado en cuenta, pues de ello depende que el bebé se sienta bien, además de prevenir o disminuir los vómitos y el reflujo. Por lógica, es muy fácil entender que si el bebé se encuentra en posición totalmente horizontal o en declive, con su cabeza más baja que el resto del cuerpo, las posibilidades de presentar vómito son bastante mayores en comparación con acostarlo con un cierto declive hacia arriba.

✓ La posición que considero ideal y hoy te recomiendo, es el colocar a tu niño boca arriba, con la cabecita más alta que el resto del cuerpo, a una inclinación aproximada de 25-30 grados.

✓ Si tu bebé ha sido diagnosticado con reflujo gastroesofágico, puedes colocarlo aún más inclinado entre 30-40 grados durante la siguiente hora después de haber comido.

✓ Con estas posiciones ayudaremos a prevenir o disminuir el reflujo gastroesofágico y el vómito, tan frecuentemente visto después de comer durante los primeros meses de vida.

✓ La posición boca arriba es recomendada también a nivel internacional como un consenso para prevenir y disminuir el riesgo del "Síndrome de muerte súbita" en los bebés. Puedes lograr esta posición fácilmente con un cojín especialmente diseñado para este fin que encuentras en el departamento de bebés de alguna tienda local, o colocando una toalla doblada debajo del extremo en el colchón de tu bebé, tratando de lograr la inclinación antes mencionada.

✓ Los cambios de posición, de bocarriba y discretamente hacia los lados, ayudará a que tu bebé arroje más fácil los gases.

NO ES RECOMENDABLE, PONER A TU BEBÉ BOCABAJO DESPUÉS DE COMER, NI POR PERÍODOS LARGOS, NI DEJARLO ES ESA POSICIÓN POR LAS NOCHES CUANDO TÚ DUERMAS.

Si quieres poner a tu bebé un rato bocabajo, puede ser durante una de sus siestas cortas, cuando no se encuentre recién comido, y siempre bajo tu cuidado y observación. El dejar a un bebé bocabajo se ha relacionado con un aumento en el riesgo de sufrir muerte súbita de cuna.

Mi comentario

> Debido a la mayor posibilidad de sufrir una muerte súbita de cuna, prácticamente en todo el mundo se recomienda no mantener a un bebé bocabajo por largos ratos y sin supervisión. Así se recomienda también por la Organización Mundial de la Salud (OMS) y todos sus organismos y asociaciones afiliadas. Por favor, toma muy en serio esta recomendación.

Alimentación al seno materno

Acerca de la alimentación del bebé con leche materna, hay disponibles una gran cantidad de libros en todos los idiomas, además de un buen número de artículos y guías de lactancia materna en las redes. "La liga de la Leche" y muchas organizaciones más, difunde también un buen número de artículos, recomendaciones e información veraz y muy útil. Habiendo tanta información disponible, y siendo este tema tan importante para mí y para ustedes, trataré de resumirlo de la manera más práctica posible. Seguramente tú, como buena madre, inquieta por aprender cada vez más sobre la salud de tu bebé, podrás seguir leyendo e informándote sobre el apasionante tema de la lactancia materna.

"El acto de amamantar es un regalo de amor y de vida para tu bebé"

Preparando los pechos para amamantar

El hecho de amamantar a tu bebé no es una tarea exenta de problemas y complicaciones, por lo que idealmente desde los primeros meses de gestación es conveniente iniciar ciertas medidas de preparación para tus pechos. Si tu embarazo apenas empieza o tienes menos de 7 meses de gestación (aprox. 30 semanas), estás en muy buen momento de leer, informarte y poner en práctica estas recomendaciones. De estar ya en tus últimos 2 meses de gestación (últimas 9-10 semanas), quizá no surtan tanto efecto, pero aún puedes intentar lograr algunos beneficios con estas recomendaciones.

Prevención de estrías en la piel

Durante el embarazo, tus pechos irán aumentando de tamaño progresivamente, y a partir del momento del nacimiento, el estímulo de la succión y los cambios hormonales que tendrás te traerán un aumento de tamaño aún más considerable, por lo que la piel de tus pechos muy probablemente presente algunas estrías que, además de afectar tu estética, pueden ocasionarte molestias y dolor.

✓ Para tratar de prevenirlas o aminorar su intensidad, es muy recomendable el hidratar diariamente la piel de tus pechos, con una crema hidratante o especial para este fin. Seguramente encontrarás una de ellas en cualquier farmacia o tienda departamental.

✓ Algunos casos más severos requieren de manejo especializado por un dermatólogo.

Preparación del pezón y areola

Tomando en cuenta que durante la lactancia materna el trabajo más duro lo realizarán tu pezón y areola, es conveniente iniciar tempranamente, desde los primeros meses de gestación, con los masajes manuales que te ayudarán de lo siguiente manera:

✓ **Una mejor formación del pezón**

El masaje de pezón ayudará mucho a aquellas mujeres con pezón plano, hundido, también llamado umbilicado, y junto a otras maniobras mencionadas más adelante, en el capítulo de Padecimientos frecuentes de los pechos maternos, puede lograrse una corrección provisional o incluso permanente de estos problemas. Si tienes pezones bien formados, el masaje de todos modos te ayudará a reforzarlos y obtener las otras posibles ventajas que a continuación te menciono.

✓ **Menor riesgo de rozadura y grietas en pezones y areolas**

Después de varias semanas o meses de masajes, además del efecto de las hormonas sobre tus pechos, la piel de pezones y areolas se irá obscureciendo y engrosando, lo cual las hará más resistentes ante cualquier agresión.

✓ **Disminuye sensibilidad y dolor de esa área**

Después de días y meses de succión directa de tu bebé sobre tus pechos, es común que duelan. En ocasiones puede tratarse de un leve dolor, pero en otros casos puede tratarse de un dolor insoportable que incluso llega a ser causa del abandono de la lactancia. Este masaje tiene como finalidad disminuir esa sensibilidad y ayudarte a tener menos dolor y molestias.

✓ **Fortalecimiento del músculo erector del pezón**

Al igual que cualquier músculo del cuerpo, el músculo erector del pezón, después de ejercitarlo durante semanas o meses, se fortalece, crece y realiza mejor su función de levantar y formar tu pezón, logrando así un mejor agarre por la boca de tu bebé.

La naturaleza es sabia y también te ayudará aumentando el tamaño de unas pequeñas glándulas ubicadas en tu areola, las cuales podrás ver como pequeños puntos, simulando granos sin serlo. Ellas están encargadas de producir pequeñas cantidades de una grasa especializada en lubricar la delicada piel de tus areolas y pezones. Quizá no tendrán el aspecto estético que quisieras, pero su función es muy importante. Finalizando la lactancia, lentamente irán disminuyendo su tamaño, aunque algunas de ellas pudieran permanecer de mayor tamaño que el que tenían antes de embarazarte.

Técnica del masaje de pezón

La forma de masajear pezón y areola, con la intención de prepararlo para la lactancia materna, es muy sencilla:

✓ Estimula repetidamente el pezón, pellizcándolo suavemente entre tus dedos hasta lograr que se ponga erecto. Continuar haciéndolo durante 10-15 minutos, 2-3 veces al día, con la intención de ejercitar el músculo erector de los pezones.

✓ Para este masaje puedes utilizar una pequeña cantidad de vaselina o idealmente lanolina pura o alguna pomada que la contenga.

✓ Frota suavemente la piel del pezón y areola con tus dedos, con una intensidad suficiente para ir poco a poco adormeciéndote el área, sin llegar a lastimarte. Esto hará que pierdas un poco la sensibilidad, y va engrosando la piel de pezón y areola, para que cuando tu bebé succione directo al pecho, este resista y no se lastime fácilmente.

✓ Es importante comenzar con estos masajes desde los primeros meses de la gestación para que, al nacer tu bebé, tus pechos estén ya listos y no te ocasiones problemas.

✓ Es normal que durante el masaje puedas sentir ciertas contracciones uterinas leves que, incluso si estas se vuelven más fuertes y constantes al final del embarazo, pudiera ser motivo de suspender los masajes.

✓ Este tipo de masaje está contraindicado en mujeres que están pasando por una amenaza de aborto.

Mi comentario

Si ya estás embarazada y das masaje a tus pezones, no te preocupes si ves salir algunas gotas de leche de tus pechos, se llama pre-calostro y en algunos casos puede empezarse a producir desde los primeros meses de gestación, aunque lo más común es que esto suceda durante los últimos tres meses. Cualquier comentario u observación al respecto debe ser platicada con tu gineco-obstetra o en la visita prenatal con tu neonatólogo.

Tipos de leche materna

Desde antes del nacimiento, los senos de la madre gestante ya producen pequeñas cantidades de leche llamada calostro.

✓ **Leche de pre-término o pre-calostro**

Esta leche se empieza a producir desde los 6 meses de gestación, hasta la semana 37, aproximadamente 3 semanas antes del nacimiento, fecha a partir de la cual se considera ya como calostro.

➤ Si por cualquier motivo la gestación concluye antes de tiempo, por su composición y características también la leche que la madre produzca se considera de esta manera: leche pre-término o pre-calostro.

➤ Al nacer un bebé antes de tiempo, sus necesidades nutricionales son diferentes, y es el seno materno quien tiene la maravillosa habilidad de adaptarse y producir la leche adecuada a las circunstancias y necesidades del bebé recién nacido.

➤ Inmediatamente después del nacimiento, los cambios hormonales hacen que ese pre-calostro o leche pre-término tengan cambios rápidos y cubran las necesidades nutricionales del bebé.

➤ **Características:** alta en proteínas, lactoferrina, un tipo de anticuerpos llamados IgA, y una menor cantidad de lactosa.

✓ **Calostro**

Leche amarillenta y espesa que se produce desde las últimas 3 semanas de la gestación y durante los primeros 4 días después del nacimiento.

> Rica en proteínas, minerales, carotenos y vitaminas hidrosolubles como las A, D, E y K, tiene función laxante, tonificante del aparato digestivo, prepara al intestino para tolerar una leche más completa y compleja de digerir, que vendrá pocos días después, y es una gran fuente de anticuerpos para el bebé.

> También contribuye a eliminar ese espeso y chicloso excremento llamado meconio, característico de todo bebé recién nacido, en sus primeros 2 o 3 días de vida, y ayuda también a colonizar el intestino con lactobacillus bífidus, necesario desde edades tempranas para una adecuada función digestiva.

> Generalmente se producen entre 2-20 ml. de calostro en cada amamantada, y su volumen va aumentando rápidamente día a día.

✓ Leche de transición o joven

Entre el cuarto y sexto día después del parto, la cantidad de leche que produce la madre aumenta considerablemente.

> La composición y el color de la leche materna presenta un cambio, pasando a ser ya leche de transición o leche joven.

> Esta leche tiene una duración bastante corta, durando apenas de 5 a 10 días, hasta aproximadamente el décimo quinto día después del parto.

> El pecho materno produce la leche de transición, que en comparación con el calostro contiene mayor cantidad de grasa, lactosa y vitaminas hidrosolubles, ideales para el recién nacido.

> Es de un color más claro que el calostro, aporta más calorías para ayudar al bebé en su crecimiento y lo prepara para recibir la leche madura.

> La madre gradualmente va produciendo más de esta leche intermedia hasta llegar a alimentar al bebé con aproximadamente 650 ml/día.

✓ Leche madura

Pasando los primeros 15 días de vida, el pecho materno va cambiando las características de su leche, pasando a ser ya una leche madura que se caracteriza por tener los tipos de nutrientes y las cantidades adecuadas para el óptimo crecimiento y desarrollo de tu bebé durante sus primeros 6 meses de vida.

➤ La receta maestra de esta leche es tan perfecta para tu bebé que te permitirá, si así lo deseas, alimentarlo solo con ella y sin la necesidad de ningún otro tipo de alimento hasta los 6 meses de vida, edad en la cual hasta el día de hoy te recomiendo iniciar con algunos alimentos diferentes a la leche, a lo cual llamamos "ablactación" o "alimentación complementaria".

➤ Aun iniciando con otros alimentos, esta leche sigue siendo de gran utilidad para tu bebé hasta el año de vida e incluso útil hasta los 2 años.

➤ La composición de la leche madura es 88% agua, el resto son grasas, proteínas, carbohidratos, vitaminas, minerales, enzimas, oligoelementos, elementos traza, hormonas, prostaglandinas, etc., que la hacen única y especializada para el óptimo crecimiento de un bebé humano.

➤ Entre ambos pechos, una madre que se alimente y tome líquidos adecuadamente puede producir entre 700 y 1,200 ml. de leche al día, durante los primeros 6 meses de lactancia, posterior a lo cual irá bajando hasta llegar a producir hasta aprox. 500 ml. al día.

Mi comentario

Hay quien menciona que después del año de vida, la leche materna se considera ya como "leche vieja", y aunque este nombre no aparece en las clasificaciones, seguramente por sonar un tanto despectivo, esta leche sigue teniendo grandes cualidades y ventajas para los bebés. Tomando en cuenta las características nutricionales de la leche materna, su importante aporte de anticuerpos, así como el impacto emocional entre madre-hijo, el seno materno puede prolongarse hasta los 2 años de vida o por el tiempo que la madre lo decida, y difícilmente alguien podría contradecirlo con argumentos científicos válidos.

Tipos de lactancia

✓ **Lactancia materna exclusiva**

Aquellas madres que dan a su bebé leche materna como único alimento.

En la actualidad, en el mundo en general, 40% de los bebés son amamantados exclusivamente con seno materno; en México solo lo hacen el 15%. Pésima cifra y quizá la peor de toda Latinoamérica.

✓ **Lactancia materna mixta**

Cuando, además de la leche materna, el bebé toma también otro tipo de leche.

✓ **Lactancia materna exclusiva o mixta, complementada**

Cuando tu bebé sigue una lactancia materna o mixta, y ha iniciado ya con otros alimentos.

✓ **Lactancia materna prolongada**

Cuando se amamanta al niño después de los 2 años de edad.

Ventajas generales

Después de décadas, o más bien dicho, siglos o milenios enteros, con miles de millones de madres, médicos y científicos dando testimonio de las ventajas del seno materno, no hay discusión alguna acerca de sus beneficios o ventajas. La lista de argumentos irrefutables que te podría mencionar fácilmente llenarían un libro entero, y por hoy solo te mencionaré las ventajas básicas. Ustedes mismos seguramente podrían agregar muchas ventajas más.

✓ Viene a la temperatura adecuada e ideal, para tomarse en cualquier momento.

✓ Está siempre disponible sin la necesidad de ningún método de preparación, refrigeración o conservación.

✓ Es biológicamente pura, estéril de bacterias y contaminantes.

✓ Además de su función nutricional, cumple un papel importante como vínculo afectivo, emocional y amoroso entre madre e hijo.

✓ El gasto por concepto de fórmulas lácteas durante los primeros dos años de vida de un bebé que no toma la leche de su madre, es una cantidad bastante considerable.

"La salud de tu bebé
bien vale cualquier esfuerzo"

"La lactancia materna es fuente de
vida y amor, mejora la calidad de vida
de la madre y del recién nacido,
además crea un vínculo sentimental
que mejora el desarrollo y autoestima
del bebé por toda su vida"

"Queremos que las nuevas generaciones
crezcan y se desarrollen sanas, bien alimentadas,
y llenas de amor. Para ello, nada mejor que
la leche de su madre". Dr. B. C. G.

Ventajas para el bebé

✓ La leche de su madre es la mejor opción para cualquier bebé.

✓ Contiene nutrientes específicos e ideales para un bebé de la raza humana, y no encontrados en la leche de ninguna especie animal.

✓ Un bebé alimentado con leche materna tendrá un mejor crecimiento físico y un desarrollo superior de sus funciones neurológicas y cognitivas.

✓ La leche materna será siempre mejor tolerada y absorbida que cualquier fórmula láctea, lo que se manifestará con menor vómitos, gases, cólicos o episodios de estreñimiento.

✓ Contiene anticuerpos que ayudan a evitar todo tipo de infecciones.

✓ Ayuda a prevenir alergias en tu bebé.

✓ El seno materno va cambiando la composición de su leche según la edad del bebé, y adaptándose a las diferentes necesidades de crecimiento y desarrollo.

Ventajas para la madre

✓ Una madre que amamanta a su bebé presenta una mejor y más rápida recuperación de sus órganos reproductivos.

✓ El amamantar disminuye el riesgo de presentar depresión postparto.

✓ Prácticamente el 99% de las madres pueden producir la leche suficiente para amamantar a su bebé como único alimento si así se lo proponen y siguen las recomendaciones adecuadas.

✓ El amamantar ayuda a proteger contra el cáncer de mama y ovario.

✓ Protege también contra la osteoporosis.

✓ Ayuda a recuperar más rápido la figura y el peso corporal.

✓ Disminuye el riesgo de sangrado postparto.

✓ El consumo calórico por amamantar equivale a 1 hora diaria de aeróbics.

✓ Ahorra el gasto constante y prolongado de fórmulas lácteas.

Posibles desventajas

El alimentar al seno materno a tu bebé está lleno de ventajas en todos los sentidos, aun así, para algunas mujeres también pudiera representar ciertas desventajas, a lo cual habremos de ser muy respetuosos:

✓ Alimentar a tu bebé exclusivamente con leche materna es una opción que puede ser bastante absorbente para ti, pues tendrás que dedicar bastante tiempo a tu bebé.

✓ Solo la madre, o en ocasiones una nodriza, pueden realizar esta función.

✓ Tienes que restringir salidas de casa frecuentes o prolongadas, y de hacerlo, tendrás que sincronizarte con los horarios de alimentación del bebé o extraerte leche para dársela en biberón.

✓ En caso de salidas necesarias, tendrás que llevar tu extractor de leche y el equipo necesario para almacenarla, conservarla y trasportarla para usarla a tu regreso o simplemente extraértela y desecharla.

✓ En caso de ausencias prolongadas, tendrás que recurrir a leche materna congelada, a una nodriza que done su leche o a fórmulas lácteas comerciales.

✓ Muchas mujeres sienten pena de amamantar a su bebé en público o frente a cualquier otra persona.

✓ El amamantar puede cambiar el aspecto de tus senos; pezón y areola se obscurece marcadamente; las glándulas de la areola crecen y dan un aspecto de pequeños granitos; aumento marcado en el tamaño de los senos al iniciar la lactancia, dejándolos más flácidos al final.

✓ Las grietas en pezones y areolas son frecuentes, el dolor y molestias que ocasionan pudieran ser tan intensos que algunas mujeres deciden suspender la lactancia por este motivo.

✓ Cada mujer a su criterio pudiera considerar algunos aspectos o situaciones relacionados con la lactancia materna, como inconvenientes o molestos.

Mi comentario

En efecto, es frecuente que si amamantas a tu bebé en forma regular, muy posiblemente tendrás alguna de las molestias mencionadas en esta lista, pero si comparas pros y contras, la atiendes tempranamente y sigues las indicaciones médicas, muy seguro pasará pronto y sin consecuencias de importancia. Por mucho, las ventajas para tu bebé, superan las posibles desventajas o contratiempos de la madre, quien siempre tendrá la última palabra, al decir "SÍ o NO amamanto a mi bebé".

Contraindicaciones

Las contraindicaciones para la lactancia materna pueden ser muy variadas; en los casos relacionados con la madre, pueden tratarse de causas adquiridas desde antes del embarazo, durante él o ya después del nacimiento durante la lactancia. De igual manera, tratándose De causas relacionadas con el bebé, pueden tratarse de problemas congénitos, otros adquiridos al momento del nacimiento y otros más adquiridos tiempo después.

Contraindicaciones relacionadas con la madre

La contraindicación más rotunda e indiscutible para la lactancia materna relacionada con la madre es la siguiente: **cualquier madre que por motivos personales decida no amamantar.**

Respecto a esa decisión, seguramente cada mujer tendrá sus propios motivos, por lo que en ningún momento deberá criticarse, ni hacer que se sienta culpable de no hacerlo. La única pregunta que personalmente realizo a cualquier madre que muestre indisposición a amamantar a su bebé es la siguiente: ¿tienes algún problema del que podamos platicar para tratar de ayudarte?

Si su respuesta sigue siendo el no hablar del tema, cambiamos la conversación ¡y listo! Aun así, al despedirnos siempre me pongo a la disposición de platicar de nuevo si se tiene alguna duda respecto a este tema.

Desde antes del embarazo

✓ Glándulas mamarias afectadas por problemas congénitos, algunos otros problemas secundarios a cirugía de senos, ya sea por enfermedad o por motivos estéticos, traumatismos, etc.

✓ Enfermedades severas de cualquier tipo, infecciosa o no, o pacientes que se encuentren en estado terminal.

✓ Madres con VIH o SIDA.

✓ Ciertas enfermedades mentales que pudieran manifestarse con agresividad hacia el bebé.

✓ Madres con pérdida de la conciencia o crisis convulsivas en forma no predecible deberán amamantar a su bebé siempre acompañadas de otra persona adulta.

Durante el embarazo o después del nacimiento

✓ Infección aguda de senos (mastitis) o del pezón y areola, ya sean por bacterias o virales como el herpes, etc. (el bebé puede alimentarse del otro seno si se encuentra sano).

✓ Ingesta de algunos medicamentos que pueden pasar por la leche materna y ocasionar problemas al bebé, como substancias radioactivas, algunas hormonas, quimioterapia, algunos sedantes, anticonvulsivantes, opiáceos, etc. (checar capítulo de Medicamentos y lactancia materna).

✓ Adicciones severas a drogas, incluyendo la marihuana, alcohol e incluso al cigarro, que por ser tan frecuentes y comunes hago los siguientes comentarios especiales.

Consideraciones sobre el tabaquismo:

✓ Además de disminuir la cantidad de leche materna, la nicotina se trasmite a tu bebé a través de la leche de tu pecho.

✓ La nicotina absorbida por cigarros electrónicos de vapor también afecta a tu bebé de la misma manera.

✓ Si te ha sido imposible dejar de fumar, y consumes menos de 5 cigarrillos al día, aliméntalo antes de fumar o espera al menos una hora después de haber fumado para amamantar a su bebé.

✓ Mas de 5 cigarrillos al día debe considerarse seriamente el suspender el seno materno. Habrás de decidir si para ti es más importante el fumar o el dar seno materno a tu bebé.

Consideraciones sobre el alcohol y drogas

✓ Los niveles de alcohol alcanzan su máxima concentración entre 60-90 min. después de haber ingerido entre 1-3 bebidas, por lo que es recomendable esperar al menos 3 h. después de haber tomado la última bebida para amamantar a su bebé.

✓ El alcohol y algunas drogas, pueden alcanzar las mismas concentraciones en leche materna que las de la sangre.

✓ Si tomaste una sola cerveza, es preferible que esperes al menos 2 h. para amamantar a tu bebé, y si tomaste 4 o más bebidas o fumaste marihuana, es preferible esperar entre 6-8 h. (lo cual equivale a suspender 2 tomas) o aliméntalo antes de consumirlos.

✓ En el caso de suspender una o más tomas de pecho, te recomiendo extraer la leche y desecharla.

✓ Otras drogas o sedantes pudieran requerir, según el caso, suspender la leche materna por 24 o más horas e incluso suspenderla definitivamente.

✓ Si esta mala práctica se repite dos o más veces a la semana, para evitar un daño a tu bebé, te recomiendo suspender definitivamente la lactancia.

Mi comentario

Algunas de las circunstancias aquí mencionadas u otras no incluidas en este texto podrían ser valoradas en lo particular para cada paciente, buscando la posibilidad de amamantar ocasional o parcialmente a tu bebé o de extraer tu leche y ser administrada por otra técnica que no sea la succión directa al pecho materno. Al no permitirse legalmente el investigar el efecto de las drogas sobre madres embarazadas o amamantando, aún desconocemos bastante sobre el tema, por lo cual, ante cualquier duda, es preferible suspender la lactancia materna antes que ocasionarle un daño al bebé. El hacer caso omiso a estas recomendaciones y alimentar a tu bebé a pesar del consumo de estas substancias pudiera incluso ocasionarle un daño permanente.

Contraindicaciones relacionadas con el bebé

La presentación de alteraciones o padecimientos en el recién nacido, que indiquen la suspensión temporal o definitiva de la lactancia materna, son muy poco frecuentes. A continuación te mencionaré solo algunas de ellas. En algunos casos no es la lactancia materna la que se encuentra contraindicada, sino la succión directa al pecho. Para la mejor comprensión de aquellas enfermedades o problemas del recién nacido que pudieran causar una suspensión provisional o definitiva de la lactancia materna, las dividiremos en dos grupos;

✓ Problemas congénitos o hereditarios del recién nacido
✓ Problemas adquiridos a partir del nacimiento

Problemas congénitos o hereditarios del recién nacido

Hay ciertos padecimientos hereditarios o congénitos que, dependiendo de sus características, nos hacen adoptar ciertas técnicas especiales, otros que nos llevan a la necesidad de utilizar algunos accesorios, y en algunos casos a la suspensión temporal o definitiva de la lactancia materna. Seguramente tu pediatra los identificará adecuadamente y será quien gire las indicaciones específicas para cada caso en especial.

✓ **Recién nacidos con algunas enfermedades graves, infecciosas o no, que estén comprometiendo funciones vitales y tengan en riesgo su vida.**
Algunos bebés podrían tomar pequeñas cantidades de leche materna a través de una sonda, a pesar de estar sedados o en un ventilador mecánico.

✓ **Ictericia neonatal severa**
Cifras de bilirrubina muy elevadas pueden contraindicar temporalmente la leche materna.

✓ **Recién nacido con galactosemia o fenilcetonuria**
Requerirá una fórmula especial sin galactosa o fenilalanina respectivamente.

✓ **Recién nacidos de muy bajo peso al nacer**
Bebés con peso menor de 1,500 gr. al nacer pueden requerir complementar la leche materna con fórmulas especiales o fortificantes, así como apoyarse el algunos accesorios como sondas, alimentador, chupones especiales.

✓ **Labio paladar hendidos**
Requerirá de la adaptación de un chupón especial que selle la fisura de su paladar y evitar así que la leche se vaya hacia la nariz.

✓ **Síndrome de Down**

Estos pacientes no tienen contraindicada la lactancia materna, pero quizá presenten una succión débil y lenta que requiera de mucha paciencia e insistencia o el uso de un alimentador.

✓ **Síndrome de Pierre Roban**

Estos casos cursan con un maxilar inferior pequeño y posible alteración de la lengua que podrían ocasionar una alimentación lenta y pausada, o quizá requieran del uso de un alimentador.

✓ **Problemas del tubo digestivo**

Algunos problemas del tubo digestivo que podrían requerir de cirugía o algunos manejos especiales y quizá de una suspensión temporal de la alimentación.

✓ **Problemas del aparato respiratorio**

Cualquier problema que ocasione dificultad respiratoria posiblemente necesitará una alimentación por sonda que evite una posible broncoaspiración.

✓ **Infecciones congénitas**

Aquellas infecciones en el recién nacido adquiridas desde antes de nacer a través de la sangre de su madre o por el líquido amniótico infectado, pudiendo llegar a representar un riesgo serio la vida del bebé y debido a su condición general, quizá sea necesario el suspender la alimentación oral.

✓ **Problemas del sistema nervioso**

Algunos problemas del sistema nervioso pueden acompañarse de succión débil o ausente y requerir alguna técnica especial.

Problemas adquiridos a partir del nacimiento

Aún sin padecer de ningún problema hereditario o congénito que contraindique la leche materna, algunos problemas pueden agregarse horas o después del nacimiento, y por su tipo o intensidad podrían evitar que tu bebé pueda alimentarse por vía oral. Te aclaro que prácticamente todas las contraindicaciones en este grupo se tratan de bebés que por algún motivo no pueden comer, y no por el hecho de tratarse de leche materna.

✓ Cualquier problema grave que altere las funciones vitales y pongan en riesgo la vida del bebé.

✓ Cualquier bebé que por cualquier motivo tenga contraindicada la alimentación por vía oral.

Seno materno en situaciones especiales del bebé

Dependiendo de las condiciones del bebé, algunos podrán recibir leche materna, aunque deberá ser por algún método diferente a la succión directa al pecho, ya sea por sonda, gotero, alimentador, infusión continua, apoyados con algún accesorio, etc., como podrían ser bebés con problemas de succión o deglución, prematuros, sedación, post-operados o bebés manejados en ventilación mecánica, etc. Habiendo disposición y actitud de hacerlo, muy seguramente tendremos una alternativa para cada caso en especial.

Cuánta leche producen los pechos maternos

Los senos maternos pueden producir una cantidad de leche que puede ser variable de una mujer a otra, de un día a otro, y siempre relacionada con varios factores y circunstancias. A continuación te mencionaré algunas variables:

✓ **Estado de salud física y mental de la madre**

Las condiciones de salud de la madre después del nacimiento son un factor que pudiera influir en la cantidad de leche producida, especialmente cuando se trata de padecimientos graves o aquellos que cursan con deshidratación. El estar grave contraindica la lactancia materna, y al no recibir el estímulo necesario, el pecho disminuye parcial o totalmente su producción. Aun en casos graves, el pecho sigue produciendo leche por influencia hormonal, y es común que se tenga que frenar la lactancia. Durante algún problema mental, los senos siguen su producción normal de leche.

✓ **Respuesta hormonal de la madre**

La respuesta hormonal es la principal causante de la lactancia materna. Son el hipotálamo y la hipófisis, los causantes de la secreción de hormonas productoras de leche, aunque hay varias que pueden influir, es la prolactina la responsable del mayor estímulo a las glándulas mamarias para que produzcan leche.

✓ **Tamaño de los senos maternos**

Es muy común que aquellas mujeres de senos pequeños pongan en duda la capacidad de su lactancia, mientras que aquellas con grandes senos quizá excedan sus expectativas. **El tamaño de los senos NO está relacionado con la cantidad de leche que producen**. La gran mayoría de mujeres cuentan con una cantidad de glándulas mamarias muy similares, mientras que el tamaño de los senos se relaciona principalmente con una mayor cantidad de grasa. De hecho, un seno de tamaño pequeño o moderado puede ser más fácil y cómodo para adaptarse a la boca del bebé.

✓ **Estímulo que reciben los pechos (succión)**

La succión directa del bebé sobre el pecho materno es un poderoso estímulo para producir leche. El pezón y la areola cuentan con receptores nerviosos muy sensibles que estimulan la liberación de hormonas productoras de leche. La falta de succión directa al pecho lleva a una disminución progresiva de leche hasta dejar de producirla.

✓ **Cantidad de líquidos que la madre ingiera**

Al estar perdiendo una gran cantidad de líquido en forma de leche, la madre puede llegar a deshidratarse, por lo cual es muy importante tomar el suficiente líquido. La ingesta baja de líquido puede ser motivo de una disminución del volumen de leche materna.

✓ **Alimentación materna**

Mientras una madre tome la suficiente cantidad de líquidos, producirá una cantidad de leche también suficiente. El no comer adecuadamente y llegar al caso extremo de una desnutrición, pudiera influir en la calidad de leche que produzca, aunque el cuerpo de la madre primeramente sacrifica su salud, antes que restar nutrientes a la leche de sus pechos.

✓ **Actividad física de la madre**

La actividad física de la madre no disminuye el volumen de leche que produce, a menos que no reponga la cantidad de líquido perdido por sudor o la cantidad de calorías que gasta.

✓ **Condiciones ambientales**

Las madres que viven expuestas a climas extremos, como calores por encima de los 45° C, o fríos extremos por debajo de los 0° C, habrán de tener cuidados y precauciones también extremas para evitar que su lactancia se vea afectada.

Horarios de alimentación

Acerca de los horarios de alimentación de tu bebé, habrás de tomar en cuenta las siguientes consideraciones:

✓ Podemos ser flexibles y no es necesario llevar un horario estricto.

✓ Habremos de sincronizar los horarios de alimentación de tu bebé con sus hábitos de sueño para evitar el tener que despertarlo para comer. El dormir también alimenta.

✓ Los requerimientos, necesidades y hábitos de cada bebé pueden variar.

✓ El tiempo entre una toma y otra siempre variará según la cantidad de leche que el niño tome.

✓ La frecuencia entre tomas puede ser más corta en niños que toman seno materno exclusivamente.

✓ Si la toma anterior fue rápida y escasa, seguramente pedirá de comer antes de tiempo, y al contrario, si comió abundante y prolongado, seguramente tardará más tiempo en pedir de nuevo.

✓ Aquellos niños que combinan leche materna y fórmulas, o quienes solamente toman fórmula, pueden alargar el tiempo entre cada comida.

✓ Cuando un niño toma seno materno e inicia con otros alimentos diferentes a la leche (ablactación), los horarios pueden cambiar.

Recién nacidos

Es normal que los ciclos de sueño de un bebé recién nacido se encuentren volteados respecto a los de su madre, durmiendo de día, queriendo comer y estar despierto durante la noche, lo cual irá cambiando poco a poco al cabo de varios meses, mientras tanto, será la madre quien tendrá que adaptarse a los horarios del bebé. **Es normal que tratándose de los primeros días, cuando la madre produce apenas pequeñas cantidades de calostro, el bebé pida comer más frecuentemente.**

Horarios aprox. de comida en un bebé que toma lactancia materna exclusiva:

✓ 1-7 días de vida cada 1-3 h. día y noche

✓ 2ª a 4ª semana de vida cada 2-3 h. día y noche

✓ 1-2 meses de vida cada 2-4 h. día y noche

✓ 2-6 meses de vida cada 2-4 h. **Procurar no alimentarlo ya durante la noche**

Cada madre y su bebé, irán ajustando sus horarios propios.

Bebé que toma lactancia materna complementada con fórmula:

✓ Recién nacido a 2 meses vida cada 2-4 h. día y noche

✓ 2-6 meses de vida cada 2-4 h. **Procurar no alimentarlo ya durante la noche.**

Cada madre y su bebé irán ajustando sus horarios propios.

Bebé que ya come alimentos diferentes a la leche

Debes darle la leche siempre hasta el final, al haber terminado su comida.

✓ 6 meses en adelante 5 comidas repartidas durante el día.
Procurar ya no alimentarlo durante la noche.

Los horarios son flexibles, y si tu bebé duerme, espera a que despierte solo.

 *Mi comentario*

A partir de los 2 meses de edad, en bebés de ambos grupos puedes intentar ya no darle de comer durante la madrugada, dejando su última comida a las 11:00-12:00 de la noche para reiniciar la mañana siguiente a partir entre las 06:00-08:00 a.m. **¡Ufff! ¡Un descanso para ambos padres!** Seguramente tu bebé pedirá comida, pero puedes ir suspendiendo las tomas de la noche, primeramente ofreciéndole una pequeña cantidad de agua, y varios días después ofrecerle solamente el chupón, para que finalmente dejes de alimentarlo por las madrugadas. Si insiste, no lo cargues ni lo atiendas, déjalo que solo se duerma de nuevo, y pronto irá adaptándose a sus nuevos horarios de alimentación. Ten un poco de paciencia y no te rindas al primer llanto de tu bebé. Es importante saber que cada bebé es diferente y único, por lo cual mes a mes, juntos habremos de ir tomando las mejores decisiones e irnos adaptando a las prácticas que en él están funcionando.

Cuidados y aseo diario del pecho

Es muy importante que sepas asear tus pechos antes de alimentar a tu bebé, pues además de ayudar a prevenir enfermedades en tu niño, también evitará algunos problemas y complicaciones en ti como madre, y ambos se verán beneficiados.

Recomendaciones generales

✓ Puedes bañarte con jabón de baño común.

✓ Al bañarte, enjabona tus senos normalmente sin tallar ni insistir en los pezones (el hacerlo resecará y dañará tu delicada piel).

✓ Antes de amamantar, limpia el pezón y la areola suavemente sin tallar, solo con algodón y agua tibia.

✓ Al terminar de amamantar, limpia nuevamente de la misma manera (es importante limpiar restos de leche y saliva para evitar complicaciones).

✓ Finalmente, aplica Lanolina o crema especial para senos (como alternativa puedes usar crema corporal o vaselina común).

✓ Usa un brasier amplio especial para madres que amamantan, son sus respectivos accesorios (concha protectora de pezón y cojinetes desechables para mantener tus senos secos).

✓ Grietas, irritaciones u otros padecimientos requieren manejo específico (checar más adelante en Padecimientos frecuentes de los senos).

Preparativos previos a amamantar

Antes de iniciar una sesión de alimentación al seno materno, es importante considerar las siguientes recomendaciones con el fin de tener un momento agradable tanto para ti como para tu bebé:

✓ Corroborar que ya tenga la suficiente hambre.

✓ Despertarlo con caricias, palabras suaves.

✓ Checar que su pañal se encuentre limpio y su ropa esté cómoda.

✓ Preparar un ambiente adecuado en la habitación, con luz tenue, temperatura templada, y algo de música suave.

✓ Viste la ropa adecuada para la ocasión.

✓ Por unos momentos te invito a que reflexiones sobre el gran privilegio que tienes como mujer de poder amamantar a tu bebé.

✓ Disponte a pasar un rato agradable e inolvidable

Cómo invitarlo a que coja el pecho

Habiendo pasado ya por los preparativos antes mencionados, el primer paso para iniciar una sesión de alimentación al pecho debe ser el invitar a tu bebé de la mejor manera:

✓ Masajea suavemente ambos pechos.

✓ Toca suavemente con tus dedos sus labios y mejillas, estimulando su reflejo de succión.

✓ Exprime suavemente el pezón del pecho con el que iniciarás hasta sacar una gota de tu leche.

✓ Acerca tu pezón a su nariz y boca para que huela tu piel y pruebe tu leche.

✓ ¡Listo! A disfrutar de uno de los momentos más hermosos de la maternidad.

Cómo alternar adecuadamente ambos pechos

Es importante que cuando amamantes a su bebé, inicies con un pecho diferente cada vez, o sea que si la vez anterior iniciaste con el pecho izquierdo, en la siguiente ocasión lo hagas con el derecho. Esto puedes recordarlo poniendo una marca en su brasier, ya sea con un pequeño listoncito, con un brochecito de seguridad o con cualquier marca que decidas poner.

La mayoría de las madres inician automáticamente del pecho izquierdo y si su niño se queda dormido pronto, sin cambiar de lado, dejará estimulado solo este lado y el pecho derecho quedará lleno de leche sin haber recibido estímulo. Eso te ocasionará rápidamente molestias en el pecho congestionado y al poco tiempo notarás uno de tus pechos más grande que el otro y con mayor producción de leche. Independientemente de cuánto tiempo dure comiendo tu niño, debes darle la misma cantidad de cada pecho, y la manera de lograrlo es cambiando de pecho cada 5 minutos y así si su niño dura comiendo 20 minutos, estará repartido en 10 de cada lado. De esta manera tratamos de evitar que al comer más de un pecho que del otro, un pecho crezca más (lo cual es bastante común).

Cómo saber si el bebé se llenó

Difícilmente podremos saber exactamente en qué momento un bebé se llena, pero sí podremos observar las "SEÑAS" que nos sugieren que ya se encuentra satisfecho.

Tu bebé recién nacido, y durante sus siguientes meses, generalmente se tomará 1 onza de leche por cada kilo que pesa, o a veces una de más o una de menos, aunque esto variará en cada niño. Si tu bebé está tomando seno materno como único alimento, no será fácil calcular el número de onzas que ha tomado, y para saber si comió lo suficiente, nos basaremos principalmente en las "SEÑAS" de satisfacción que presente. Es preferible dar la leche materna directamente del pecho, aunque no sepas cuánta has producido en esa ocasión, pero si por algún motivo existe algún impedimento para ello, y te extraes la leche para dársela con mamila, te será más fácil medirla y calcular cuánto se toma en cada comida.

✓ Notarás al bebé satisfecho, tranquilo y sin ganas de succionar más.

✓ Verás su abdomen un poco más globoso.

✓ Si toma mamila, verás que ha tomado aprox. 1 onza por cada kilo que pesa.

✓ Si toma pecho, los sentirás vacíos.

✓ Se quedará tranquilo al menos por dos horas.

✓ El orinar y evacuar nos indica que comió lo suficiente.

✓ El crecer y ganar peso adecuadamente nos indican que está comiendo lo suficiente.

Cómo sacarle los gasecitos

Antes que nada, es importante entender que hay dos tipos de gases que tu bebé puede arrojar, son diferentes entre sí en cuanto a sus características y su origen. Recuerda que durante sus primeros 3-4 meses de vida, los malestares gastrointestinales, y en especial tanto aire y gas dentro de su pancita, son la causa número uno de llanto y malestar. Sacarle bien el aire deglutido y los gases será un procedimiento que deberás dominar para que esta difícil etapa de adaptación sea menos incómoda para ambos.

El no entender esto correctamente y no saberlo manejar, no tener la suficiente paciencia para sobrellevar esta etapa de adaptación gastrointestinal, una madre mal informada o un pediatra con poca experiencia, pueden llevar a que una madre suspenda el seno materno, ocasionar múltiples cambios de leches, varios medicamentos e incluso cambiar varias veces de médico. Finalmente, todo esto mejorará notablemente después de los 3-4 meses de vida, y quizá tú justifiques la mejoría al medicamento o leche que se encuentre tomando en ese momento y al médico en turno que esté atendiendo a tu bebé.

Me encanta recibir pacientitos cuando llegan a esa edad, pues todos mejorarán notablemente el siguiente mes, mientras que al atenderlos sus primeros 3 meses de vida, habré de insistir repetidamente en toda esta información y buscar la forma de tranquilizarlos. Una vez más te recuerdo: la mejor medicina se llama: paciencia-tiempo-leche materna.

Los eructos

Es la forma más común y se presenta al momento de estar comiendo y los siguientes minutos; se origina del aire que tu bebé está tragando, ya sea por las comisuras de los labios o pequeñas cantidades que va tomando del mismo aire que respira. Una parte de ese aire se elimina normalmente en forma de eructo minutos después de haber sido tragado, mientras que el resto avanzará por todo el tracto gastrointestinal, y, mezclado con los alimentos, buscará otra salida más adelante.

✓ Carga al bebé sobre tu pecho, en posición casi vertical o inclinado hacia arriba, recuerda que el aire tiende a subir.

✓ Flexiona o "enconcha" un poco la palma de tu mano, formando un espacio hueco.

✓ Dar palmaditas (percusiones) suaves, ni tan fuertes que molesten o sacudan a tu bebé, ni tan suaves que resulten inefectivas (la percusión generará una onda de vibración que desplazará el aire hacia arriba y ayudará a eructar el aire tragado).

✓ Alternar el tiempo a partes iguales entre espaldita y pecho del bebé.

✓ Percutir durante 1-2 minutos, repitiendo la maniobra cada 1-2 onzas de leche que tome o cada 5 minutos de pecho al cambiar de seno.

✓ Al terminar de comer sigue percutiendo por 5-10 minutos más.

Los cuetitos o peditos

Además del aire que tu bebé tragó durante la alimentación, el mismo proceso químico de la digestión, debido al gran número de enzimas y ácidos que provienen del hígado, páncreas y del mismo intestino, terminan por formar gases que serán expulsados por el ano en forma de cuetitos.

A diferencia de los eructos, estos gases tienen un olor más fuerte, se forman entre los siguientes 30 minutos y 2 horas después de haber terminado de comer, huelen un poco mal, y habrán de ser eliminados por el ano. Los gases en tu bebé se pueden detectar fácilmente, escuchando el gorgoreo del aire en su pancita, además de los movimientos sugestivos de inquietud o molestia.

✓ Siéntate con tus muslos juntos con una colchita gruesa encima, y coloca a tu bebé boca arriba sobre ellos, o acuéstalo en su cunita, siempre en posición inclinada, más alta su cabecita que el resto del cuerpo.

✓ Masajea suavemente su pancita con la yema de tus dedos, con movimientos similares a tocar el piano.

✓ Presiona suavemente, sumiendo tus dedos aproximadamente 1 cm., y viendo que no moleste a tu bebé.

✓ Gira tu mano de posición por toda su pancita, en el sentido que giran las manecillas del reloj.

✓ Realiza varias vueltas aprox. durante 2-3 minutos en total.

✓ Rota a tu bebé cada 2-3 min. alternando bocarriba y bocabajo por varias veces.

✓ Finalmente, al cabo de 5-10 min., seguramente tu niño habrá arrojado varios cuetitos que lo harán sentirse menos molesto.

✓ Puedes repetir estas maniobras varias veces al día, y tú misma irás viendo los momentos y las formas que más le benefician a tu bebé.

Tu bebé será justo contigo (no siempre), y si le sacaste correctamente los gasecitos, te premiará con una tranquila siesta y hará que sientas que estas maniobras valieron la pena, de no ser así no te me agüites (expresión muy comúnmente usada por acá en el norte de México), quizá para la siguiente comida sea más justo.

Cómo producir más leche

Como ya te mencioné anteriormente, los pechos producen calostro desde antes del nacimiento, y durante los primeros 2-3 días después del nacimiento, después de lo cual, como respuesta al estímulo directo del pecho y el efecto hormonal, inicia la producción progresivamente mayor de leche materna. Generalmente, hay una mejor y más rápida producción de leche cuando el nacimiento fue por PARTO, en comparación de aquellos nacimientos por operación CESÁREA.

Para que esta producción se lleve a cabo exitosamente, debe estar presente el estímulo de la succión directa al pecho, idealmente desde las primeras horas después del nacimiento, y continuar en forma insistente antes que tratar de complementar con fórmulas en polvo. Para una adecuada producción de leche materna se deberán combinar varios factores. Afortunadamente, casi la totalidad de las madres producen leche, que aunque en menor o mayor cantidad, puede ser suficiente para su bebé, siempre y cuando cumpla con insistencia estas tres reglas mágicas que considero como casi infalibles.

✓ **Estímulo directo e insistente del bebé sobre los senos maternos**
Alimentar al bebé con SENO MATERNO EXCLUSIVAMENTE da un mayor estímulo sobre el pecho, y en consecuencia producirá una mayor cantidad de leche que aquellos bebés que se complementan con fórmula.

✓ **Adecuada producción de hormonas**
Toda madre sana que cumpla con las otras dos reglas mágicas, seguramente producirá las hormonas suficientes para una adecuada lactancia.

✓ **Ingesta suficiente de líquidos en la madre**

La materia prima para producir leche materna es la ingesta adecuada y suficiente de líquidos en cualquiera de sus formas , y si no se ingiere en forma suficiente, repercutirá inmediatamente sobre la cantidad de leche producida.

Acerca de la producción de leche materna, hay un gran número de mitos en nuestro país. Todos ellos se trasmiten de boca en boca o de una generación a otra, y en su gran mayoría sin tener ningún fundamento científico; muchas madres se dejan llevar y los practican. Afortunadamente, casi todos ellos son inofensivos para el bebé.

✓ **Tomarse una cerveza a diario**

Las azúcares de la cebada, componente de la cerveza, puede aumentar levemente la producción de leche materna, pero el alcohol puede disminuirla y ocasionar otros problemas en el bebé, por lo tanto, la Academia Americana de Pediatría recomienda no tomar cerveza al estar amamantando, o tomar cerveza sin alcohol.

✓ **Tomar agua de alfalfa**

Algunas personas relacionan la alfalfa con la lactancia materna por ser el principal alimento de las vacas de ordeña, mas no por eso aumentarán la producción de leche en el humano. **Su uso durante el embarazo y la lactancia incluso está contraindicado** por su efecto sobre los estrógenos, presencia de pesticidas, hongos, etc.

✓ **Tomar tabletas de levadura**

La levadura de cerveza es un alimento de origen natural e inofensivo que puede tomarse durante la lactancia; se le atribuye cierta ayuda en la regeneración de tejidos y el ayudar en estados de depresión y ansiedad, disminuir el colesterol sanguíneo, y mejorar el tránsito intestinal. Hay quien recomienda tomar 2 tabletas 1-2 veces al día, con algunos beneficios y sin riesgos para la madre o el bebé.

✓ **Tomar diariamente atole de maicena**

El atole de maicena esta hecho de maíz, el cual es un alimento bastante completo, nutritivo y muy común en México. Su consumo puede ayudar a producir leche materna, al igual que cualquier otro alimento rico en nutrientes, calorías y que aporta líquidos.

✓ **Tomar abundante leche de vaca**

El tomar abundante leche de vaca puede aumentar la producción de leche materna, al igual que cualquier otro alimento que aporta calorías, nutrientes y líquido. Si tu dieta no incluía lácteos, no es necesario que los inicies.

 *Mi comentario*

Inmediatamente antes de sentarte a amamantar a tu bebé es muy recomendable el hacerlo junto con un buen vaso de agua, jugo o bebidas preferentemente naturales y que NO contengan sustancias estimulantes como el alcohol, la cafeína (café y refrescos embotellados), teofilina (té negro o mate), teobromina (chocolate) o bebidas energizantes. Te recomiendo que incluyas en la pañalera de tu bebé un buen termo que te acompañe a donde vayas. Es importante saber distinguir desde un principio aquella información que verdaderamente tiene sustento científico y beneficios demostrados, en comparación con aquellos consejos caseros, mitos populares o recetas de la abuelita.

Duración de cada sesión de pecho

Así como variará la producción de leche de una mujer a otra, de un día a otro, también lo hará la capacidad de succión y las necesidades nutricionales de cada bebé, por lo cual la duración de cada sesión de pecho puede variar fácilmente de una toma a la otra, dependiendo de factores tanto de la madre como del bebé. Un poco más atrás, en este mismo capítulo, podrás leer acerca de cómo saber si tu bebé ya se llenó, y el ver que ya lo ha hecho es más importante que los minutos que marque tu reloj. En general puedo decirte lo siguiente:

✓ Los primeros días de vida el bebé duerme mucho y come poco.
✓ Conforme más leche produzcas también tu bebé irá pidiendo más.

✓ Una sesión de pecho dura aprox. entre 15-40 min.

✓ Si se duerme de inmediato, despiértalo e insiste, o de lo contrario estará pidiendo comida nuevamente muy pronto.

✓ Diviértete, disfrútalo y no trates de ser tan rígida con los horarios.

✓ Cada bebé es diferente y único, e irá marcando sus tiempos y formas.

✓ Te aseguro que en tan solo unos días serás toda una experta.

Hasta qué edad amamantar al bebé

La leche de pecho cubre todas las necesidades nutricionales de tu niño durante sus primeros 6 meses de vida. Después de esta edad puedes continuar amamantándolo al mismo tiempo que le das otros alimentos, según el esquema de ablactación que te dé tu pediatra. El seguir amamantando a tu bebé hasta el año de edad es considerado como excelente, y el continuar el seno materno hasta que tu niño cumpla 2 años sigue presentando algunas ventajas, aunque cada día son menos las madres que siguen esta práctica.

Si así lo decides, puedes continuar amamantando a tu bebé después del año de edad, y tu leche sigue siendo provechosa, siempre y cuando no sustituya sus demás alimentos. Si por tomar seno materno deja de comer sus alimentos, quizá es momento ya de suspender la lactancia.

Alimentación de la madre que amamanta

La alimentación de una madre que amamanta a su bebé deberá contar con algunas diferencias importantes que habrás de considerar.

Es importante que toda madre que amamante reciba una alimentación completa, equilibrada, sana y muy abundante en líquidos. De ser posible consulta a un nutriólogo que domine el tema, acerca de qué tipo de dieta debes seguir para recuperar de nuevo tu peso sin afectar la lactancia de tu bebé.

Recomendaciones generales

✓ Aliméntate de la manera más sana posible.

✓ Si piensas amamantar a tu bebé, y a la vez recuperar tu peso normal, es buen momento para consultar a un(a) especialista de nutrición y hacerlo correctamente.

✓ Tu alimentación debe incluir abundantes líquidos.

Alimentos que debes evitar

✓ **Bebidas alcohólicas de cualquier tipo o postres y alimentos que las contengan**

El alcohol pasa fácilmente al niño a través de la leche materna, ocasionándole efectos indeseables, y puede alcanzar en la leche, la misma concentración que se tiene en sangre.

✓ **Refrescos embotellados o bebidas que contengan cafeína**

En México, muchos refrescos de Cola o incluso de otros sabores contienen cafeína, la cual, al pasar al bebé por la leche materna, puede ocasionarle varias alteraciones como excitación, nerviosismo, temblor, taquicardia, irritabilidad y llanto frecuente, que suele atribuirse con otras causas.

✓ **Café, té negro, mate o chocolate**

La cafeína del café, la teofilina del té y la teobromina del chocolate son sustancias muy similares y químicamente pertenecientes al mismo grupo que fácilmente pueden alterar al bebé, ocasionándole llanto, irritabilidad e insomnio.

✓ **Chile y condimentos en excesos**

Evita los excesos de pimienta, ajo, chiles u otros condimentos fuertes que pudieran ocasionarte malestar o pesadez, pues muy seguramente pudieran también ocasionar molestias a tu bebé.

✓ **Otros**

Se han reportado otros alimentos como el brócoli, coliflor y el repollo que, al consumirse durante la lactancia, pueden también ocasionar cólicos intestinales en el bebé, aunque no encuentro estudios científicos que lo avalen. Acerca de los productos lácteos, cítricos, puerco, camarones y mariscos en general no se tienen reportes de ningún tipo de reacciones en el bebé, a menos que la madre presente alguna alergia a estos alimentos. Si el bebé ha iniciado ya con alimentos diferentes a la leche, y presenta alergia específica a algún alimento, la madre que lo amamanta deberá suspender también ese alimento y sus derivados.

Mi comentario

Si notas que algún alimento te cae mal o que al comerlo le afecta también a tu bebé de alguna manera, suspéndelo y observa si mejoran los síntomas. Después de una semana reinícialo de nuevo, y si notas que los síntomas en tu bebé regresan, suspéndelo definitivamente hasta que lo comentes con tu pediatra en la próxima consulta.

Extracción de la leche materna

Cada vez es más común que las madres trabajen y tengan la necesidad de salir un tiempo de su hogar, o que presenten alguna situación que les impida amamantar parcial o totalmente a su bebé. Es para esos casos que tenemos varias alternativas, como extraer la leche en forma manual o con extractores mecánicos o eléctricos. Para ello, en la actualidad contamos con un amplio surtido de bombas de extracción, algunas más complejas y equipadas que otras, caseras o profesionales, de costos variables y fáciles de adquirir. Las causas por las cuales no es posible amamantar directamente al bebé pueden ser muy variadas, y aunque aquí te mencionaré algunas de las más frecuentes, cada bebé o cada situación deberá ser valorada en lo particular:

Causas maternas

✓ Problemas en el pezón o areola que impidan la succión directa al pecho o a través de una pezonera.

✓ Mastitis o enfermedades pasajeras del pecho que requieren extraer y tirar la leche, pero que al mejorar puede reiniciarse la lactancia.

✓ Madre que se apena amamantar en la vía pública o frente a otras personas, y desea llevar su leche en un biberón.

✓ Madre que consumió alcohol o drogas y requiere sacar su leche por una o varias tomas y desecharla.

Causas del bebé

✓ Succión débil o ausente por prematurés o enfermedad.

✓ Bebés que por varios motivos son alimentados por sonda a través de la nariz, boca o por sonda directa al estómago (gastrostomía).

✓ Niños sedados por cualquier motivo o conectados a un ventilador mecánico, y que puedan ser alimentados.

Otras causas

✓ Mujeres que se extraen leche para alimentar a otros bebés (nodrizas).

✓ Madre que por cualquier motivo se encuentra separada del bebé, o si este no puede tomar su leche y requiere de ser extraída y congelada para uso posterior.

Extracción manual

Esta técnica es la más fácil y sencilla, pues se puede realizar sin la ayuda de ningún aparato o accesorio, en cualquier parte, y al alcance de cualquier madre. Ha funcionado durante siglos y por sus bondades, lo sigue haciendo hasta el momento actual.

Es importante que esta maniobra se realice con suavidad, sin lastimar o forzar los pechos, pues con la intención de lograr una mayor cantidad de leche, es común que ello suceda. Además de una técnica sencilla para alimentar a tu bebé, puede utilizarse también como una maniobra de "emergencia" para vaciar los pechos congestionados y repletos de leche en un momento determinado en que sientas gran molestia y el bebé no pueda ser alimentado aún.

1. La aplicación de un fomento caliente durante unos minutos es útil.

2. Masajea suavemente ambos pechos con las yemas de tus dedos.

3. Si la leche será consumida por el bebé, primeramente lava bien tus manos y limpia tus pechos con algodón y agua.

4. Los recipientes o utensilios que están en contacto con la leche deben ser lavados y esterilizados de la misma manera que cualquier biberón, y mantenerse libres de polvo y suciedades de cualquier tipo.

5. En una posición cómoda, inclina tu espalda hacia enfrente para que tus pechos cuelguen un poco, presiona moderadamente tus senos de atrás hacia enfrente tratando de exprimirlos sobre el recipiente.

6. Repite la maniobra alternando ambos senos varias veces, hasta ver que ya no te salga leche y sientas los pechos vacíos.

7. Evita presionar de más o lastimar tus pechos.

8. Almacena o desecha la leche según sea el caso.

9. Esta maniobra bien realizada puede extraer igual o más leche que cualquier otro método.

Extracción mecánica

La técnica de extracción mecánica de leche materna es muy común, fácil, y debido a sus costos muy razonables, generalmente al alcance de casi todas las personas. Puede realizarse con un extractor manual o con uno eléctrico, ya sea portátil de pilas o uno conectado a la corriente eléctrica. Ambos son fáciles de operar y de asear. La parte más importante es el mantener el equipo en óptimas condiciones de limpieza y evitar así una posible contaminación que podría ocasionar una infección intestinal a su bebé. Actualmente, contamos con equipos de diferentes marcas y tipos, para lo cual te recomiendo leer cuidadosamente las instrucciones de uso y conservación que vienen en cada producto.

1. Sigue los primeros 4 pasos mencionados en el párrafo anterior de extracción manual.

2. En una posición cómoda, inclina tu espalda hacia enfrente para que tus pechos cuelguen un poco, coloca el extractor en uno de tus senos, aciónalo manualmente

—o si es eléctrico, enciéndelo—, siguiendo siempre las instrucciones de cada dispositivo.

3. Repite la maniobra alternando ambos senos varias veces hasta ver que ya no te salga leche y sientas los pechos vacíos.

4. Evita succionar de más o lastimar tus pechos.

5. Almacena o desecha la leche según sea el caso.

Mi comentario

> Si utilizarás un esterilizador para mamilas convencional a vapor, por favor revisa y cumple bien con los tiempos de esterilización especificados en el manual de cada producto. Si lo esterilizarás en una olla vaporera casera convencional, ten cuidado de regular la intensidad de la flama y evitar el deterioro del equipo o que se quede sin agua y ocasione un accidente. Generalmente, se usa el mismo procedimiento para los instrumentos de plástico como para aquellos de vidrio.

Almacenamiento de la leche materna

La leche extraída del pecho puede ser almacenada en frasquitos o bolsitas estériles desechables, especiales para ese fin. De no contarse con ellas, pueden emplearse mamilas convencionales esterilizadas. En cualquiera de los casos, debe agregarse una pequeña etiqueta o cinta adhesiva, anotando el día y hora de la extracción, e ir consumiendo las más antiguas. El mantener la leche solo en refrigeración, o tener que congelarla, dependerá del tiempo que pasa entre la extracción y el consumo.

✓ **Consumo inmediato**
No requiere de refrigerarla (si sobra, puede refrigerarse y utilizarse durante el día)

✓ **Consumo las siguientes 48 h.**
Mantenerla dentro del refrigerador.

✓ **Consumo después de 48 h**
Congelarla.

Duración de la leche materna bajo conservación

Dependiendo de las diferentes temperaturas que puede ofrecer su refrigerador, la leche humana podrá también tener una mayor o menor duración en buen estado. Es fácil de conseguir un termómetro ambiental que pueda ser colocado dentro de su refrigerador, y saber así con certeza la capacidad de su equipo casero. Aunque la leche materna quizá podría durar más tiempo en buen estado, es conveniente tener las precauciones que a continuación te recomiendo:

	Temperatura Ambiente	Refrigerador Casero 5-8° C	Congelador Casero Hasta -5° C	Congelador Industrial Hasta -20° C
Leche recién extraída	8-12 h.	Hasta 5 días	Hasta 3 meses	Hasta 6 meses
Leche descongelada	Uso inmediato	Solo 1 día	No volver a congelar	No volver a congelar

Cómo entibiar o descongelar la leche materna

Para entibiar la leche materna que ha sido refrigerada, o para descongelarla, hay varios métodos que a continuación te menciono. Siempre habrá quien los ponga en duda o haga comentarios sin fundamentos acerca de alguno de ellos. Utiliza el que más se te facilite o te convenza. Todos ellos son seguros para mantener las propiedades de tu leche y la salud de tu bebé.

Descongelar

✓ **A temperatura ambiente**
Idealmente, debe ser sacada del congelador con varias horas de anticipación y dejarla que se descongele por sí sola al medio ambiente, en un tiempo variable según la temperatura de la habitación.

✓ **Descongelado lento**

Puede ser transferida del congelador hacia el refrigerador desde una noche antes de ser entibiada y consumida.

✓ **Descongelado rápido**

Ante la necesidad de consumirla de inmediato, puede colocarse aún congelada en baño maría "lento", ya sea en la estufa, en un accesorio especial para este fin o directo al chorro de agua tibia, para así descongelarla y entibiarla en un solo paso.

✓ **Horno de microondas**

En la actualidad podemos ya encontrar hornos de microondas en un buen número de viviendas, representan una opción bastante rápida y cómoda, pero no falta quien infunda algunas dudas al respecto. Los posibles inconvenientes que puede causar son los siguientes:

➤ Calentar mucho el recipiente y poco el contenido o a la inversa.

➤ Calentar la leche en forma poco homogénea, pudiendo ocasionar una quemadura en labios, lengua y boca del bebé si no la mezclas bien y pruebas su temperatura antes de darla a tomar.

Por el momento no hay ninguna prueba de que los microondas alteren el contenido nutricional de un alimento en comparación con calentarlo o cocinarlo en una estufa o en un horno convencional. Si personalmente tienes dudas o te causa inseguridad, te recomiendo utilizar cualquier otra técnica, y dejar el microondas como la última opción para cuando no puedas entibiar o descongelar tu leche por otro método.

✓ Ya descongelada, no volver a congelarla, mantenerla refrigerada hasta su consumo, e idealmente usarla en las siguientes 24 h.

Entibiar para su consumo

✓ **Baño maría**

Este puede ser en la estufa, con un accesorio especializado para este fin, o directamente al chorro del agua tibia, siempre tratando de hacerlo lentamente entre 5-10 minutos y evitar cambios bruscos de temperatura.

✓ **Horno de microondas**

Aplican los mismos comentarios que recién te mencioné para el descongelado de la leche materna.

Mi comentario

Cualquier cambio brusco de temperatura al momento de descongelar o entibiar la leche materna pudiera restar alguna de sus propiedades. Los hornos de microondas son solamente ondas de radio de alta frecuencia, como las de un radar de una señal de televisión y nuestros teléfonos celulares, que al absorberlas rápidamente algún objeto, las convierte en calor. Hasta el momento no hay ninguna prueba que demuestre que los microondas pudieran ocasionar alguna alteración en la leche materna o cualquier otro alimento. La Organización Mundial de la Salud (OMS) explica muy claro que en el momento en que el horno se apaga, se dejan de emitir hondas, estas no tienen nada que ver con la radioactividad, el alimento no retendrá absolutamente ningún tipo de energía o radiación, y la leche materna o cualquier otro alimento podrán consumirse con seguridad. Los alimentos cocinados en un horno microondas, son tan seguros y tienen el mismo valor nutricional como cualquier otro alimento cocinado en un horno convencional.

Si aún sientes desconfianza y prefieres evitar este método, una buena aportación del horno de microondas puede ser el calentar más rápido el agua que usaras para el baño maría. Buena idea, ¿verdad?

Lactancia en madres operadas de los senos

Hoy en día, las cirugías estéticas de los senos son algo bastante común en nuestro país, por lo cual considero importante hablar también de esta posibilidad y sus implicaciones sobre la lactancia. Además del aspecto estético, algunas mujeres sufren de cáncer de mama, que es también la causa de algunos procedimientos como las biopsias o la cirugía. De ser este tu caso, es importante que leas detenidamente este capítulo.

Colocación de prótesis mamarias

Durante varias décadas, la cirugía estética para colocación de prótesis mamarias se realizó por encima del músculo pectoral, lo cual ocasionaba que durante el proceso se dañaran considerablemente tanto el tejido de las glándulas mamarias, como los conductos galactóforos que recolectan y transportan la leche. Estas madres tuvieron que suprimir la lactancia con medicamentos inmediatamente después del nacimiento de su bebé. Afortunadamente, después de varias décadas, las técnicas han cambiado y actualmente las prótesis de mama se colocan por debajo del músculo pectoral, dejando las glándulas mamarias prácticamente intactas y con posibilidad de amamantar. Esto significa un gran avance en el campo de la cirugía plástica.

Cirugía de reducción mamaria

La cirugía convencional para reducir el tamaño de los pechos es una operación un tanto agresiva para el tejido mamario y sus conductos, generalmente secciona gran parte del tejido productor de leche, y al seccionar los conductos galactóforos, estos pierden la continuidad de conducir la leche hacia el pezón, lo cual contraindica la lactancia materna. Este tipo de cirugías normalmente incluyen también una reubicación total del pezón y areola, que a su vez son un impedimento para la lactancia materna.

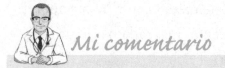

Mi comentario

Si tienes pechos grandes, y el amamantar a tus hijos te ha ocasionado un deterioro estético, molestias de otro tipo, o su gran tamaño te ocasiona problemas aún sin haber amamantado a ningún bebé, y tienes pensado someterte a una cirugía de reducción mamaria, es importante que sepas que seguramente no podrás amamantar a tu próximo bebé, o si quieres hacerlo, quizá puedas posponer tu cirugía hasta el momento en que ya no planees tener más hijos.

Cirugías de pezón

En aquellos casos de pezón plano, hundido o umbilicado, que no se ha podido resolver con métodos conservadores como el niplette, y se desee corregir, hay posibilidad de realizar una reconstrucción quirúrgica por un cirujano plástico con experiencia. De igual manera que otros procedimientos, mientras no se altere la integridad de los conductos galactóforos, podrás amamantar a tu bebé sin problemas. Al igual que otros procedimientos, de no ser urgente el realizarlos será mejor esperar a terminar de amamantar a tu bebé.

Otros tipos de cirugía o procedimientos en los pechos

Además de la cirugía estética de mamas, la resección parcial o total de mamas por tumoraciones es otra de las cirugías que pueden imposibilitar que una madre amamante. Algunos otros procedimientos, como toma de biopsias o resecciones menores, pudieran ocasionar solo daños pequeños en el tejido mamario, y permitir la lactancia materna. Algunas mujeres que no tienen areola, o su tamaño es muy pequeño, optan por tatuarse una areola del tamaño que ellas desean, lo cual solo contraindica el amamantar directamente al bebé al pecho, los primeros 10-15 días después de realizado. Una vez más, cada caso es diferente y único, por lo que será valorado en lo individual.

Mi comentario

Mientras la cirugía realizada no haya seccionado o extirpado tus conductos galactóforos o tu tejido mamario, muy seguramente podrás amamantar a tu bebé. Antes de hacerte cualquier procedimiento o cirugía, comenta con tu médico sobre la posibilidad de poder amamantar después de hecha. Si es un procedimiento opcional, tendrás que tomar tu propia decisión, o de ser algo necesario, siempre habrá otras alternativas favorables.

Lactancia en madres enfermas

Como ya te mencioné en el capítulo de Contraindicaciones de la lactancia materna, hay una lista de varios padecimientos que podrían contraindicar temporal o definitivamente la lactancia materna. Afortunadamente, un buen número de padecimientos y sus respectivos tratamientos permiten que continúes amamantando a tu bebé con seguridad. Una vez más, cada caso en especial deberá ser valorado por tu pediatra o neonatólogo, y de momento, si te encuentras enferma, te recomiendo que leas detenidamente el capítulo de Contraindicaciones de la madre para amamantar a tu bebé.

Acerca de la posible suspensión de la lactancia en madres enfermas, frecuentemente me enfrento a casos que no debieron haberla suspendido, y que se dejaron llevar por comentarios de personas no bien informadas o por rumores. Incluso si tu gineco-obstetra te indicó suspender la lactancia, por favor informa de inmediato también a tu pediatra o neonatólogo para estar ambos de acuerdo. La lactancia materna NO debe ser suspendida fácilmente, y habremos de defenderla enérgicamente. Antes de suspender la lactancia materna deberán considerarse los posibles efectos tanto de la enfermedad materna como los medicamentos utilizados sobre la salud del bebé, y compararlos contra los grandes beneficios del seno materno.

Enfermedades agudas o de corta duración

✓ Infección de vías respiratorias altas como resfriados, faringitis, otitis, sinusitis, etc.
✓ Infección de vías respiratorias bajas como la bronquitis.
✓ Diarrea, colitis, gastritis, agudas.

✓ Heridas pequeñas, golpes, etc.

Este tipo de padecimientos muy probablemente permitirán que sigas amamantando a tu bebé, o de requerirse una suspensión de la lactancia, ya sea por el padecimiento en sí o por el tratamiento usado, muy seguramente podrás extraer y desechar tu leche para no bajar la producción y reiniciar la lactancia de nuevo a corto plazo.

Enfermedades crónicas o de larga duración

✓ **Diabetes mellitus**

La lactancia materna se considera como favorable tanto para la diabetes mellitus como para las madres que padecieron **diabetes** gestacional. En ambos casos, el amamantar mejora la salud de las madres. Para las mujeres diabéticas, amamantar a sus bebés mejora sus niveles de glucosa en sangre.

✓ **Hipertensión arterial**

Una madre que padece de hipertensión arterial puede amamantar con seguridad a su bebé. De hecho, no solo puede hacerlo, sino que se beneficia, pues la pérdida constante de líquido por la leche le permite reducir la dosis de diuréticos normalmente utilizados en estos casos. Además, la relaja favorablemente, ayudando a controlar su padecimiento. La mayoría de los antihipertensivos usados en estos casos son seguros y compatibles con la lactancia materna.

✓ **Alteraciones de tiroides**

Tanto la enfermedad por sí misma como en el tratamiento empleado convencionalmente se pueden seleccionar medicamentos que permitan amamantar en forma segura a tu bebé. Solo platícalo con tu médico.

✓ **Lupus eritematoso sistémico**

Mismo comentario anterior.

✓ **Artritis reumatoide**

Mismo comentario anterior.

✓ **Enfermedad de Lyme**

Mismo comentario anterior.

✓ Cáncer de cualquier tipo

Tratándose de cánceres localizados o sin afección generalizada, si el tratamiento que recibes lo permite, probablemente podrás continuar amamantando. En casos de cáncer generalizado, ya diseminado a varios órganos, o con afección sistémica, independientemente del tratamiento que recibas, por tu bien, es preferible suspender la lactancia.

Mi comentario

En caso de que padezcas alguna de estas enfermedades, es importante que sepas que cada una de ellas puede comportarse diferente de una persona a otra, por lo cual el tipo de medicamento y las dosis necesarias para controlarlo pueden también variar. Te recomiendo también dar una revisada al capítulo de Problemas maternos que pueden influir en el bebé, donde seguramente complementarás la información sobre este tema.

Lactancia en la madre que trabaja

En estos tiempos, el porcentaje de madres que trabajan es ya muy cercano al de los mismos hombres, lo cual ha hecho que muchas madres dejen de amamantar a su bebé inmediatamente al terminar su período de incapacidad legal por nacimiento, pues habrán de regresar a su trabajo. Afortunadamente, hay muchas madres que, bien informadas y convencidas de los beneficios, deciden continuar amamantando a su bebé, aunque sea parcialmente con una lactancia mixta o complementada. Según la UNICEF México, solo 1 de cada 10 mujeres que trabaja amamanta a su bebé, lo cual es lamentable.

Marco Legal

El Artículo 170 de la Ley Federal del Trabajo y Constitución Política de México, en su artículo 123, fracción-V, textualmente dice lo siguiente:

En el período de lactancia, hasta por el término máximo de seis meses, tendrán dos reposos extraordinarios por día, de media hora cada uno, para alimentar a sus hijos, en lugar adecuado e higiénico que designe la empresa, o bien, cuando esto no sea posible, previo acuerdo con el patrón se reducirá en una hora su jornada de trabajo durante el período señalado.

Estas leyes aplican durante las siguientes 6 meses después del nacimiento de tu bebé, y durante este período la madre deberá recibir su sueldo íntegramente.

Opción-1

✓ Amamantar a tu bebé en casa mientras se encuentren juntos.

✓ Regresar a casa o recibir al bebé en tu área de trabajo para ser amamantado durante 2 períodos de 30 min. cada uno durante la jornada laboral. Bajo acuerdo con el patrón, se pueden sumar ambos períodos en uno solo de 1 hora, o de no utilizar dichos espacios, poder terminar tu jornada laboral una hora antes.

Opción-2

✓ Amamantar a tu bebé en casa mientras se encuentren juntos.

✓ Extraer tu leche materna en tu sitio laboral, y dejarla refrigerada para ser dada a tu bebé el día siguiente.

✓ Juntar tus dos descansos de 30 minutos y salir 1 hora antes de tu horario.

Mi comentario

Es muy importante que al sacarte leche durante tus horas de trabajo tengas todos los cuidados generales mencionados en el capítulo anterior de Extracción de la leche materna. Para la trasportación será necesario que cuentes con un termo y anticongelantes.

Lactancia complementada
(niño que también come ya otros alimentos)

Como bien sabemos, la lactancia materna puede continuarse después de haber iniciado ya con alimentos diferentes a la leche, y más bien tomaré este espacio para aclarar algunos pequeños detalles.

✓ En estos momentos, personalmente considero que 6 meses es la edad, es el momento ideal para iniciar con la ablactación de tu bebé, también llamada alimentación complementaria.

✓ Después de tomar leche exclusivamente durante 6 meses, muy posiblemente el sabor de cualquier fruta o vegetal no será de su agrado, y habrás de insistir hasta que lo acepte. Algo que no le guste hoy, puede ser su alimento favorito un tiempo después.

✓ La leche materna deberá darse siempre después de los alimentos, y no antes. De otra manera, tu bebé preferirá siempre la leche y rechazará los demás alimentos.

✓ Al terminar de darle pecho es importante que laves bien tus pezones para retirar los restos de alimentos que tu bebé trajo en su boca.

✓ Seguramente tu niño cada vez comerá más comidas y tomará menos leche, pero le seguirá siendo de mucha utilidad.

Medicamentos y lactancia

Es frecuente que una madre tome algún tipo de medicamento durante la lactancia, ya sea en forma constante o por algún padecimiento eventual. También es muy común que al estarlo tomando y amamantando tenga la duda de si será o no necesario el suspender la lactancia. Al no resolver sus dudas, y ante la incertidumbre del posible efecto del medicamento sobre tu bebé, algunas madres prefieren incluso aguantarse los síntomas de su enfermedad, tratando de evitar algún efecto indeseable en el bebé. De hecho, desde el mismo momento del nacimiento, prácticamente todas las madres atendidas médicamente reciben medicamentos anestésicos, analgésicos o antibióticos, y muy probablemente deberán continuarlos por algunos días más. La gran mayoría de medicamentos no tienen efectos sobre el bebé, o de tenerlos, son mínimos y no contraindican la lactancia materna. A continuación, te mencionaré algunos de los grupos de medicamentos más comúnmente usados y sus posibles efectos sobre la leche materna y la salud de tu bebé.

Recomendaciones generales

✓ Nunca te automediques cuando estés amamantando a tu bebé.

✓ No suspendas la lactancia materna por estar tomando algún medicamento hasta que tu médico te lo indique. En realidad son muy pocos los medicamentos que indican suspenderla.

✓ Para que un medicamento sea contraindicado en la lactancia, deberá demostrarse lo siguiente:

> Que pasa a la leche materna en una cantidad considerable.

> Que su contenido en leche materna sea absorbido en una cantidad considerable por el bebé que la toma.

> Finalmente, que la cantidad del medicamento que llega a la circulación sanguínea del niño le pueda ocasionar un determinado efecto nocivo comprobado.

✓ Si presentas algún síntoma, avisa a tu médico de confianza, seguro habrá un medicamento que puedas tomar sin afectar a tu bebé. Tu bienestar es importante.

✓ Si te prescriben cualquier medicamento, informa a tu pediatra o neonatólogo para revisar y comentar los posibles efectos sobre tu bebé.

✓ Antes de suspender la lactancia materna deberán considerarse los posibles efectos del medicamento en comparación con los grandes beneficios del seno materno.

✓ Se consideran como seguros aquellos medicamentos que alcanzan en el bebé una concentración del 10% o menos de la concentración alcanzada en la madre, siempre y cuando, por las características del medicamento, esta concentración no cause problemas al bebé.

✓ Además del tipo de medicamento y la concentración encontrada en el bebé, es importante considerar también el número de días que se tomará dicho medicamento.

Clasificación de medicamentos durante la lactancia materna

✓ **I- Producto seguro**

Sustancia que cuenta con estudios que demuestran ser totalmente seguros e inofensivos para la lactancia y para el bebé. Puedes consumirlos y amamantar a tu bebé con seguridad.

✓ **II- Producto probablemente seguro**

Sustancias que podrían provocar efectos adversos muy leves sobre la lactancia o el bebé. No hay datos probados, pero sus características los hacen muy poco probables de causar efectos adversos a tu bebé. En este grupo se encuentran el mayor número de medicamentos.

Puedes consumirlos y amamantar a tu bebé con autorización de tu pediatra o neonatólogo, y mantener en observación a tu bebé por cualquier posible efecto nocivo.

✓ **III- Producto poco seguro**

Sustancias que podrían provocar efectos adversos moderados sobre la lactancia o sobre tu bebé. Por sus características, es probable que causen efectos adversos moderados. Debe valorarse la relación riesgo/beneficio y tomar la mejor decisión.

Quizá tu médico pudiera buscar otra alternativa más segura. En caso de no poder evitarlo y no tener otra alternativa, puede usarse junto a un seguimiento y vigilancia médica del bebé.

✓ **IV- Producto contraindicado**

Sustancias que por sus características precisan buscar otra alternativa de tratamiento. De no existir otras alternativas y ser estrictamente necesario para la madre, obliga a la interrupción de la lactancia. En esos casos pudieras extraer tu leche y desecharla para reintentar la lactancia más adelante al suspender ese medicamento o sustancia. De necesario tomarlo por tiempo prolongado o constante, debes consultar con tu neonatólogo o tu obstetra la forma de suprimir la lactancia en forma definitiva.

✓ **V- Producto de efectos desconocidos**

Son aquellas sustancias que no han sido utilizadas anteriormente durante la lactancia, o de las cuales se desconocen sus posibles efectos sobre la salud del bebé. Antes de usarla en la madre que amamanta, deberá hacerse un riguroso análisis de cada caso en particular.

Mi comentario

De nueva cuenta, es importante que sepas que cada caso es diferente, especial, único, y que la información científica puede cambiar de un momento a otro, por lo que los médicos habremos de checar la información actualizada cada vez que se requiera. Lo que sí es que trataremos siempre de preservar la lactancia materna.

Casos de "alto riesgo" de afectar al bebé

Hay algunos casos en los cuales el bebé, que es amamantado con leche de una mujer que toma medicamentos o sustancias, pudiera ser más susceptible de sufrir algún efecto nocivo. Aquí te menciono algunos de ellos:

✓ Prematuros de 36 o menos semanas de gestación.

✓ Bebé que padecen insuficiencia renal, cardiaca o Hepática.

✓ Cualquier causa de inestabilidad o deficiencia metabólica o circulatoria en el bebé.

✓ En bebés con algún padecimiento grave o recién recuperados de ellos.

✓ Uso de sustancias en la madre que no son usadas o toleradas en niños.

✓ Sustancias usadas en la madre a dosis elevadas.

✓ Sustancias usadas en la madre por tiempo prolongado.

✓ Uso de sustancias nuevas con efectos desconocidos sobre el bebé.

✓ Sustancias que den algún tipo de reacción en la madre.

Posibles efectos a ser supervisados en el bebé

Como antes lo comenté, algunas sustancias se podrán consumir durante la lactancia bajo supervisión constante del bebé, por lo que es necesario que conozcas los posibles efectos que tu bebé pudiera sufrir, y al detectarlos, analizar la posibilidad de continuar o suspender la lactancia.

✓ Cambios en los patrones de alimentación.

✓ Cambios en los patrones de sueño.

✓ Cambios evidentes del color o características de orina o heces.

✓ Aumento de su inquietud, agitación o llanto.

✓ Mayor somnolencia, sedación o depresión.

✓ Aparición o aumento de exantema en la piel.

Mi comentario

Es importante estar atento a estas posibles reacciones y comparar siempre con el "antes" y el "después" de iniciado el consumo de la substancia en la madre. Si una de estas manifestaciones es muy marcada, se presenta inmediatamente al empezar la sustancia, suspéndela o no amamantes a tu bebé hasta comunicarte con tu pediatra o neonatólogo.

Antibióticos durante la lactancia materna

En la actualidad, con la intensión de prevenir una posible infección, prácticamente todas las madres después del nacimiento reciben algunos días de tratamiento con antibióticos. Los antibióticos son absorbidos en el intestino, pasan al torrente sanguíneo de la madre, y al irrigar las glándulas mamarias, puede encontrarse también en tu leche en pequeñas cantidades. Los antibióticos más frecuentemente usados después del nacimiento son compatibles con la lactancia materna, y al momento de decidir cuál prescribir, se deberán elegir aquellos que están considerados como "productos seguros" o "productos probablemente seguros".

✓ Son muy pocos los antibióticos que indican suspender la lactancia materna, pero habrá de analizarse también el sitio, tipo e intensidad de la infección, o motivos que indicaron el uso del antibiótico, para tomar la decisión correcta.

✓ En infecciones severas de las glándulas mamarias, podría ser la propia infección la que indique suspender la lactancia, y no los antibióticos utilizados.

✓ Si la infección es en tus glándulas mamarias, muy seguramente la suspensión de la lactancia sea solo del lado afectado en forma provisional y puedas reiniciar al paso de unos días cuando hayas mejorado.

✓ La ingesta de la mayoría de los antibióticos en la madre que amamanta generalmente tiene un mínimo o nulo efecto sobre la cantidad y calidad de leche producida.

✓ Cada caso deberá siempre ser valorado en lo particular.

Analgésicos durante la lactancia materna

Prácticamente, toda madre que recién tuvo a su bebé será egresada con la prescripción de un analgésico (medicamento para el dolor), a ser usado en caso necesario, y muy seguramente será tomado por varios días. Este grupo de medicamentos es muy variado, y cuenta con algunos tipos que pudieran ser considerados como "seguros" o "probablemente seguros", aunque también hay algunos considerados como "productos poco seguros" o "productos contraindicados", por contener tramadol, morfina o sus derivados, que deberán evitarse siempre que sea posible. Afortunadamente, en este grupo de medicamentos contamos con muy buenas y variadas opciones que quiten el dolor a esas madres queridas y a la vez les permita el placer de amamantar a sus bebés.

Hormonas durante la lactancia materna

Frecuentemente, algunas madres toman medicamentos hormonales, quizá los más comunes sean relacionado con problemas de tiroides. Algunas hormonas pueden cruzar al bebé por la leche materna, y habrá de considerarse las dosis, y el tiempo que durará el tratamiento para valorar posibles efectos en el bebé. En especial, las hormonas tiroideas (Tirotropina) tomadas a una dosis convencional por la madre que amamanta, es permitida en la lactancia materna, y de bajo riesgo para el bebé. Algunas otras hormonas deberán analizarse bien el caso antes de decidir.

Anticonceptivos durante la lactancia materna

Investigaciones recientes sugieren que los métodos anticonceptivos que utilizan estrógenos y progestina, como las píldoras anticonceptivas combinadas, no afectan la producción de leche ni causan efectos nocivos al bebé amamantado, por lo cual pueden ser usados bajo observación.

Ansiolíticos, antidepresivos, sedantes o hipnóticos durante la lactancia

Cualquier medicamento, sustancia o droga que afecten al sistema nervioso pueden ocasionar el mismo efecto en el bebé, aún a pequeñas dosis, por lo que su uso deberá limitarse a casos especiales, y dependiendo del medicamento, muy posiblemente se contraindique la lactancia materna. Algunos de ellos, que causan efectos menores, podrían ser utilizados a dosis bajas, con supervisión estrecha de posibles efectos en el bebé.

Descongestivos nasales o antigripales durante la lactancia materna

Este grupo de medicamentos pueden disminuir el volumen de producción de leche materna, y a la vez por el posible efecto "sedante menor" que normalmente tienen, pueden ocasionar también un poco de somnolencia en el bebé. Su empleo deberá ser acompañado de constante observación, y cambiarlos o suspenderlos si muestran efectos indeseables sobre el bebé.

Mi comentario

Los posibles efectos indeseables de aquellos medicamentos que se consideren como "seguros" o "probablemente seguros" aún pueden minimizarse cuando se toman inmediatamente después de amamantar al bebé, de tal manera que entre el momento en que la madre lo toma y el momento de amamantar al bebé, transcurra el mayor período de tiempo posible. De esta manera, el medicamento se encontrará en menores cantidades en la leche materna al momento de que tu bebé coma.

Accesorios de utilidad durante la lactancia materna

Debido a los múltiples cuidados preventivos que requiriere la lactancia materna, las complicaciones que ocasionalmente surgen, las características y diferencias en los pechos de cada mujer, en la actualidad hay en el mercado un buen número de accesorios que seguramente te harán más sencillo y placentero el poder amamantar a tu bebé, el poder hacerlo de una forma más cómoda y segura, así como el gran beneficio de poder prolongar el seno materno por más tiempo. A continuación, te recomendaré algunos de los accesorios más frecuentemente utilizados y que usualmente se encuentran en las farmacias.

Copas o conchas protectoras del pezón

Es uno de los accesorios más comúnmente utilizados por las madres que amamantan, y prácticamente considerado como indispensable para mantener los pechos sanos.

✓ Protegen el pezón del brasier, evitando roses y lastimaduras, o permiten una mejor recuperación si ya tienes molestias o lesiones.
✓ Mantienen el pezón seco y lo protegen de la humedad.

✓ Dan sostén al pecho, dejando sin presión al pezón, para evitar que se aplane, se hunda o se lastime.

✓ Mantiene el pezón libre, permitiendo así la aplicación de pomadas o cremas.

✓ Son muy fáciles de conseguir y a un precio económico.

Broches o señaladores para brasier

Es muy importante que cada vez que inicie una sesión de pecho, lo hagas con el pecho del lado contrario con el que terminaste la sesión anterior. Coloca uno de estos broches o señala de alguna manera con un pequeño listón o hilo el pecho con el que terminaste la sesión anterior, o con el pecho que deseas empezar la siguiente. De esta manera, alternarás ambos lados, evitando que te crezca más un pecho que el otro. Si siempre inicias del mismo lado, como sucede muy comúnmente con el pecho izquierdo, este te crecerá más que el otro debido a que tu bebé, al empezar a comer, normalmente succiona con más energía, y esto estimula más aquel pecho con el que se empezó, haciendo a su vez que este se desarrolle y crezca más, por recibir un mayor estímulo. El alternar coordinadamente ambos pechos, como te lo sugiero, los mantendrá con un tamaño y crecimiento muy parecido, además de una producción de leche lo más parejo posible.

 *Mi comentario*

Independientemente de alternar correctamente ambos pechos, con una técnica tan sencilla como la que te mencioné, es relativamente frecuente que algunas mujeres tengan un pecho un poco más grande que el otro. Si uno de tus pechos tiene más leche que el otro, puedes iniciar repetidamente por aquel que es más pequeño de tamaño y que produce menos leche, con lo que recibirá un mayor estímulo que lo nivele al del lado opuesto. Si la diferencia en tamaño viene desde antes del embarazo, obedece a otras causas y muy seguramente persistirá.

Pezoneras

Después de varios días de amamantar casi constantemente a tu bebé, seguramente tus pezones estarán rosados, agrietados y adoloridos, en algunos casos al borde de sangrar, y con molestias y dolor intenso. Las pezoneras deben colocarse al momento de amamantar a tu bebé; actúan como un forro para los pezones, cubriéndolos y protegiéndolos del contacto directo con los labios del bebé, y de esta manera evita que te lastimes, o si ya lo estás, que tengas una más rápida recuperación. Este pequeño accesorio tiene la finalidad de que la lactancia materna sea un acto placentero, agradable y no un sacrificio para ti como madre.

✓ Excelente alternativa para sanar los pezones dañados.

✓ Fáciles de conseguir y precios al alcance de cualquier persona.

✓ En caso de pezones planos, umbilicados o invertidos, la pezonera actúa como en forma de "pezón artificial".

✓ El uso adecuado y oportuno de este accesorio te evitará el tener que suspender, provisional o definitivamente, el seno materno.

✓ Si no tienes pezón o este es muy pequeño, puedes usar la pezonera siempre que amamantes.

✓ Las hay de látex, de silicona o diversos materiales.

✓ Las pezoneras deben seguir el mismo proceso de aseo y esterilización que las mamilas, extractores de leche y demás instrumentos o accesorios utilizados en la lactancia.

Mi comentario

El uso de las pezoneras es una muy buena alternativa para seguir amamantando a tu bebé directamente al pecho, evitando el tener suspender el contacto directo, y pasar a la extracción de tu leche para darla a través de otro método (biberón, cucharita, gotero, etc.). De no contar con una pezonera, puedes intentar colocar el chupón de un biberón directamente sobre tu pezón, tratando de sellar bien las orillas para evitar que tu bebé trague más aire de lo habitual.

Sonda de lactancia o relactador (también conocido como "ñuñú")

Este accesorio consiste en una delgada sonda de material muy blando y delicado, que se introduce en una bolsita que contiene la leche materna o la fórmula en polvo ya preparada, y en su otro extremo se pega delicadamente al pezón, de tal manera que la boca del bebé tomará al mismo tiempo tanto el pezón como la delicada punta de la sonda.

✓ Esta técnica hace posible que una madre que no tenga leche en sus pechos pueda amamantar directamente a su bebé, dándole leche materna de otra mujer (nodriza) o alguna fórmula en polvo.

✓ Excelente opción para mujeres que adoptan a un bebé y quieren sentir la gran satisfacción de amamantarlo directo al pecho.

✓ Mujeres operadas de sus pechos que carecen parcial o totalmente de ellos, o su anatomía ha sido alterada al grado de no poder amamantar.

✓ Madres con una producción insuficiente de leche materna que no permita garantizar el adecuado crecimiento de su bebé y no quieran hacer uso del biberón.

✓ Madres que por cualquier motivo tuvieron que suspender la lactancia materna y quieran seguir sintiendo esa experiencia maravillosa de amamantar a su bebé.

Anécdota: alguna vez la madre de uno de mis pacientitos que estaba siendo alimentado con esta técnica de relactador por sonda tuvo que salir de la ciudad por unos días, dejando su bebé al cuidado de la abuela materna. Sucedió que por ningún motivo logró que aceptara el biberón, y entre ella y yo, como alternativa, acordamos que comiera de nuevo con la sonda "ñuñú", cosa que inicialmente tomó como una locura, pero al verse obligada a hacerlo, pues su nieto no comía, lo consultó con su hija, se animó y le dio pecho a su nieto durante 2 o 3 días. Mas adelante, en algún encuentro entre ella y yo, recordando aquellos momentos, me los describió como los momentos más bellos e inolvidables de toda su vida. Algo así parecido sucede con la técnica canguro que te describo a detalle más adelante en este libro, en donde las abuelitas y abuelitos también pueden participar activamente. Momentos hermosos e inolvidables que dejan huella en nuestras vidas.

Mi comentario

Actualmente, en nuestro país, no es fácil encontrar el "RELACTADOR" en farmacias o tiendas, y para ello se puede utilizar información a través de los diferentes sitios de internet o buscarse en tiendas especializadas. Ante la imposibilidad de conseguirlos, puedes usar una mamila convencional o bolsas desechables estériles para mamilas, y una sonda K-732 para alimentación hospitalaria de bebés, o un catéter delgado de silastic, relativamente fáciles de encontrar en alguna farmacia, tiendas de artículos médicos u hospitales. Platícalo en tu próxima visita al pediatra o neonatólogo, y de ser necesario en tu caso, juntos pueden implementar esta buena alternativa.

Bebé alimentado con leche de otra mujer (nodriza)

Claro que sí. El recurrir a la ayuda de una nodriza, en algunos lugares también conocidas como nanas, es una alternativa ampliamente utilizada durante la historia de la humanidad. Idealmente, deberíamos de recurrir a ellas en aquellos casos de mujeres que no tengan leche materna o que esta sea insuficiente antes de pensar en dar leches en polvo a nuestros bebés. Puedes buscar primeramente a una persona cercana, como amiga, comadre, prima o hermana, que esté amamantando, que conozcas y sepas que se encuentran sana y sin riesgos de ocasionar una enfermedad a tu bebé. En algunos países se acostumbra y es muy bien visto que mujeres sanas que, además de estar dispuestas a hacerlo, amamantan a otros bebés, algunas en forma voluntaria y otras en forma "PROFESIONAL", cobrando honorarios por sus servicios, ya sea por cada sesión cuando lo amamanta directamente al pecho o por cada onza cuando se extraen su leche. Con la finalidad de evitar alguna posible repercusión en la salud de tu bebé, cuando se trata de alguna mujer fuera de tu círculo de confianza, idealmente deberá cumplir con algunos requisitos:

✓ Contar con un certificado de salud actualizado.

✓ Estar libre de enfermedades posiblemente trasmisibles como VIH, SIDA, hepatitis A, B, C, etc.

✓ Que no se encuentre tomando algún medicamento, sustancia o droga que pudiera afectar a tu bebé, como tabaco, bebidas alcohólicas de cualquier tipo, café en exceso, etc.

Mi comentario

También es habitual que por higiene y creencias populares la madre pida que la nodriza NO alimente directamente con su pecho al bebé, y utilice la técnica de extracción de leche para ser ofrecida por la propia madre en biberón o con una sonda de lactancia "ñuñú" como te comenté en el capítulo de Accesorios para la lactancia. Hay algunas nodrizas famosas en la historia como "La Negra Matea", nodriza de Simón Bolívar. Ellas han figurado en la historia a través de siglos dentro de las más famosas familias, casas reales, etc., alimentando de su pecho a reyes, príncipes y presidentes. Seguramente de ser necesario tu nuevo príncipe o princesa se pueden beneficiar de esta excelente alternativa. Si tú tienes suficiente leche y estás dispuesta a compartirla con alguien más que la necesite, por favor hazlo, y te aseguro que será una experiencia que ninguna de las dos partes olvidarán.

Padecimientos y problemas frecuentes de los pechos maternos

Los problemas relacionados con la lactancia materna pueden ser muy variados, frecuentes y a la vez ser una de las causas de suspensión de la lactancia materna. Es importante estar siempre bien informados, pues un solo error, puede terminar quitándole a tu bebé los grandes beneficios de la lactancia materna, y ocasionándote molestias y riesgos innecesarios tanto a ti como madre como al bebé. Para su mejor comprensión, te mencionaré solo aquellos padecimientos vistos más frecuentemente, agrupados en tres grupos:

✓ Alteraciones maternas que presente desde antes del embarazo.
✓ Aquellas que se presentan a partir del embarazo.
✓ Las que se presentan después del nacimiento.

Para evitar complicaciones innecesarias de cada una de ellas deberán atenderse adecuadamente en tiempo y forma.

Alteraciones maternas presentes desde antes del embarazo

Perforación en los pezones

✓ En nuestro medio, es cada vez más frecuente el ver mujeres jóvenes que se aplican arracadas o aretes en varias partes del cuerpo, incluyendo cada vez más frecuentemente a los pezones.
✓ Este tipo de procedimientos pudieran ocasionar inflamación, infección, cicatrización, posible obstrucción de los conductos galactóforos, y en consecuencia, una probable discapacidad parcial o total al dar seno materno.
✓ Una mujer joven que aún no contempla la posibilidad de la maternidad no piensa que el perforar sus pezones por motivos estéticos le pudiera afectar algún día al amamantar a su bebé.
✓ Si la perforación lastimó y cicatrizó la salida de los conductos galactóforos, pudiera representar un impedimento de la lactancia materna.

✓ Si es tu caso y perforaste tus pezones, y no has tenido complicaciones, la mayoría de las veces la leche simplemente sale por los orificios de perforación del arete, y aunque no lo hace por los orificios centrales del pezón, el bebé puede ser amamantado exitosamente sin problemas.

✓ Si perforaste tus pezones y ha sido la causa de no poder amamantar a tu bebé, y quisieras repararlos, tendrás que ser valorada por un especialista en cirugía plástica que tenga experiencia en este tema.

Pezón pequeño, plano, hundido, umbilicado o invertido

El pezón muy pequeño (puntiforme), plano, hundido o umbilicado puede ser una característica anatómica personal o heredada que no ocasione ningún tipo de molestias o malestar a una mujer hasta el momento de amamantar a su bebé, en donde el pezón juega un papel funcional muy importante por ser textualmente "el chupón" para el bebé. Si es tu caso, buscaremos algunas alternativas.

✓ En estos casos, difícilmente se logrará en poco tiempo una solución definitiva a su problema. Aun así, hay posibilidades de intentar de manera conservadora la formación del pezón a través de masaje, idealmente realizado desde antes de embarazarse o durante los primeros meses de la gestación, incluso ya habiendo nacido el bebé, junto con el uso de un accesorio especializado y muy sencillo llamado "NIPLETTE".

✓ El masaje sobre el pezón busca estimular los músculos que causan su erección, y con el tiempo lograr fortalecerlos para que cumplan adecuadamente su función. El "NIPLETTE" es un accesorio que ocasiona una presión negativa, succionando la piel y formando de esa forma el pezón.

✓ Se recomienda usarlo bajo las indicaciones marcadas en el instructivo. Dicha presión no deberá ser dolorosa ni ocasionar lesión de ningún tipo sobre tu pezón, y quizá solamente una leve sensación de entumecimiento pasajero.

✓ El lograr una mejor formación del pezón está muy relacionada con el tiempo en que se detecte e intente solucionar el problema. Como ya te lo mencioné antes, en el capítulo Preparación del pezón y areola, el masaje es útil también en mujeres que tengan pezón normal.

✓ El uso del niplette, junto con una adecuada estimulación y ejercicios manuales del pezón, te dará la posibilidad de un mejor resultado al cabo de varios meses. En el capítulo antes mencionado puedes revisar a detalle la técnica y recomendaciones para el masaje de pezón.

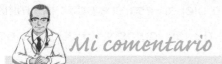

Mi comentario

La solución a este problema para futuros embarazos podría ser el uso frecuente y repetitivo del "NIPLETTE", incluso sin estar embarazada. Como una última alternativa, aunque más agresiva y costosa, se puede realizar la reconstrucción quirúrgica de pezones por un cirujano plástico. Estas mujeres podrán dar seno materno siempre y cuando durante la cirugía se haya logrado respetar los conductos galactóforos. Como alternativa sencilla y económica, puede utilizarse también un tiraleche convencional, pues actúa succionando y estirando el pezón hacia afuera, causando un efecto parecido al del "NIPLETTE".

Alteraciones maternas durante el embarazo

Como preparación para la lactancia, los senos maternos sufren algunos cambios considerados como normales, y que no requieren de ningún tratamiento.

✓ **Aumento del tamaño de los senos**
La aplicación de una crema humectante te ayudará a evitar la formación de estrías, o que estas sean en menor cantidad y desaparezcan en un futuro.

✓ **Aumento del tamaño de areola y pezón**
El pezón idealmente puede medir entre 1 y 3 cm. de largo, y de 1 a 1.5 cm. de ancho, asimismo, la areola deberá abarcar idealmente todos los labios del bebé al amamantarse.

✓ Aumento del tamaño de las glándulas sebáceas de las areolas

En algunas mujeres estas glándulas que tienen la función de producir una grasita especial que lubrique las areolas pueden verse bastante grandes y simular verrugas o granos. Otras veces lucen solo como pequeños puntos.

✓ Aumento de coloración de pezón y areola

El aumento en la coloración de pezón y areolas es debido a un acúmulo de pigmentos de melanina, y a un engrosamiento de la piel en esa área que permitirán soportar el contacto más agresivo y constante de los labios y lengua del bebé durante meses.

Mi comentario

Muy posiblemente a algunas madres les desagraden estos cambios en sus pechos, pues en verdad alteran la estética que normalmente gusta a toda mujer, aunque todas habrán de aceptar que estos cambios traen consigo ventajas probadas o necesarias tanto para la madre como para su bebé. Mas adelante volverán a su estado normal, aunque algunos cambios pudieran perdurar.

Pezón plano, hundido o umbilicado

Como te acabo de mencionar en el capítulo anterior, esta alteración es quizá una de las más frecuentes, en algunos casos desde antes del embarazo, aunque también lo vemos en aquellas mujeres con pezón normal que durante el embarazo han sufrido un crecimiento importante y brusco de sus pechos, que al estirar tanto su piel, llega a extender y aplanar los pezones. Si aún no lo has hecho, por favor, lee y repasa los comentarios sobre este mismo tema en el capítulo anterior inmediato. Si no corregiste este problema con el niplette, idealmente desde antes del embarazo, puedes seguirlo intentando durante la gestación, con la aclaración de que cuanto más avanzado esté el embarazo, es más probable que te pudiera salir algo de calostro durante esta maniobra, o en algunos casos ocasionarte contracciones uterinas.

Alteraciones maternas presentes a partir del nacimiento
Pezón plano, hundido o umbilicado

Una vez más, son los pezones planos o umbilicados una causa frecuente de problemas, desde antes del embarazo, otras veces se aplanan durante la gestación, y algunas mujeres más manifiestan esta alteración durante el gran crecimiento que los pechos sufren después del nacimiento. Si aún no lo has hecho, por favor, lee y repasa los comentarios sobre este mismo tema en el capítulo anterior inmediato. Si no corregiste este problema con el niplette idealmente desde antes del embarazo o durante él, puedes seguirlo intentando, habiendo ya nacido tu bebé durante la lactancia, con la aclaración de que deberás usarlo después de amamantar, cuando tus pechos estén ya secos, y aun así es normal que te pudiera salir algo de calostro durante la maniobra. Si cuidas y aseas el niplette de la misma manera que una mamila, esa leche puede ser recolectada y dada a tu bebé.

Grietas, fisuras o irritación del pezón

Las grietas, fisuras o irritación de los pezones y areolas son quizá el padecimiento más frecuente en una madre amamantando. Debes estar muy bien informada sobre las posibles causas, así como de los tratamientos y manejos a seguir para tratar de prevenirlas con anticipación, y cuando se presenten puedas solucionarlas lo más rápido posible. El no detectarlas o tratarlas adecuadamente en tiempo y forma podría terminar suspendiendo la lactancia de tu bebé. Este tipo de problemas puede requerir de tratamientos de varios tipos como pomadas con hidratantes, antiinflamatorios o incluso con antibióticos, así como tratamientos de varios tipos por vía oral, según cada caso en especial. Idealmente, debes consultarlo con tu neonatólogo para recibir tratamiento lo antes posible y evitar así que el problema avance.

Posibles causas y su solución

✓ **Falta de preparación prenatal para la lactancia -** Debió realizarse al menos 3 meses antes del nacimiento.

✓ **Ropa inadecuada -** Es muy importante usar brasieres propios para la lactancia.

✓ **Roce o presión de la ropa sobre pezón y areola, si no usas brasier -** Usar siempre brasier y una concha protectora.

✓ **Humedad constante -** Usar cojinetes o parches absorbentes de algodón para lactancia.

✓ **Resequedad de Pezones y Areolas -** No frotar de más al momento de bañarte, y aplicar lanolina o cremas especiales para este fin.

✓ **La acción directa de los labios del bebé -** Puedes utilizar una pezonera.

✓ **Posible Infección -** Limpiar adecuadamente antes y después de cada sesión de pecho, valorar por tu médico el uso de antibiótico tomado o aplicado localmente en pomada.

Mi comentario

Es muy importante tratar de inmediato estas alteraciones, pues de prolongarse e infectarse, pueden trasmitir la infección a tus glándulas mamarias y ocasionarte una mastitis. Revisa sobre el uso de las pezoneras en el capítulo anterior de Accesorios de utilidad en la lactancia materna. Al igual que otras enfermedades, preferentemente evita el automedicarte y pide ayuda a tu gineco-obstetra o a tu neonatólogo de confianza. Algunos casos podrían ser manejados también en conjunto con un(a) dermatólogo(a). Si no te es posible conseguir una pezonera adecuada, puedes intentar sustituirla por el chupón común de cualquier mamila. Puede llegar a funcionar bien siempre y cuando lo presiones bien para evitar la entrada de aire por las orillas, y que tu bebé no trague aire de más.

Mastitis

La mastitis es un proceso inflamatorio interno de las glándulas mamarias caracterizado por dolor, enrojecimiento, inflamación y en ocasiones fiebre de variada intensidad. Tiene como causa varios factores, pero durante la lactancia materna la causa principal es la inflamación y congestión de las glándulas mamarias y conductos galactóforos, originada por el poderoso estímulo hormonal y la succión del bebé. La misma inflamación puede llegar a obstruir el flujo interno de leche, y llegar también a infectarse. Puede variar desde síntomas leves hasta molestias severas. Este padecimiento debe ser detectado y tratado de inmediato por tu ginecólogo para evitar el tener que suspender temporal o definitivamente la lactancia. De presentarse, deberá revisarse cada caso en particular, el tipo y dosis de tratamiento indicado para valorar la posible suspensión o continuidad de la lactancia al bebé.

Signos y Síntomas

✓ Posible enrojecimiento del área afectada.

✓ Aumento de temperatura y dolor al tacto.

✓ Área afectada de consistencia endurecida.

✓ Posiblemente fiebre de variada intensidad.

✓ En ocasiones fiebre y malestar general debido a la infección.

✓ Posible disminución del volumen de leche en el seno afectado.

✓ Leche con diferente color y en ocasiones con restos de sangre.

✓ Sensación de ardor al estar fluyendo la leche.

Posibles causas y sus soluciones

✓ **Posible infección adquirida por bacterias u hongos presentes en las grietas del pezón, areola o incluso en la misma boca del bebé.** Tratamiento con antibióticos o anti-hongos a la madre y quizá al bebé.

✓ **Inflamación de conductos galactóforos por efecto hormonal y crecimiento brusco y acelerado de sus glándulas mamarias.** Fomento locales, masaje, y quizá medicamentos antiinflamatorios.

✓ **Obstrucción de conductos galactóforos por cirugías previas.** Suprimir de inmediato la lactancia con medicamentos.

✓ **El tabaquismo es considerado por algunos como un factor predisponente.** Dejar de fumar lo antes posible.

Posibles complicaciones

✓ Formación de un absceso que requiera drenaje por punción o cirugía.

✓ El tener que suspender definitivamente la lactancia.

✓ Posible contagio de la infección al bebé a través de la leche.

 *Mi comentario*

> Este padecimiento es relativamente frecuente, y al ser detectado y tratado adecuadamente, casi siempre se resuelve favorablemente, suspendiendo la lactancia en forma temporal solamente del seno afectado. La leche del seno afectado deberá ser extraída y desechada por unos días con la misma frecuencia y horarios del otro seno que se encuentra sano, por el posible contenido de pus y sangre en la leche. La lactancia deberá reiniciarse a la brevedad posible.

Leche materna con sangre

La presencia de sangre en la leche de tus pechos, ya sea porque la veas en la boca de tu bebé al comer, en la leche que regurgite o vomite, de color oscuro en sus heces al evacuar, o que lo notes al extraerte leche, indica la evidente ruptura de vasos sanguíneos en alguna parte de tus glándulas mamarias. Esto podría ser por el mismo crecimiento acelerado y trabajo intenso de tus glándulas mamarias debido al fuerte estímulo hormonal por el que pasas en esos momentos. De no presentar otros signos relacionados con mastitis, el manejo para esos casos es tan solo dejar descansar unos días ese pecho, extrayendo delicadamente la leche cuando sientas que se encuentra lleno. Después de una espera de 5 días, antes de amamantar directamente a tu bebé, te recomiendo extraer la leche de ese pecho con el extractor para corroborar que ya no presente sangre, y de haberse resuelto ya el problema puedes amamantar directamente a tu bebé de nuevo. De persistir o empeorar, debes ser atendida y posiblemente, a criterio de quien te atienda, seguir el manejo como una mastitis.

Alimentación con fórmulas lácteas

La alimentación con fórmulas lácteas convencionales o fórmulas especiales es una buena alternativa para aquellos bebés que por diferentes motivos, como los mencionados en capítulos anteriores, no han podido ser alimentados exclusivamente al seno materno y requieren de ser complementados para su correcto crecimiento y desarrollo. No entraré en controversia ni comparaciones con la leche materna, que hoy siempre será la mejor alternativa para alimentar a un bebé.

Tipos y marcas de leche en polvo

Al día de hoy, en el año 2023, contamos con decenas de fórmulas infantiles, que entre aquellas son del mismo tipo pero de diferente marca, y una amplia lista de fórmulas especiales, que fácilmente llenan nuestras necesidades de manejo para los problemas más frecuentes que nuestros niños presentan. Seguiré siempre atento al desarrollo de nuevas fórmulas infantiles que presenten avances en lo que considero el aspecto más importante, su parecido con la leche materna.

✓ La gran brecha que actualmente existe entre las ventajas de la leche materna contra las fórmulas lácteas es tan grande y avanza tan lento que representa un gran campo para el avance científico en pediatría, y un gran reto para las empresas que se dedican a producirlas.

✓ Nada me dará más gusto que en futuras ediciones de este libro pueda ampliar el tema con nuevas y mejores fórmulas lácteas. Actualmente, he visto avances en fórmulas a base de leche de cabra que rápidamente están ganando adeptos en México, y que a pesar de ser utilizadas exitosamente en otros países de Europa, desde hace ya varias décadas apenas inician en nuestro país. De momento, como la bibliografía y reportes lo indican, los resultados han sido muy exitosos y hay buenos augurios a corto plazo al respecto. Te recomiendo platicar sobre esto con tu neonatólogo o pediatra.

✓ Por tradición en México, nuestro país, se consumen fórmulas a base de leche de vaca, pero habremos de tener la mente abierta a nuevas posibilidades de leche de otras especies animales que demuestren beneficios y ventajas sobre la tradicional leche de vaca.

✓ Frecuentemente las madres de mis pacientes me preguntan cuál es la diferencia entre una fórmula y otra, y cuál es la causa de la diferencia de precios. Seguramente en este momento tú te estarás preguntando lo mismo. Los factores que hacen la diferencia son el tipo y calidad de los ingredientes que la conforman: grasas, proteínas, carbohidratos, etc., más digeribles para tu bebé, y sobre todo, el incluir todas aquellas sustancias que, habiéndose demostrado que existen en la leche materna, sea posible incluirlas también en dicha fórmula.

✓ Está muy claro también que cuantos más ingredientes le agregues a una fórmula, esta puede tener peor sabor y ser menos aceptada por los bebés.

✓ También debo de mencionarte que en las instituciones y guarderías afiliadas al Seguro Social de México, donde muchísimas mujeres recurren a dejar a sus bebés mientras trabajan, tienen ciertas restricciones en sus gastos, y generalmente seleccionan aquella fórmula de menor precio, sin importar su calidad o características. Ya en casa, te recomiendo seguir alimentando el resto del día a tu bebé con la fórmula que te recomiende tu médico.

✓ También en nosotros los pediatras y neonatólogos, con base en décadas de escuchar los comentarios de las madres de nuestros pacientes, junto al seguimiento de su crecimiento, desarrollo y el conocimiento del contenido de las fórmulas, hemos aprendido cuáles de ellas son las mejores, y seguramente tendremos nuestras favoritas para recomendarlas a nuestros pacientes.

✓ El precio entre una fórmula y otra pudiera ser significativo en muchos casos, por lo que el estrato socioeconómico de algunas familias pudiera ser un argumento a tomar en cuenta al momento de seleccionar la fórmula.

Fórmulas convencionales

Estas fórmulas serán seleccionadas según la etapa o edad de tu bebé y no por alguna circunstancia o padecimiento en especial.

✓ Fórmula láctea para prematuros

✓ Fórmula láctea etapa I desde RN hasta 6 meses de edad

✓ Fórmula láctea etapa II de los 6 meses a 1 año de edad

✓ Fórmula láctea etapa III de 1 a 3 años de edad

✓ Algunas fórmulas pueden recomendarse desde el nacimiento hasta 1 año

Fórmulas especiales

Estas fórmulas serán seleccionadas por tu neonatólogo o pediatra según los síntomas o molestias de cada bebé en especial, y lo ideal es que no las inicies sin el conocimiento y aprobación de tu médico, quien después de analizarlo con ustedes, sus padres, tomará la mejor decisión según las necesidades de tu bebé.

✓ **Fórmulas confort.** Indicada en aquellos bebés que presentan muchas molestias y se busca una digestión más fácil.

✓ **Fórmulas sin lactosa.** Para aquellos bebés en quienes se sospecha intolerancia transitoria o permanente a la lactosa.

✓ **Fórmulas de soya.** Es una alternativa en busca de proteínas de origen vegetal. No recomendables por ahorita en menores de 6 meses de edad.

✓ **Fórmulas antialérgicas o hipoalergénicas (con proteínas parcialmente hidrolizadas).** Para bebés en quienes se sospecha alergia a las proteínas de leche de vaca.

✓ **Fórmulas altamente antialérgicas (proteínas altamente hidrolizadas).** Para bebés con alergia demostrada a las proteínas de leche de vaca.

✓ **Fórmulas anti-reflujo (AR).** Indicada en aquellos bebés que presentan signos de reflujo gastroesofágico (regurgitaciones o vómitos frecuentes y abundantes), que afecten su adecuado crecimiento y pudieran representar también algunos otros riesgos como la bronco-aspiración (aspirar leche a los bronquios y pulmones).

✓ **Fórmulas a base de leche de cabra.** Que además de poderse utilizar en forma convencional en cualquier bebé, también pueden ser una buena opción a probar para aquellos casos de intolerancia a otros tipos de leche.

Indicaciones de las fórmulas en polvo

Las indicaciones para alimentar a un bebé con fórmula, ya sea complementando a la leche materna o como leche única, en general son aquellas causas que contraindican el seno materno, y algunas más que a continuación te mencionaré.

✓ Cualquier de las contraindicaciones de la lactancia materna (checar un poco más atrás en el capítulo de Lactancia materna).

✓ Padres que por sus propios motivos deciden hacerlo.

✓ Bebés que no suben de peso adecuadamente y requieren apoyo calórico.

✓ Las fórmulas especiales se indican según los signos y síntomas de cada paciente, e idealmente no debes autorrecetártelas sin la recomendación de tu neonatólogo o pediatra de confianza.

Ventajas de las fórmulas en polvo

A continuación te mencionaré, algunas de las posibles ventajas que pueden representar las fórmulas lácteas para bebé. Una vez más debo recordarte, porque estoy plenamente convencido de ello, que considero las fórmulas como una alimentación alternativa y nunca como una primera elección para alimentar a tu bebé.

✓ Fácil de llevar a donde quiera en pequeñas latas.

✓ Sencillo y rápido de preparar, solamente mezclándola con agua.

✓ Antes de prepararse, no requiere de mantenerse refrigerada.

✓ Puede ser preparada por cualquier otra persona, además de la madre.

✓ Buena variedad de fórmulas normales y especiales para cada necesidad.

✓ Fáciles de conseguir en todo el mundo.

✓ Puedes evitar las miradas incómodas de algunas personas.

Desventajas de las fórmulas en polvo

Las posibles desventajas de las diferentes fórmulas en polvo serán siempre valoradas al compararlas con la leche materna.

✓ Requieren de preparación.

✓ Al manipularse, tiene mayor riesgo de ser contaminada y afectar al bebé.

✓ Requieren de agua purificada o hervida.

✓ Requieren de mamilas y chupones que ocupan ser esterilizados.

✓ Nunca serán tan bien toleradas como la leche materna.

✓ Requiere de ser calentada o entibiada.

✓ Su composición se encuentra aún lejos de parecerse a la leche humana.

✓ Puede sobrealimentar al bebé y causarle sobrepeso.

✓ No contiene los mismos nutrientes, ingredientes y anticuerpos que se ha demostrado que contiene la leche materna.

✓ La leche de vaca es altamente especializada para crías de su mima especie, y adaptarla al bebé humano es un reto aun no alcanzado en su totalidad.

✓ Representan un gasto considerable, especialmente si son fórmulas especiales.

Mi comentario

La guerra comercial por lograr mejores fórmulas en polvo seguramente en un futuro cercano nos traerá sorpresas agradables, logrando fórmulas cada vez más parecidas a la leche humana. Espero así sea. Por lo pronto te aconsejo que si tu bebé requiere de un sustituto de leche materna, sigas las recomendaciones de tu neonatólogo o pediatra de confianza, quien seguramente tendrá los debidos argumentos para seleccionar sus fórmulas favoritas. Es muy importante que no inicies ninguna de las fórmulas especiales sin la indicación de tu neonatólogo o pediatra de confianza. Es importante que sepas que la mayoría de las marcas comerciales de fórmulas infantiles agregan otros calificativos a sus fórmulas, como OPTIPRO , SELECT, PROMENTAL, PREMIUM, etc., lo cual no indica que sean de una característica o categoría diferente, y son aspectos meramente comerciales con la intención de llegar a la preferencia del cliente.

Tipos de mamilas

En la actualidad hay un gran número de mamilas, de plástico, vidrio, diferentes formas, con accesorios adheridos como agarraderas, etc. En realidad, las principales diferencias que deberás de tomar en cuenta son las siguientes:

Forma, material, tamaño, función y tipo de chupón. Bastantes puntos que tomar en cuenta, ¿verdad?

Forma

Los hay redondos, hexagonales, ovalados, curvados, con agarraderas incluidas, etc. También los hay de boca ancha o boca normal, argumentando la facilidad al momento de verter la leche en polvo.

Material

Plástico - Si tu biberón es de plástico (polipropileno u otro), checa siempre que no contenga BPA, que es una sustancia tóxica para el humano, que contienen algunos plásticos. Aquí en México no se permite utilizar biberones que lo contengan, aunque pudiera encontrarse en algunas marcas no registradas o productos "piratas", que desafortunadamente abundan en el mercado por su precio tan económico.

✓ Generalmente es más económico que el de vidrio.
✓ Es más ligero que el vidrio.
✓ Se daña, raya y decolora, más fácilmente y rápido que el de vidrio.
✓ La escala en onzas se borra más fácilmente si solo está pintada.

✓ Puede absorber los colores, olores o sabores del contenido.

✓ Existe cierta desconfianza en calentar alimentos en plástico en el microondas.

✓ A diferencia del vidrio, tiene la ventaja de no quebrarse tan fácil.

Vidrio - Al igual que el plástico, el vidrio cuenta con ciertas ventajas y desventajas que habrás de analizar antes de tomar tu decisión.

✓ Frágil, pero a la vez sólido y rígido.

✓ Difícilmente se raya o marca con el uso.

✓ La escala viene incluida en el vidrio, por lo que no se borra.

✓ Puede calentarse o hervirse con confianza con cualquier técnica.

✓ Más pesado que el plástico, pero a la vez más duradero.

✓ No absorbe los colores, sabores ni olores del contenido.

✓ Más caro que los de plástico.

Tamaño

Sobre el tamaño no hay mucho que pensar, te recomiendo una mamila pequeña de 4 onzas, y cambiar a una de 8 onzas cuando ya la anterior no le sea suficiente a tu bebé. Así de sencillo.

Función

Algunos biberones pueden tener ciertos aditamentos especiales o diferentes que le ayuden a prevenir ciertos malestares, como una manguera interior que derive el aire, orificios que lo atrapen, etc.

✓ **Biberón anti-cólico** - Ayuda a que el bebé trague menos aire, y por ende padezca de menos malestares después de haber comido.

✓ **Biberón peristáltico, peristáltico-plus, etc.** - ¡Mmmm! Qué te diré. No me queda claro su verdadera función, aunque los fabricantes sugieren que el chupón se asemeja más al pezón materno, etc. Una vez más te recuerdo que también aquí abundan los trucos de mercadotecnia.

✓ **Biberón de transición** - Tiene un chupón sólido o semisólido, además de agarraderas a ambos lados, que permiten que tu bebé lo tome con ambas manos.

Tipo de chupón

Quizá sea el chupón la más grande diferencia entre las diferentes marcas y tipos de mamilas. Puede variar en su tamaño, material, consistencia y forma.

✓ **Los hay de silicona y de látex** - Generalmente es más suave el látex, aunque puede también ser más caro y durar menos tiempo.

✓ **Encontrarás diferentes tamaños** - Siempre relacionado con la edad del bebé, y normalmente numerados progresivamente o con indicaciones sobre las edades recomendadas para cada tamaño. Los más pequeños dan un flujo bajo de leche al bebé, los medianos dan un poco más de flujo de leche y así progresivamente.

✓ **Verás diferentes formas** - Algunos son simplemente redondos, otros en forma de gota, ovalados, otros traen una curvatura que se adapta al paladar y son llamados anatómicos, u ortopédicos, etc.

✓ **Hay chupones a la medida** - Hay algunos casos de padecimientos al nacer, ya sea que afecten el paladar, labios o encías, que requieren de chupones especiales o hechos a la medida por sus características.

 *Mi comentario*

Mi preferencia personal es una mamila de vidrio, con un chupón blando de silicona, con tamaño y flujo variado progresivamente según la edad. Pienso que las demás variantes en las características de cada biberón son aspectos más orientados a la mercadotecnia y publicidad sensacionalista. No me opongo a los avances, pues siempre los habrá, y finalmente será cada madre quien valore la aceptación, tolerancia y ciertas ventajas de cada modelo. La gran mayoría de bebés toleran bien un biberón convencional. Si puedes pagar biberones más avanzados, y encuentras ciertas ventajas y beneficios para tu bebé, ¡pruébalos y adelante!

Aseo de las mamilas y chupones

Independientemente del tipo de mamila y sus características, deberán siempre lavarse con agua y jabón de cocina, después de ello, hervirse o esterilizarse en una vaporera especial para este fin, siguiendo siempre las recomendaciones de tiempo e intensidad que recomiende cada producto. A partir del momento en que tu bebé empieza a gatear y andar por el piso de la casa, no es congruente seguir hirviendo mamilas y hervir el agua. Puedes ya usar mamilas y chupones solamente lavados con agua y jabón, asimismo, preparar su leche con agua potable solamente purificada sin la necesidad de hervirla.

Tipos de agua para bebé

Agua corriente de la tubería: empiezo por mencionarte que el agua potable de la tubería, en la mayoría de las ciudades de México, no es confiable ni adecuada para uso ordinario en la preparación de leches para bebé. La puedes utilizar para preparar otros alimentos que serán hervidos por 10 o más minutos. Aunque en algunos sitios se insista que el agua de la tubería es potable y adecuada para las personas, no te recomiendo la uses para tu bebé menor de los 2 años.

Agua embotellada especial para bebés: idealmente, te recomiendo usar este tipo de agua ya preparada y embotellada para bebés, la cual se encuentra en el estado de purificación ideal, siempre y cuando se trate de una marca de confianza.

Agua potable purificada y hervida: tratándose de que ya la gran mayoría de población en México consume este tipo de agua en sus casas, puedo asegurarte de que es la opción más económica y común por el momento. No olvides que idealmente deberá hervirse al menos durante 10 minutos.

Mi comentario

Tratando de ser prácticos, puedes esterilizar tus biberones y chupones, hirviéndolos durante 10 minutos con agua común de la llave, al terminar, deséchala y usa el agua purificada y hervida solo para preparar la leche de tu bebé. De esta manera ahorras algo de agua purificada. Utilizando el sentido común y tratando de ser congruente, es recomendable usar estos tipos de agua, cuando menos hasta que tu bebé empiece a gatear aprox. a los 8-9 meses de vida (variable), edad en la que ya domina el suelo, y se colonizará con un gran número de nuevas bacterias. En un momento determinado de no estar en casa y no llevar contigo agua purificada y hervida o especial para bebés, no dudes en usar agua potable purificada normal, de la que tú consumes diariamente. Procura no usar el agua corriente de la llave para preparar la leche de tu bebé, y déjalo solo para aquellos casos muy necesarios en donde no cuentes con otra opción. Nunca utilices agua mineral embotellada para preparar los biberones de tu bebé.

Preparación adecuada de las fórmulas lácteas
Higiene

La primera y más importante regla para preparar un biberón es lavarse bien las manos con agua y jabón inmediatamente antes de prepararlo. En cuanto a la higiene de la preparación, en guarderías, hospitales, orfanatos o cualquier sitio donde se preparan leche para muchos bebés, se exige el uso de gorro y cubrebocas con la finalidad de evitar contagio de enfermedades. En tu casa no es necesario que lleves esas medidas de seguridad, y cuando más, el uso de cubrebocas en caso de presentar enfermedad de vías respiratorias. El uso de guantes al momento de preparar biberón para tu bebé solo sería necesario en casos de que padezcas algún padecimiento infeccioso de piel, o momentos de alto riesgo infeccioso en general, como pandemias, epidemias o algunas otras posibles situaciones particulares que podrás comentar con tu neonatólogo o pediatra. Normalmente con estas 4 sencillas reglas podrás mantener una higiene adecuada:

✓ Mamilas y chupones esterilizados.
✓ La opción de agua purificada que hayas elegido.
✓ Adecuado lavado de manos.
✓ Cubrebocas solo si estás enfermo de las vías respiratorias o a considerarse en algunos casos especiales.

Forma de mezclar la leche en polvo

Para lograr una adecuada mezcla de fórmula, tan solo sigue estos fáciles pasos y con una sola vez que lo hagas dominaras su preparación:

✓ Revisa cuántas medidas de polvo por onza de agua recomienda el fabricante de la fórmula que utilizarás. Normalmente, se mezcla 1 medida de fórmula por cada onza de agua, aunque algunas fórmulas indican 1 medida por cada 2 onzas de agua. ¡Chécalo bien en el envase!
✓ **La concentración está calculada de tal forma que siempre deberás de aplicar primero el agua antes que el polvo.**
✓ Es normal que al aplicar primero el agua, después de mezclar la leche en polvo y agitar, el nivel de onzas aumentará un poco.
✓ Idealmente el agua un poco tibia logra disolver mejor la fórmula.
✓ Agita suavemente durante varios segundos para lograr una buena mezcla.
✓ Ya bien mezclada la fórmula y el agua, déjala reposar unos minutos para que desprenda las burbujas de aire que se formaron al agitarla.

Temperatura ideal y forma de calentar la leche

Ya preparada y mezclada la fórmula que darás a tu bebé, habrás de darle la temperatura ideal para que la tome plácidamente. Podrás utilizar varios métodos, todos ellos muy sencillos y rápidos. Son los mismos que se utilizan para entibiar la leche materna en aquellas madres que requieren extraerla y darla en biberón. Recuerda que normalmente el cuerpo de tu bebé tiene una temperatura de 36.5° C, y que la temperatura ideal para tomar su leche es la misma de la leche que sale del seno materno, prácticamente igual a tu temperatura corporal, o sea 36.5° C. Cualquier método que uses para entibiarla antes de darla a tu bebé, prueba su temperatura poniendo unas gotas sobre tu mano o tu brazo, y deberás sentir una temperatura tibia y suave, agradable a tu piel. Para más seguridad también puedes probarla tomando una pequeña cantidad; de sentirla fresca puedes entibiarla unos momentos más o si está caliente puedes esperar unos momentos hasta lograr siempre la temperatura ideal que desees. Normalmente, aprenderás este proceso muy rápidamente y no será necesario el tomar la temperatura con termómetro.

Cómo entibiar la leche

Para esto hay varios métodos, todos ellos muy fáciles y rápidos.

✓ **Baño maría**
   ➤ Colocar una hoya pequeña de cocina con agua hasta la mitad, dejarla hervir, apagar el fuego e introducir el biberón por solo 2-3 minutos.
   ➤ Usar una vaporera especial para este fin, agregando agua hasta la marca recomendada por el fabricante y realizar el mismo proceso.
   ➤ Los accesorios eléctricos para entibiar biberones con agua, son económicos, muy prácticos, y fáciles de encontrar en las tiendas.
   ➤ También puede entibiarse el biberón poniéndolo dentro de un recipiente, y exponerlo directamente al chorro de agua caliente de la llave durante unos minutos hasta lograr la temperatura deseada.

✓ Horno de microondas

En la actualidad, podemos ya encontrar hornos de microondas en un buen número de viviendas, por lo que representan una opción bastante rápida y cómoda para este fin. Los posibles inconvenientes demostrados que puede causar este método son los siguientes:

➤ El recipiente puede estar más caliente que el contenido o a la inversa. Checar siempre la temperatura de la leche y no guiarse por la temperatura del envase.

➤ Puede calentar la leche en forma poco homogénea. Debes mezclarla bien antes de darla a tu bebé y evitar una posible quemadura.

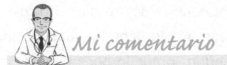 *Mi comentario*

Por el momento no hay ninguna prueba científica confiable de que los microondas alteren el contenido nutricional de la leche o que una autoridad sanitaria lo prohíba como método para entibiar o calentar la leche o alimentos para un bebé. Si personalmente tienes dudas o te causa inseguridad, puedes utilizar cualquier otra técnica y dejar el microondas solo como opción más para cuando no dispongas de otro método. Si quieres investigar más sobre el tema, evita a personas extremistas, poco informadas o mal intencionadas, y hazlo en sitios conocidos y de confianza. La Organización Mundial de la Salud (OMS) y la Academia Americana de Pediatría NO prohíben su uso en este momento.

Cuánta leche dar al bebé

Al momento del nacimiento, la capacidad del estómago de tu bebé es de aprox. una centésima parte de su peso. O sea que un bebé de 3 kilos (3,000 gr.) normalmente toma 30 ml. (1 onza); uno que pesa 3.700 kg al nacer, le indico 37 ml.; aunque pueden tomarse quizá un tantito menos o un tantito más y es normal.

Con estas cantidades muy pronto los recién nacidos no quedan satisfechos, y van aumentando rápidamente su apetito hasta llegar a tomarse en promedio 1 onza de leche por cada kilo de peso, una vez más, considerándose esto como una medida que puede variar según cada bebé. Si tu bebé está tomando seno materno como único alimento, no será fácil calcular el número de onzas que ha tomado, y para saber si comió lo suficiente, nos basaremos principalmente en las "SEÑAS" de satisfacción que presente. Siempre es preferible dar la leche materna directamente del pecho, aunque no sepas cuánta has producido en cada ocasión. Si por algún motivo existe un impedimento para ello, y te extraes la leche para dársela con mamila, te será más fácil medirla y saber cuánta se toma en cada comida, aunque te aclaro que un tiraleche solo "succiona", mientras que un bebé "ordeña", o sea que tu bebé no solo succiona, sino que también exprime y jala con los labios y lengua, lo que lo hace más eficaz y que saque más leche.

✓ Notarás al bebé satisfecho, más tranquilo y ya sin ganas de succionar más.

✓ Verás su abdomen un poco más grande, menos blando y globoso o crecido.

✓ Si toma mamila, verás que ha tomado aprox. 1 onza por cada kilo que pesa.

✓ Si toma pecho, los sentirás ya flácidos y vacíos.

✓ Se quedará tranquilo al menos por una hora y media o dos.

✓ El orinar y evacuar nos indica que comió lo suficiente.

✓ El crecer y ganar peso adecuadamente en sus visitas al pediatra nos indica que está comiendo lo suficiente.

✓ Te recuerdo que el bebé que toma seno materno exclusivamente seguramente tendrá aumentos de peso mensuales menores que otro que se complemente con fórmulas, puede ser un poco más delgado y comer un poco más frecuente.

✓ La leche materna tiene un maravilloso efecto sedante en tu bebé, lo cual puede hacer que se quede dormido a los pocos minutos, y pienses que ya está satisfecho, por lo que deberás estarlo acariciando, despertando e insistiendo en que siga comiendo. Aprovecha para despertarlo cuando le estés sacando los gases.

✓ Este efecto tranquilizante del seno materno es conocido en el idioma inglés como *milk drunk* (borrachera por leche), y que yo llamo "sueño de amor".

Horarios de alimentación

Los horarios de alimentación para un bebé pueden variar de un niño a otro, de una edad a otra, si es de día o de noche, etc. Tratándose de un bebé que solamente toma fórmula en polvo, es más fácil para ustedes como padres tratar de controlar y ser un poco más exactos con los horarios, intentando hacer un hábito alimentario que te permita descansar un poco más. Revisemos juntos las posibles variantes. Si tu bebé solo toma seno materno, habrás de estar siempre disponible y dispuesta y ser también más flexible en los horarios.

Recién nacido y primer mes de vida

✓ Inmediatamente después de nacer, los bebés comen relativamente poco con respecto a su peso, por lo que muy probablemente demostrarán hambre entre 1 y 2 h.

✓ Al paso de los días, poco a poco tu bebé irá tomando una mayor cantidad de leche, lo cual alargará la espera entre una comida y otra.

✓ Muy pronto se irá estableciendo un horario de alimentación flexible, de 2 y 4 h. entre una comida y otra.

De 2 - 4 meses de vida

Ya de los 2 meses en adelante, seguramente tu bebé lleva un ritmo de alimentación entre 2 y 4 h. entre comidas. Muy posiblemente a esta edad empiezas ya a notar que durante la noche puede durar más tiempo sin comer. Es a esta edad cuando puedes empezar a dejarlo más tiempo sin comer, al grado de suspender esa toma que más te cuesta trabajo, a eso de las 2 - 4 de la madrugada.

Puedes empezar bajando un poco el volumen de leche en esa toma o ponerle solo la mitad de fórmula en polvo que le corresponde, para más adelante avanzar dándole solamente un poco de agua, y quizá unas semanas más adelante ofrecerle solamente el chupón pacificador.

Si tu bebé no pide alimento ni atención, o si lo hace mostrando una leve inquietud, pero sin despertar del todo, no vayas a despertarlo y trata de dejarlo dormir. Si logras dejar de darle leche a tu bebé en un período de las 11-12 de la noche hasta las 6 a.m., te felicito, pues habrás tenido un gran avance en su descanso y el tuyo. Te recuerdo que el dormir y descansar bien también alimentan.

De 4 - 6 meses de vida

Ya a esta edad, seguramente tu bebé no come durante las noches, pero si aún lo hace, no dejes de intentar suspender esa toma de la madrugada, que es la causante de esas nuevas arrugas en tu cara. Generalmente, a estas edades un bebé come con los siguientes horarios:

Bebés ojiduros (duermen poco):

✓ 1ª comida 5 - 7 a.m.

✓ 2ª comida 8 - 10 a.m.

✓ 3ª comida 12 - 1 p.m.

✓ 4ª comida 3 - 4 p.m.

✓ 5ª comida 6 - 7 p.m.

✓ 6ª comida 9 - 11 p.m.

✓ 7ª comida 12 - 2 a.m.

Bebés dormilones:

Quizá logres que coma una o dos tomas menos que un ojiduro.

De los 6 meses en adelante

A partir de esta edad, la gran mayoría de pediatras cambiamos ya a una fórmula de 2ª etapa, y junto al inicio de la alimentación complementaria o ablactación, muy seguramente tu bebé estará contento con 5 comidas al día, y obviamente debes intentar el seguir sin darle leche durante las madrugadas. El lograr que un bebé de estas edades esté subiendo adecuadamente de peso y comiendo 5 veces al día es un logro que garantiza buen descanso para él mismo y para ustedes como padres.

Mi comentario

Es importante que sepas que la alimentación puede ser flexible y nunca con horarios estrictos, dejando que tu bebé descanse cuando él así lo quiera. No olvides una de mis frases favoritas: "el dormir y descansar bien también alimentan". Es ahí donde empieza la flexibilidad, pues no debes despertar a un bebé solo para alimentarlo, y nada nos cuesta esperar un rato más. Uno de los más frecuentes errores en la alimentación de un bebé estriba precisamente en darle de comer cada vez que llora, siendo que muy probablemente llore por malestar gastrointestinal, lo cual le dará aún mayores molestias que pueden malinterpretarse con otros diagnósticos. Siempre en comunicación con tu neonatólogo o pediatra, y con un buen conocimiento y aceptación de las individualidades de tu bebé, muy pronto lo conocerás de lleno y disfrutarás de esa niñez, que al cabo de los años tanto extrañamos papá y mamá.

Almacenaje y duración de la leche en polvo

✓ Acerca de las formas de conservación de la leche en polvo, de una forma muy breve te puedo recomendar que una vez preparada la fórmula, aquella que no haya sido consumida al momento de la preparación, la guardes en el refrigerador de casa, trates de dársela a tu bebé durante las siguientes tomas del día, y de no consumirse en las siguientes 24 h. de preparada, por seguridad será mejor que la deseches.

✓ Si esa fórmula huele, luce, sabe bien y no quieres desechar el sobrante, te aconsejo dejarla para un buen **café late especial**, muy frecuentemente visto en mi consultorio.

Como buen pediatra neonatólogo, siempre pruebo en mi café la leche que receto a mis pacientes.

Signos de intolerancia y rechazo de una fórmula

Acerca de la tolerancia que tu bebé puede tener a las fórmulas en polvo, empiezo por decirte que comparadas con la leche materna, la tolerancia siempre será menor, aunque con ambas pasarás por una etapa de adaptación de tu bebé en la que aprox. durante 3 meses tendrá malestares y molestias que irán desapareciendo poco a poco con los meses. Hablar de intolerancia es hablar de vómitos o regurgitaciones frecuentes, de evacuaciones sólidas y poco frecuentes, de cólico intestinal con llanto frecuente y prolongado. Tienes que entender bien que todos los bebés presentarán en diferente intensidad y duración algunos de estos malestares, principalmente durante sus primeros 3-4 meses de vida, independientemente de si toman solamente leche materna, fórmulas en polvo o una combinación entre ambas. La clave será el establecer en qué momento ya no es normal, y se trate de un problema que pueda mejorar con el cambio de su fórmula por otra de características especiales.

Son tantos los detalles que hay que tomar en cuenta, como las cantidades que das a tu bebé, los horarios, la técnica de alimentación, como le sacas los gases, y obviamente el tipo de fórmula, que te recomiendo mucho que consideres los siguientes puntos:

✓ No cambies de fórmula a tu bebé sin la indicación de tu médico.
✓ No agregues a tu bebé supuestos remedios sin antes consultarlo.
✓ No falles a las citas mensuales de seguimiento de tu bebé.
✓ Cualquier médico general tiene todo mi respeto, pero te recomiendo que al menos los primeros 2 años de vida de tu bebé, lo atiendas con un médico pediatra o idealmente con un pediatra con alta especialidad en neonatología.
✓ Deja que sea tu médico quien haga los diagnósticos y te recomiende el manejo más adecuado para los problemas específicos de tu bebé.

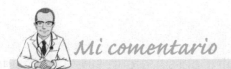

Mi comentario

Es tanta la información de la que actualmente dispone cualquier persona en las redes, que a diario vemos en nuestros consultorios a madres que por sí mismas hacen varios cambios de fórmulas, dan remedios a sus hijos e incluso inician con medicamentos sin antes consultarlo con su médico. Hay también un gran número de médicos generales, jóvenes con poca experiencia seguramente cerca de tu colonia, cobrando menos de la décima parte que un neonatólogo o un pediatra, y que fácilmente indican medicamentos a tu bebé. Sin ser problemas serios o graves, estas molestias del recién nacido y bebés pequeños requieren de una larga experiencia para hacer más llevaderas tus largas noches de insomnio, y su difícil etapa de adaptación. Mas adelante, en el 2º tomo de este libro, donde te hablaré sobre los problemas y enfermedades más frecuentes del recién nacido y del bebé pequeño, tocaré a fondo cada uno de los problemas relacionados con el aparato gastrointestinal, como la intolerancia a la lactosa, alergia a las proteínas de leche de vaca, reflujo gastroesofágico, etc. No te lo pierdas.

Lactancia mixta - Alimentación al seno materno complementada con fórmula en polvo

El combinar ambas técnicas de alimentación, representa también el sumar las ventajas y desventajas de cada una de ellas, adaptándolas a la conveniencia y necesidades de cada familia. Un porcentaje bastante alto de nuestras mujeres mexicanas lleva a cabo esta forma de alimentar a su bebé. Claro está que nada es mejor que alimentar al bebé exclusivamente con leche materna, pero habremos de ser comprensivos acerca de las situaciones y criterios que vive cada familia, poniendo sobre la mesa esta opción cuando sea necesaria.

Ventajas

✓ Tu bebé puede ser alimentado por cualquier otra persona aun sin la necesidad de tu presencia.

✓ Te puede dar más libertades de tiempo para trabajo o esparcimiento.

✓ Se adapta fácilmente a aquellos bebés que pasan el día en una estancia infantil. Toma fórmula allá, y llegando a casa toma leche materna.

✓ Tú misma puedes sumar las ventajas de la alimentación al seno materno con las de las fórmulas lácteas.

Desventajas

✓ Considera todas aquellas desventajas que recién te mencioné, en el capítulo de Desventajas de las fórmulas lácteas. Siempre en proporción de las cantidades de fórmula láctea y la de leche materna que tome tu bebé.

 *Mi comentario*

Al alimentar a un bebé con ambas técnicas, las posibles ventajas o desventajas para cada niño dependerán de las cantidades de cada tipo de leche que tu bebé tome. Más leche materna significa más ventajas de dicha leche, y dar más fórmula en polvo láctea que leche materna obviamente significará más desventajas y malestares relacionadas con las fórmulas. De tal manera que tratándose de combinar ambos tipos de leche deberás siempre procurar darle a tu bebé la mayor cantidad de leche materna. Siempre inicia primero con la leche materna y deja la fórmula para el final solo si tu bebé no quedó conforme. De esta manera, si tu bebé come directo al pecho materno, te estimulará más, porque los primeros minutos succiona con más energía. Si toma en biberón la leche materna extraída, garantizarás que sea consumida antes que la fórmula.

Preguntas frecuentes

¿Puedo mezclar la leche materna y la fórmula?

Preferentemente, "NO HACERLO" debido a que en caso de no terminarse toda la cantidad mezclada se desperdiciaría una cierta cantidad de leche materna. Es por eso por lo que te recomiendo darlas por separado, siempre primero la leche materna y a seguir la fórmula. Aunque te recuerdo que aun estando ya mezcladas, puedes también guardar bajo refrigeración el sobrante y consumirlo con seguridad durante las siguientes 24 h. Quizá el único argumento para mezclarlas sería el tratar de homologar el sabor, tratando de evitar que rechace la fórmula debido a su sabor.

¿Puedo utilizar la fórmula sobrante para la siguiente toma?

"CLARO QUE SÍ", siempre y cuando se mantenga fresca y limpia, sobre todo en climas muy cálidos, idealmente debe guardarse bajo refrigeración, y tiene un plazo de 24 h. para ser consumida, aunque idealmente es mejor el tratar de usarla en la siguiente toma.

¿Qué tipo de fórmula es la ideal para mi bebé?

Es importante que desde el nacimiento brindes tu confianza al neonatólogo o pediatra que atiende a tu bebé para que seleccione a su criterio qué tipo de fórmula será la ideal en tu caso. Ya más adelante, según la tolerancia y una serie de signos y síntomas, se valorará su continuidad o la posibilidad de un cambio a otro tipo de fórmula.

Alimentación complementaria o ablactación

✓ El término ablactación es el utilizado para indicar el momento en que se introduce al bebé nuevos alimentos diferentes a la leche. Los términos pueden ser diferentes de un país a otro, o incluso ir cambiando con el paso del tiempo. Recientemente, se habla ya más de alimentación complementaria, lo cual considero como un término más fácil de entender por cualquier persona.

✓ Acerca de este tema, tengo bastante que decirte, y habremos de tomar en cuenta varios aspectos, como la anatomía y fisiología de las vías digestivas del bebé a sus diferentes edades, hábitos, costumbres y preferencias alimentarias de sus padres, disponibilidad de alimentos en su comunidad, etc.

✓ Este tema debe siempre tocarse bajo la aclaración de que ha venido cambiando en las últimas décadas, como muy posiblemente lo hará en un futuro, según nuevos estudios científicos que lo respalden.

✓ Por su extensión e importancia, destiné un manual especial para el tema, mismo que te recomiendo ampliamente leer y seguir.

LIMPIEZA Y ASEO DEL BEBÉ

El tema de limpieza y aseo en el bebé es algo de suma importancia, pues en sí es la mejor forma de prevenir infecciones, problemas en la piel del bebé y enfermedades en general. Seguramente mucha de esta información será de tu conocimiento, y de haber dudas aquí, trataré de resolverlas.

Limpieza de la ropita

Lo primero que queremos hacer al salir del hospital y llegar a casa con nuestros bebés hermosos es ponerlos bien guapos y estrenar toda la ropita que te han regalado, o que has comprado con tanta ilusión. Antes de hacerlo, por favor te sugiero cumplir con las siguientes recomendaciones:

✓ Siempre busca cuidadosamente y retira etiquetas, grapas, alfileres o agujas.

✓ Lava la ropa nueva antes de usarla.

✓ Preferentemente utiliza jabones líquidos y no en polvo.

✓ Si usas suavizantes de tela, preferentemente que sean para bebé.

✓ Enjuaga bien la ropita después de lavarla.

✓ Si la secas al sol, retírala en cuanto esté seca para evitar el polvo.

✓ Si notas cambios en su piel, relacionados con un tipo determinado de jabón o suavizante, prueba con otro diferente.

El baño diario del bebé

En este tema, como en muchos otros, seguramente escucharás diferentes opiniones. La comadre, la vecina, la prima y la abuelita, una vez más estarán opinando y dando su punto de vista. Algunos de sus consejos pudieran ser muy buenos, pero otros no tanto. Una consideración lógica que puedes tomar en cuenta es la temporada del año en que estés, pues la temperatura ambiental puede variar considerablemente en las diferentes regiones de nuestro país. Para ser práctico, te mencionaré primeramente algunas recomendaciones generales y luego las dividiré en aquellas recomendadas para "ÉPOCA DE FRÍO Y OTRAS PARA ÉPOCA DE CALOR".

Recomendaciones generales

✓ El momento del baño debe significar diversión y alegría para tu bebé.

✓ Mantén siempre una temperatura ambiental agradable.

✓ Caricias, juego y música son muy bien bienvenidos en ese momento.

✓ Puedes bañarlo con agua corriente de la llave y no es necesario el uso de agua purificada para bañarlo.

✓ Te recomiendo que tu bebé tenga sus propias toallas, y no uses las del resto de la familia.

El baño durante la temporada de frío

El baño diario puede considerarse como opcional durante el frío, pues tampoco hay ningún inconveniente en que tu bebé, que se mantiene a buena temperatura, sin sudar y bien aseado, sea bañado un día sí y otro no.

Los recién nacidos y lactantes durante sus primeros meses de vida generalmente no huelen mal ni tampoco producen mucho sudor o grasa. No es conveniente dejar de bañarlos por más de dos días, pues su piel es muy delicada y pueden presentar ronchitas o salpullido que dan mal aspecto, ocasionan molestias y posible llanto por comezón.

✓ Puedes bañarlo en días alternos, un día sí y otro no.

✓ Seleccionar las horas menos frías del día.

✓ Mientras su cuarto y su baño estén a la temperatura adecuada, a tu bebé no le interesa si fuera de casa hay nieve, o un sol candente como el de Hermosillo, Sonora, México, capital mundial del calor y de mi corazón.

✓ De ser necesario coloca desde minutos antes un calefactor ambiental en el baño por el tiempo que sea necesario.

✓ Un termómetro ambiental siempre te ayudará a tomar la mejor decisión.

✓ No saques a tu bebé húmedo o recién bañado a temperaturas frías.

✓ Si puedes mantener una temperatura templada en su baño entre 28-30° C, y su cuarto entre 20-23 como mínimo, tu bebé estará más cómodo y seguro.

✓ El horario de baño no es muy trascendente, aunque si notas que al bañarlo se relaja y duerme cómodamente, puedes dejarlo para última hora en las noches.

✓ Si tu cuarto es frío, es mejor no bañarlo por las noches, pues estará húmedo durante las horas más frías de la madrugada.

El baño durante la temporada de calor

Si durante el invierno el baño diario puede ser opcional, durante el verano no cabe ni la menor duda de que el baño diario es una necesidad, especialmente en ambientes muy calientes como mi tierra; puedes bañarlo varias veces para refrescarlo. Además de asear a tu bebé, el baño diario lo divierte, lo refresca y le ayuda a prevenir alteraciones en la piel.

✓ Idealmente, báñalo a diario durante la época cálida.

✓ Si es de su agrado y se divierte, puedes bañarlo varias veces al día.

✓ Puedes mantener su cuarto fresco 23-25° C, aun estando recién bañado.

✓ Evita exponerlo directamente frente a la corriente de aire acondicionado si está húmedo y recién bañado.

Qué tipo de jabón y champú usar

La piel del recién nacido es delicada y muy sensible a los cambios de pH del jabón de uso diario, por lo cual es importante tomar en cuenta ciertas recomendaciones.

✓ Bañarlo con jabón neutro o especial para bebé.

✓ Si no tienes otra alternativa, puedes usar jabón normal de adulto en pastilla y generalmente son bien tolerados en la mayoría.

✓ Usa champú de pelo para bebé que no irrite los ojitos en caso de tener contacto directo.

✓ Si no tienes otra alternativa, puedes usar champú normal de adulto, cuidando que no le caiga a sus ojitos.

✓ No utilices el jabón de cuerpo de tu bebé en otras personas de la familia.

✓ Si usas el mismo champú de pelo de la familia, no apliques aquellos que son especiales para caída de pelo, caspa u otros problemas.

Mi comentario

De ser posible, tanto para su cuerpo como para su cabello, usa productos especiales para bebé, pues no contienen perfumes o sustancias que dañen su delicada piel o sus ojitos.

Temperatura del agua

La temperatura ideal del agua para bañar a un recién nacido o bebé pequeño debe ser un par de grados menor que la temperatura de nuestro cuerpo, que normalmente es de 36.5º C en promedio. Antes de bañar a tu bebé puedes medir la temperatura del agua con un termómetro especial, fácil de encontrar en los departamentos de bebés de algunas tiendas y usualmente integrados a un juguete flotador. Si no cuentas con un termómetro, tendrás que usar tu imaginación y sentido del tacto, tocando el agua con tus manos hasta ponerla a temperatura tibia agradable.

La respuesta del bebé al tocar el agua es importante, y debe expresar sensación de alegría o bienestar si la temperatura del agua le agrada, y seguramente demostrará inquietud, molestia o llanto si no le es agradable.

✓ Medir que el agua tenga idealmente entre 33-34º C

✓ Antes de mojar a tu bebé, prueba siempre la temperatura del agua en tus manos y antebrazos.

✓ Moja primero una pequeña parte de su cuerpo y checa que la reacción de tu bebé al tocarla sea de agrado.

Mi comentario

Muy pronto aprenderás y después de varios baños podrás seleccionar la temperatura de agua que a tu bebé más le agrada, aun sin la necesidad de un termómetro. ¡En eso de ser mamá y papá se aprende rápido!

Cuál es la hora o el momento ideal para bañar al bebé

Acerca de la hora o momento ideal para bañar a tu bebé, te puedo decir que no hay suficientes argumentos científicos para fijar una hora en especial, y más que nada me concreto a mencionarte varias opciones o situaciones de las cuales seguramente alguna de ellas te acomodará. No dudes en intentar cambiar y probar otra diferente.

✓ Puedes aprovechar y bañar a tu bebé en una de esas evacuaciones en que se sale todo del pañal y se embarra hasta la espalda.

✓ Aprovecha ese momento en que a tu niño le toca comer y está muy dormido, y después del baño, ya bien despierto, seguro comerá bastante más.

✓ Si a tu bebé le divierte y agrada bañarse, puedes aprovechar algún momento de malestar o llanto para tratar de alegrarlo con un rico baño.

✓ Bañar al bebé por las noches a última hora antes de su hora de dormir podría relajarlo y ayudar a que duerma más y mejor.

✓ Puedes aprovechar el momento en que mamá o papá se bañan para bañar al bebé juntos en la regadera, que, por cierto, me encantaba hacerlo yo mismo con mis hijos.

Diferentes formas de bañar a tu bebé
Baño de tina

Lo fácil que son de acomodar en cualquier baño o habitación, lo económicas, fácil de encontrar en cualquier tienda, etc., han hecho que al paso del tiempo sean la forma favorita y más común de bañar a un bebé.

✓ Llena la tinita con agua corriente de la llave.

✓ Mezcla el agua fría y caliente hasta lograr la temperatura adecuada.

✓ Moja y enjabona a tu bebé.

✓ Enjuaga de nuevo con agua limpia.

✓ A secarlo, y listo para aplicarle su cremita de bebé.

Mi comentario

Te recomiendo que tengas también una esponja gruesa que cubra la base de la bañera, así como una llave de agua con manguera para facilitarte el bañar a tu bebé. Para evitar cualquier posible accidente, nunca deberás dejar solo o quitar la vista de tu bebé, ni dejarlo a cargo de un menor.

Baño de regadera con los padres

Quizá la forma más rápida y fácil de bañar a tu bebé sea aprovechando el momento del baño de mamá o papá.

✓ No requieres de instalaciones o accesorios extra.

✓ Puedes jugar con él y disfrutar enormemente del momento.

✓ Tratándose de un bebé pequeño, puede requerir de dos personas para llevarse a cabo adecuadamente.

✓ Para evitar posibles accidentes, es necesario tener un banquillo o una silla dentro de la regadera, y cargar al bebé solo estando sentados.

✓ El usar una toalla para cargarlo disminuye el riesgo de que se resbale de tus brazos y pueda caer. Lo resbaloso del jabón puede ser un peligro.

Mi comentario

El bañar a tu bebé contigo o juntos en pareja, desde recién nacidos y edades posteriores, es una experiencia muy agradable que seguramente padres e hijos recordarán al cabo de décadas. ¡Mi favorito!

Baño de esponja

El baño de esponja tienen algunas ventajas que puedes aprovechar.

✓ Puedes repetirlo cuantas veces al día sea necesario.

✓ Es fácil, rápido y muy práctico.

✓ Solo requiere de una esponja blanda y estar cerca del agua tibia.

✓ Comúnmente utilizado para lavar el área del pañal si tu bebé se embarra.

✓ No siempre es necesario usar jabón y puede ser solamente agua.

✓ Esta práctica ha sido relevada casi en su totalidad por las toallitas húmedas.

✓ Si así lo quieres, puedes colocar a tu bebé sobre una toalla grande, usar agua y jabón, hacer el baño completo sin bañera y solo con la esponja, evitando el desperdicio de agua.

Mi comentario

Quizá sea el método más fácil, rápido y práctico de bañar a tu bebé. Pruébalo al igual que las demás opciones y seguramente podrás variar de una a otra según el momento y tus preferencias. Al momento de bañarlo, el agua puede entrar a los oídos sin ningún problema, aunque aún no es conveniente el meter agua intencionadamente a sus oídos, hasta edades posteriores. Solo sécalos hasta donde alcances; puedes utilizar papel sanitario o kleenex, pero nunca introduzcas hisopos a sus oídos. Aprovecha el bañarlo, para dar un suave masaje a sus lagrimales y asear sus ojos, así como para aplicar un poco de suero salino en sus fosas nasales y asear su naricita. No olvides limpiar bien sus genitales, y finalmente aplicar una cantidad generosa de pomada en el área del pañal para prevenir rozaduras.

Aseo del ombligo del bebé

El ombliguito de un recién nacido es uno de los puntos en que deberás tener mayor cuidado en asear. Empiezo por recordarte que ese conducto de aspecto gelatinoso, de color blanquecino al momento de nacer, formado por una membrana exterior que contiene por dentro un material viscoso, es llamado gelatina de Wharton y lleva por dentro dos arterias delgadas y una vena gruesa. Al separarlo de su madre, el ombligo es ligado y cortado, quedando un extremo pegado a la placenta, que al extraerla será desechada, y el otro extremo pegado al bebé, queda ligado pero con su borde expuesto. Este tejido empieza a secarse y descomponerse, por lo que puede ser colonizado por bacterias y ocasionar una posible infección. Cualquier infección en este sitio pudiera ser muy peligrosa, pues de entrar a la circulación sanguínea, por la vena o dos arterias que antes te mencioné, ocasionaría una grave infección conocida como sepsis neonatal, poniendo en riesgo la vida del bebé. Mantener el ombligo siempre lavado, limpio y seco, elimina estas posibilidades. Es importante que te des un tiempito y una repasada al tema donde te hablo del ombligo, un poco más atrás en el capítulo del bebé sano. Si eres una mamá normal, te aseguro que te da miedo el tan solo tocar el ombliguito de tu bebé. No te angusties, pues le pasa a 9 de cada 10 madres, pero habrán de sobreponerse y aprender a hacerlo, o buscar quien les ayude a lavarlo adecuadamente.

Aseo del muñón umbilical del recién nacido

✓ Lavar con agua y abundante espuma de jabón al momento de bañarlo.

✓ Nunca tallarlo directamente con la pastilla de jabón, hazlo con tus dedos o con una gasa desechable.

✓ Puedes tomar con la mano el trozo de ombligo de tu bebé, y moverlo de un lado a otro para poder lavarlo por todos sus lados. ¡No tengas miedo!

✓ Después de secar al bebé con su toalla, seca el muñón umbilical aparte con papel sanitario o una gasa desechable. Es normal que al secarse, los vasos sanguíneos del ombligo que antes te mencioné se vayan reventando por fuera, y al limpiarlo pudieras ver algo de líquido oscuro sanguinolento.

✓ Después de lavado no es necesario que le apliques alcohol, mertiolate u otro antiséptico.

✓ Ya lavado y seco, puedes dejarlo expuesto o cubrirlo con una gasa y retirarla ya mojada al momento de bañarlo de nuevo.

✓ No es necesario que la pinza o ligadura del muñón umbilical sea removida, y deja que sea tu neonatólogo o pediatra quien en su próxima cita valore si puede o no retirarse.

✓ Continúa haciéndolo diariamente hasta que el muñón umbilical se seque totalmente y se caiga por sí solo.

✓ Cuanto más seco y limpio mantengas su ombliguito, más rápido se caerá.

✓ Es común que si en su primer cita, a la semana de vida, su ombliguito está ya bien seco y a punto de desprenderse, tu médico aproveche y de una buena vez lo separe.

✓ No es necesario ni útil el fajar o colocar algún tipo de vendaje en el ombliguito de tu bebé. Este procedimiento obedece más a tradiciones familiares y consejos heredados de madres a hijas, y no tiene ningún sustento científico. El fajarlo no disminuye la posibilidad de presentar hernia umbilical, y obedece al temor que tienen muchas madres de manipular el ombligo de su bebé. El único éxito de vendar o fajar el ombligo del bebé es que dejas de verlo, y como bien dice el dicho: "ojos que no ven, corazón que no siente".

✓ ¡POR FAVOR! No vayas a seguir la pésima y muy riesgosa creencia popular de no lavar el ombliguito de tu bebé durante toda la cuarentena (los 40 días siguientes al nacimiento).

Mi comentario

Al paso de los días, el muñón umbilical se irá secando, endureciendo y tomará un aspecto oscuro. Si huele fétido puedes volver a lavarlo las veces que sean necesarias, y de no mejorar su aroma o presentar secreción tipo pus, consulta de inmediato a tu neonatólogo o pediatra. Después de ser dados de alta del hospital donde nació, la siguiente cita a revisión de tu bebé será aprox. a la semana de vida, y el ombliguito será un punto obligado en la revisión. No olvides preguntar tus dudas. No te asustes, que en algún momento, después de varios días, es normal que al tomar su ombliguito en tus manos para lavarlo simplemente se desprenderá.

¿Lo desecharás o lo guardarás como hacían las madres o abuelas de generaciones anteriores? Por ahí, en un viejo álbum, ¡aún está pegado el mío!

Aseo cuando el ombligo ya se ha desprendido

Cuando el ombliguito de tu bebé se haya ya caído aprox. a los 7-10 días de nacido, si buscas bien en la base, quizá podrás visualizar los 3 vasos sanguíneos que te he mencionado, mismos que pueden eliminar restos de la sangre que contenían en su interior, en forma de secreción sanguinolenta oscura, y manchar un poco el pañal o ropa de tu bebé. No te preocupes por ese pequeño sangrado, no debe ser abundante e irá disminuyendo poco a poco hasta desaparecer totalmente en la siguiente semana.

✓ Al desprenderse el muñón umbilical de tu bebé, sigue lavándolo de la misma manera con agua y abundante espuma de jabón hasta cicatrizar totalmente.

✓ Mientras presente secreción sanguinolenta, sigue secando su ombligo con papel sanitario o una gasa desechable para no manchar su toalla.

✓ Puedes seguirle colocando una gasa desechable diariamente después de bañarlo, continúa hasta que deje de mancharla.

✓ No es necesario que apliques alcohol, mertiolate u otros antisépticos.

✓ **Nota:** de nueva cuenta te recuerdo que tampoco en esta etapa es necesario ni útil el fajar o colocar algún tipo de vendaje en el ombliguito de tu bebé.

Mi comentario

Ya habiéndose secado y caído el muñón umbilical, seguro sentirás menos temor de asear su ombliguito, y solo habrás de entender que la secreción sanguinolenta que expulsa es el desecho de la sangre que antes circulaba por dentro de esos vasos sanguíneos. Pronto se secará y su piel se cicatrizará.

Aseo de la cicatriz umbilical

Ya habiéndose secado y caído el muñón umbilical, así como dejado de expulsar los residuos de sangre de su interior, la base del ombliguito de tu bebé se irá secando totalmente. Seguramente hasta ese momento habrán transcurrido ya varias semanas. El ombliguito ya cicatrizado se irá jalando hacia dentro en las siguientes semanas o meses, y puede acumular grasa o suciedad en sus pliegues, por lo que deberás continuar aseándolo sin miedo, con agua y jabón, siempre que bañes a tu bebé.

✓ Lavar la cicatriz umbilical con agua y jabón al momento de bañar al bebé.

✓ En edades subsecuentes, ya más grandecito, debes enseñarle a que se lave por sí mismo su ombligo al momento de bañarse.

✓ Ya limpio puedes aplicarle crema de bebé al igual que el resto del cuerpo.

✓ **Nota:** si no fue necesario vendar el ombligo de tu bebé en las dos etapas anteriores, antes de cicatrizar el ombligo del bebé, tampoco lo es en estos momentos. De presentar alguna anormalidad en la cicatrización del ombliguito, seguramente tu médico lo notará en sus visitas de seguimiento, pues siempre será revisado.

¿Cuánto tiempo tardará el ombliguito de mi bebé en meterse y quedar totalmente normal?

En cada visita mensual de chequeo de tu bebé se irá viendo cómo va evolucionando su ombliguito. Muy seguramente después de 3 meses de vida verás que ya esté hundiéndose y tomando forma normal. Es importante que sepas que es normal que el ombligo tome su forma final hasta cerca del año y medio de vida, y algunos bebés ocuparán aún más tiempo. Cada niño se puede comportar diferente y deberá valorarse en lo individual. Mientras tu bebé no presente una hernia umbilical diagnosticada por tu pediatra o neonatólogo, el manejo de un ombliguito que aún no se cierra adecuadamente, debe ser conservador y dándole oportunidad a que con el tiempo cierre por sí solo.

Aseo de los oídos del bebé

Los oídos de un bebé recién nacido y durante sus primeros meses de vida, normalmente no producen tapones de cerilla, y salvo en muy contados casos, no requieren de ser limpiados por dentro. Es suficiente con que limpies sus oídos por fuera, solo si muestran cerilla o suciedad. Si se mojan al bañarlo, puedes secarlos con un kleenex, con papel sanitario o con poco de algodón. En caso de hacerlo, deberá ser de una forma diferente que en un adulto, para lo cual te haré algunas recomendaciones:

✓ Toma la esquinita de un trozo de papel sanitario, kleenex, o algodón, tuércelo varias veces hasta quedar en forma espiral como un tornillo de aprox. 4-5 cm. de largo. Diseñé estos "tornillitos para oídos del Dr. Campillo" hace ya muchos años, y recientemente alguien los patentó ya en USA, y se venden en las farmacias en paquetes de 10 piezas. ¡Excelente!

✓ Introdúcelo suavemente por el conducto auditivo de tu bebé, gíralo con movimientos de rotación como si estuvieras apretando un tornillo hasta que entre tan solo un poco, quizá 1 o 1,5 cm., y puedas secar o limpiar su oído.

✓ Sácalo rotando de la misma manera en que lo introdujiste.

✓ Repite la maniobra hasta que salga totalmente limpio. Si se ensucia, haz uno más o los que sean necesarios.

✓ Aprovecha el momento después de bañarlo, cuando sus oídos se encuentran húmedos. De ser necesario, antes de limpiárselos puedes aplicarle una o dos gotas de agua purificada tibia en cada oído.

✓ Cualquier suciedad más profunda o sólida que veas en sus oídos, no te arriesgues, deberá ser retirada por tu médico con unas cucharillas especiales para este fin.

✓ Si ves algo de cerilla ya casi por salir, también puedes aspirarla con la misma perilla que usas para boca o nariz.

Mi comentario

No es conveniente el uso de hisopos de algodón o Q-Tips tradicionales, pues empujan la cerilla hacia dentro, ocasionando que se compacte al final del conducto auditivo, y por ser rígidos, puedes lastimar la membrana timpánica si se introduce de más. Ocasionalmente, el bebé puede escurrir lágrimas o incluso restos de leche, y entrar a sus oídos. Piensa en esta opción antes de sospechar que sea secreción de otro tipo. Después de varios meses de vida, tu bebé producirá cada vez más cerilla, por lo que tendrás que realizar esta maniobra con más frecuencia.

Aseo de la nariz del bebé

Debido a su anatomía, los recién nacidos y bebés pequeños no saben respirar bien por su boca, por lo que deberás estar siempre pendiente de mantener sus vías aéreas libres de tapones de moco y despejadas, y de esta manera permitirle respirar libremente. Podrás sospechar que tu bebé tiene obstrucción nasal en los siguientes casos:

✓ Al escuchar su respiración ruidosa y ruda.
✓ Si ves que respira con dificultad y muestra inquietud.
✓ Ante la presencia de tapones de moco seco en sus fosas nasales.

Lavado nasal

Los tapones de moco seco y duro, o que están por dentro y no se encuentran a la vista, deberán ser primeramente reblandecidos para facilitar su extracción. Te sugiero que compres en cualquier farmacia un frasco de medio litro de suero salino, también llamado solución fisiológica o solución de cloruro de sodio al 0.9%, y la apliques con un gotero común. Seguro la usarás bastante frecuente en tu bebé y tendrás un ahorro significativo en comparación con los *sprays* comerciales para nariz, que te costarán 10 veces más. El suero salino comercial para nariz se vende y promociona como "agua de mar", son excelentes, pero la gran diferencia es el precio.

✓ Aplica con un gotero 2 o 3 gotas de suero salino de una en una, en cada una de sus fosas nasales, o aplica 1-2 disparos de spray comercial de suero salino para reblandecer su moco nasal. En caso necesario puedes aplicar una cantidad mayor sin problema.
✓ Espera de 1-2 minutos a que el moco se reblandezca y procede a aspirar.
✓ Si los tapones de moco seco están a la vista, puedes succionarlos con una perilla de goma o cualquier otro tipo de succionador, sacarlos con una cucharilla flexible especial para ese fin o si están al alcance, sacarlos delicadamente con una de tus uñas.

✓ También puedes usar un aspirador de boca con el cual tú misma aspiras sus secreciones, ya sean de nariz, boca o incluso de oídos.

✓ Repite el procedimiento las veces que sea necesario hasta destapar sus fosas nasales.

 *Mi comentario*

El lavado nasal en los bebés pequeños es una maniobra que se requiere con mucha frecuencia y que habrás de dominar. Repítela sin temor y con confianza cada vez que sea necesaria. Al momento de aspirar con la perilla, procura no pellizcar la pared de las fosas nasales de tu bebé, pues le dolerá y con el tiempo puede lastimar su mucosa nasal. Si lo haces en forma suave y delicada, tu bebé no tiene por qué llorar ni sufrir. También puedes hacerlo al estar dormido.

Aseo de los ojitos del bebé

Las lágrimas son producidas por las glándulas lagrimales ubicadas en el borde interno de cada ojo en su unión con la nariz. Su función es la de lubricar y limpiar los ojos, drenando luego hacia la nariz a través del conducto lagrimal. Aun sin verlas, todos producimos lágrimas constantemente en pequeñas cantidades, aunque cuando lloramos o el ojo se irrita por cualquier motivo, su producción aumenta y podemos derramarlas en forma de llanto. Normalmente, los recién nacidos tienen muy escasas lágrimas y es por eso por lo que acumulan frecuentemente lagañas. A partir de los 2 meses de edad, notarás que su producción aumenta considerablemente en forma progresiva. Mientras tanto, cada vez que tu bebé tenga lagañas, deberán ser limpiadas con la técnica adecuada para evitar que se infecten y ocasionen una conjuntivitis. Más adelante, en el tomo 2 de este libro, donde hablaremos de Los problemas y enfermedades más frecuentes en el recién nacido y bebés pequeños, podrás revisar más a fondo los detalles sobre la conjuntivitis. Por lo pronto, juntos evitemos que esto suceda.

✓ Lava bien tus manos con agua y jabón. No apliques gel desinfectante o crema.

✓ Si tu bebé tiene secreción o lagañas previo al masaje, limpia sus ojitos con algodón y agua purificada.

✓ Masajea suavemente el sitio que corresponde a ambas glándulas lagrimales con la yema de tus dedos durante 1-2 minutos.

✓ Si las glándulas expulsaron más secreción, limpia de nuevo con agua y algodón.

✓ En forma preventiva, su aseo de ojos puede ser una sola vez al día, idealmente al momento de bañarse, pero de haber lagañitas puedes repetir este procedimiento 1-2 veces al día o las que sean necesarias.

✓ Si sus ojos están rojos, hinchados y la secreción es abundante, lleva a tu bebé al pediatra o neonatólogo lo antes posible.

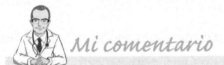

Mi comentario

Además de la escasez de lágrimas, los bebés frecuentemente presentan cierta obstrucción transitoria de los conductos lagrimales, y muy ocasionalmente algunos llegan a formar pequeños quistes que habrán de destaparse por el oftalmólogo pediatra. Comenta tus observaciones con tu médico de confianza. Si tus uñas son largas será necesario cortarlas, o muy probablemente tendrás que recurrir a alguien más que te ayude con este procedimiento. He visto madres, con todas sus uñas recortadas menos una, la del dedo meñique de su mano dominante, precisamente para usarla en los ojitos, oídos y nariz de su bebé cada vez que sea necesario. Buena idea, ¿no lo crees?

Aseo de los genitales del bebé

El momento de bañar a tu bebé es cuando habrás también de asear y lavar sus genitales. Es muy común que las nuevas madres muestren temor y dudas acerca de la forma de lavar los genitales de su bebé. Recuerda que haciéndolo con cuidado y delicadeza no tiene por qué ocasionar molestias ni dolor a tu bebé. Aprovecha y revisa bien sus genitales y de esta manera podrás identificar fácilmente cuando todo se encuentre dentro de lo normal o cuando presente algún problema o anormalidad que requiera atención. Les explico personalmente esto a todos los nuevos padres al momento de estar explorando a su bebé para que conozcan bien cada parte de sus genitales, y de esta manera tengan confianza, seguridad y pierdan el miedo de hacerlo. Lamentablemente, recibo una gran cantidad de pacientitos mal aseados, o ya con problemas en sus genitales por falta de aseo en esta área tan importante. La gran mayoría de ellos me comentan que nadie les había enseñado antes el cómo hacerlo.

Conceptos generales

✓ Te recomiendo lavar los genitales de tu bebé diariamente al momento de bañarlo.

✓ Si al momento del cambio de pañal, tu bebé se ensució con excremento también sus genitales, debes asearlos de nuevo.

✓ Anteriormente, en el capítulo del bebé normal, te mencioné algunas de las características y aspectos normales de los genitales femeninos y masculinos. Si tienes alguna duda puedes regresarte y revisar ese tema de nuevo.

✓ Los genitales de las niñas deberán ser aseados con más frecuencia y detalle, tomando en cuenta que por su anatomía, pueden acumular y retener más secreciones y excremento que, al pasar desapercibido a tu vista, pudiera ocasionar una infección.

✓ Tomando en cuenta las grandes diferencias que existen entre en la anatomía de hombres y mujeres, voy a dividir las recomendaciones según el género.

Aseo de genitales en bebés femeninos

Primer aseo a la recién nacida

En especial las niñas, desde el mismo momento del nacimiento, presentan ya en sus genitales un acúmulo de vernix caseoso, que es la grasa que cubre la piel de los recién nacidos mientras crecen dentro del útero materno. Esta grasa es espesa y difícil de quitar, por lo que es común que requieras de un poco de aceite para bebé para desprenderla con más facilidad. Generalmente, este vernix caseoso acumulado en los genitales de las bebés recién nacidas no es retirado en forma rutinaria por las enfermeras del área de cunas de la mayoría de los hospitales, y de ser así, seguramente habrás de hacerlo tú misma en casa con esta guía.

Aseos constantes

El espacio ubicado entre labios mayores y menores de tu bebé producirá normalmente y en forma constante una grasa llamada esmegma, muy similar a la que también producen los bebés masculinos. Esta se acumulará fácilmente si no la limpias con frecuencia. Debido a la cercanía del ano con los genitales, también es muy frecuente que al momento de evacuar se embarre algo de excremento en este sitio, incluso con frecuencia llega a entrar por su vaginita, por lo que habrás de seguir los mismos pasos para su aseo cada vez que bañes y cambies de pañal a tu bebé. Por favor sigue estos pasos:

✓ Al igual que cualquier otra maniobra o procedimiento con tu bebé, empieza por lavar bien tus manos con agua y jabón.

✓ Por favor, si aún no sabes identificar bien cada parte de los genitales de tu bebita, hecha un ojo al gráfico donde te lo explico y apréndelo ahora mismo.

✓ Abre delicadamente los labios mayores de sus genitales con los dedos de una de tus manos, mientras con la otra tomas el material que usarás para su limpieza.

✓ Puedes usar las ya muy conocidas toallas húmedas desechables o algodón mojado con agua tibia o impregnado con aceite para bebés.

✓ Empieza por separar y limpiar bien el espacio entre sus labios mayores y menores de ambos lados.

✓ A seguir, junta el labio menor con el labio mayor de cada lado, y muy suavemente separa sus labios menores, abriendo el espacio de entrada a su vagina. Limpia este sitio de la misma manera, con mucho cuidado y delicadeza.

✓ Finalmente puedes aplicar alguna pasta inerte de la que usas para prevenir rozaduras, o vaselina. Aplícala bien entre labios mayores y menores, y no es necesario que la apliques en la entrada de su vaginita. Ya cerrando sus labios menores y mayores, también aplica pomada por fuera, en su vulva, así como el resto del área del pañal.

Mi comentario

Es normal que al momento del aseo de genitales de tu bebé recién nacida encuentres algo de secreción mucosa blanquecina que sale de su vagina. Solo límpiala delicadamente de la misma manera. Te recuerdo que durante sus primeras dos semanas de vida, tu bebé puede también presentar un pequeño sangrado vaginal llamado menstruación diminuta que cederá por sí sola al cabo de unos días. Todo esto es debido a los cambios hormonales de mamá, y que desde antes de nacer, al pasar esas hormonas a través de la placenta, también influyen sobre la bebé. Nace cargada de hormonas de mamá, y al ser totalmente suspendidas en forma súbita al nacer, tiene estos efectos.

Aseo de genitales en bebés masculinos

✓ Como antes te mencioné en el capítulo del recién nacido sano, la piel que cubre el pene de tu bebé se llama prepucio, y en la mayoría de recién nacidos "no" se logra bajar hasta dejar descubierto el glande o cabeza del pene, a menos que se le haya realizado la circuncisión.

✓ Si aún tienes dudas sobre la circuncisión, puedes leer nuevamente sobre el tema en el capítulo de Procedimientos recomendados al momento del nacimiento.

✓ Recuerda que los escrotos, piel que cubre los testículos, es de un color más oscuro y de una textura rugosa.

Bebés sin circuncisión

En estos casos solamente debes lavar sus genitales por fuera, sin necesidad de forzar el prepucio y tratar de bajarlo, maniobra que se irá realizando poco a poco por tu neonatólogo o pediatra en las consultas mensuales de seguimiento. Si su prepucio baja fácilmente y deja descubierto total o parcialmente el glande o cabeza del pene, bájalo poco a poco delicadamente, lava bien toda esa área, y al finalizar regrésalo de nuevo. En sus citas mensuales de seguimiento siempre pide a tu neonatólogo o pediatra que te muestre si ya el prepucio de tu bebé baja, y de no bajar aún, que te muestre cómo hacer para irlo bajando poco a poco.

Bebés circuncidados

Si tu bebé tiene ya la circuncisión, ya no tiene prepucio, que era la piel que cubría su glande o cabeza del pene y que hoy está ya expuesta, deberá ser aseada con agua y jabón al momento de bañarlo, y cada vez que se ensucie al orinar o evacuar. Te recuerdo que es normal que el glande de tu bebé puede cambiar de color rosado a violáceo según la temperatura o si está erecto o flácido. Al terminar de asear su pene y glande puedes aplicar en este sitio la misma pomada que usas para prevenir rozaduras.

Cuidados de la piel del bebé

Uso de cremas, perfumes, pomadas o talco en el bebé

La piel del bebé es una de sus debilidades durante los meses que dura en adaptarse y es causa frecuente de consulta pediátrica, pues fácilmente se irrita, reseca, descarapela, y requiere que seas muy cuidadosa con ella. De una generación a otra, se han utilizado talco, cremas, vaselina o aceite mineral, y es común que estas costumbres se hereden de madres a hijas, por lo que es importante que revisemos este tema y hagamos recomendaciones actualizadas.

El uso de cremas para bebés

✓ Aplícala una sola vez al día después de bañarlo.

✓ Durante sus primeros 6 meses de vida, aplícale solo crema para bebés, preferentemente hipo alergénica; evita la de adultos, pues estas contienen una mayor concentración de ingredientes y perfumes.

✓ Si notas que su piel se enrojece o irrita, suspéndela y prueba varios días sin usarla, si no hay diferencia, reiníciala. Si al reiniciar la crema afecta de nuevo su piel, suspéndela y prueba de nuevo 1 mes después, incluso con otra marca.

✓ Si tu bebé tiene la piel muy reseca y tolera bien la crema, no dudes en aplicarla hasta dos veces al día.

✓ Los cachetes del bebé son una área delicada, si enrojecen con la crema, solo aplícala en el resto del cuerpo.

Mi comentario

Al cabo del tiempo he visto un gran número de bebés a quienes se les ha aplicado cremas comerciales de adultos y no han presentado ningún tipo de reacción. Si la piel de tu bebé esta reseca y solo cuentas con crema de adulto, aplícale una pequeña cantidad y valora su respuesta. Si te es posible, mejor no arriesgues, usar crema especial para bebés, siempre reducirá el riesgo de posibles reacciones indeseables. Muchas madres prefieren no utilizar crema, y después de un par de meses, la piel de sus bebés luce hermosa y se mantiene sana. Utiliza aquella que más suavice su piel.

El uso de lociones o perfumes en el bebé

En momentos de tanto alboroto y alegría por la llegada de un nuevo bebé, seguramente querrás que además de verse hermoso(a), también huela agradable. Muy pronto tendrás en tus manos la opción de aplicar a tu bebé uno de esos perfumitos que se anuncian como totalmente inofensivos para su piel, y posiblemente se lo apliques. No dudo que en la actualidad haya ya perfumes o lociones para bebés inofensivos para su piel y aptos para aplicarse diariamente. Aun así, es importante considerar otros aspectos:

✓ Aun siendo un perfume especial para bebés, puede afectar su piel aún inmadura y delicada.

✓ Personalmente pienso que el sitio menos riesgoso para aplicar perfume a un bebé es sobre su ropita.

✓ Un perfume o loción aplicado sobre su ropita tendrá más alcance, duración y menos riesgo.

✓ Los mismos jabones corporales, champús, cremas y hasta los jabones para lavar la ropa de bebé tienen ya ciertas fragancias agradables.

✓ Si aun así decides aplicar perfume o loción a tu bebé, hazlo en pequeñas cantidades, con productos especiales para esta edad, y hazlo sobre su ropa.

Mi comentario

Personalmente, pienso que el mejor aroma de un bebé es precisamente ese "olor a bebé" natural que todos ellos tienen. Siempre me encantó oler a mis hijos y disfrutar de su aroma original, y ya de pasadita, el champú y la crema de piel lo complementan. Es muy común que cualquier adulto que cargue a tu bebé traiga perfume, loción o maquillaje en su cara, y al juntar sus cachetes al de él y besarlo, se lo comparta. A veces eso puede irritar su piel, y de ocurrirte, debes limpiar con algodón y agua el área que tuvo contacto.

El uso de talco en el bebé

El talco ha sido ampliamente utilizado en generaciones anteriores a la actual, y aún hay quien lo usa en sus bebés a cada cambio de pañal para prevenir rozaduras como recomendación de la abuela. Su composición química ayuda a repeler el líquido y he ahí su utilidad para repeler la orina, y en cierto grado el excremento del bebé.

Posibles ventajas

✓ Por su composición, repele el líquido (orina y excremento).

✓ No se adhiere a la piel y es fácil de limpiar.

✓ Es fácil de conseguir y tiene precio económico.

✓ Tienen buen aspecto y olor agradable.

Posibles desventajas

✓ Al no adherirse, se derrama y tira fácilmente.

✓ Al aplicarlo se levanta una pequeña nube de polvo muy fino que puede ser respirada por ti y tu bebé, y con el tiempo puede dañar los pulmones de ambos.

 *Mi comentario*

El talco está ya en desuso para este fin, y prácticamente todos los pediatras y neonatólogos recomendamos como mejor alternativa el uso de pomadas o pastas inertes, que protegerán más, mejor, y por más tiempo la piel del área del pañal de tu bebé. Hay muchas de ellas en las farmacias, y prácticamente contienen los mismos ingredientes. Por su parecido con el talco, en México, aún en la actualidad, hay madres que usan por tradición familiar la maicena (fécula de maíz finamente molido utilizado para cocinar), la cual tiene poca utilidad y personalmente no te recomiendo. En realidad la maicena me encanta, ¡pero cocinada como atole!

El corte de uñas en el bebé

Los recién nacidos tienen uñas muy delgadas, pero que requieren de ser cortadas con frecuencia, pues son filosas y el bebé pudiera dañarse a sí mismo sin querer. Sus movimientos fuera de control hacen que se arañe la cara con frecuencia e incluso pudiera lastimarse un ojito, lo cual habrás de prevenir. El traer sus uñitas cortas y limadas disminuirá estos posibles riesgos. El cortar sus uñitas es una maniobra delicada que debe hacerse con mucho cuidado y siguiendo algunas recomendaciones. Si ya las trae largas o se ha arañado, y aún no te animas a cortárselas, busca quien ya tenga experiencia y te ayude a hacerlo. El uso de unos guantes en cada una de sus manos te ayudará a evitar que se arañe.

Con qué frecuencia cortar las uñas del bebé

✓ El ritmo de crecimiento de uñas de un bebé puede ser diferente que el de otros.

✓ De una edad a otra, el ritmo de crecimiento de sus uñas también variará.

✓ Sin importar el tiempo que pase entre un corte y otro, córtalas cuando ya estén largas.

✓ Normalmente podría decirte que las uñas crecerán al grado de tener que cortarlas, aprox. cada 10-15 días en las manos, y 1 vez al mes en sus pies.

En qué momento cortarlas

El mejor momento para cortar las uñas de tu bebé es cuando se encuentre tranquilo y sin moverse. Sus movimientos fuera de control pueden hacer que fácilmente lo lastimes y con el tiempo odie esos momentos.

✓ Puedes cortarlas tranquilamente cuando esté dormido.

✓ Otro buen momento es la tranquilidad al estar comiendo.

✓ El peor momento es cuando esté inquieto, llorando y moviéndose.

Tipos de cortaúñas

Como seguramente te has dado cuenta ya, hay algunos tipos diferentes de cortaúñas. El mejor será aquel con el cual te familiarices, domines y te sientas cómoda. Tómate el tiempo de platicar con tus amigas y familiares que ya han pasado por ese momento y date la oportunidad de probar con los diferentes tipos hasta seleccionar aquel que se acomode a tus gustos.

✓ Tradicional cortaúñas de palanca.

✓ Tijera cortaúñas de punta redondeada.

Mi comentario

Personalmente, te recomiendo más las tijeritas de punta redondeada, pues los cortaúñas de palanca tienen una curvatura que deberá ir cambiando a cada edad de tu bebé, por lo que deberás de ir comprando uno de mayor tamaño cada vez, mientras que con la tijerita puedes ir dando la curvatura tú misma a cualquier edad. Nunca utilices un cortaúñas que se muestre oxidado o dañado en su filo. Puedes desinfectar el cortaúñas con algodón y alcohol después de lavarlo, antes de cada corte.

Limado de uñas

Por su espesor tan delgado, las uñas del bebé son filosas y pueden serlo aún más si al cortarlas les das un cierto ángulo que las haga más agudas. Es por eso por lo que después de haber cortado las uñitas de tu bebé, es recomendable limarlas suavemente con una lima fina hasta que al tocarlas hayas eliminado ya su filo.

Mi comentario

Puedes usar el mismo tipo de lima fina que usas para tus uñas, pero para evitar alguna posible infeccioncita a sus dedos, te recomiendo que dejes una lima exclusivamente para tu bebé.

Qué tan cortas dejar sus uñitas

Idealmente, debes dejar que sus uñas sobren por aprox. 2 milímetros, evitando cortarlas hasta su unión con la piel. El cortarlas de más puede ocasionar que se vayan enterrando, y cada vez sea más difícil cortarlas, además de que aumenta también el riesgo de cortar su piel accidentalmente y que sangre.

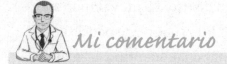

Mi comentario

Mejor no te arriesgues queriendo cortarlas muy al ras de la piel, preferible dejarlas poco más largas, y poco a poco, cuando domines el procedimiento, las irás dejando en su punto perfecto.

Habiendo ya leído y entendido todo lo anterior, el siguiente paso es armarte de valor y hasta disfrutar ese miedito que naturalmente se siente al cortarle sus uñitas por primera vez. Ojalá te animes a hacerlo por ti misma, o por qué no, puedes involucrar también a ese ansioso papá que usualmente solo ve desde lejos.

✓ Selecciona el momento ideal para hacerlo con calma, y el tipo de cortaúñas que usarás.

✓ Lava bien con agua y jabón tus manos y el cortaúñas que utilizarás.

✓ Si tu bebé ya juega y trae sus uñas sucias, lava bien sus manitas con agua y jabón, y limpia bien sus uñas antes de cortarlas.

✓ Toma uno de sus deditos con tus manos, separando suavemente la uña de la punta de su dedo.

✓ Córtala lentamente y con cuidado de lado a lado en cada uno de sus deditos.

✓ Finalmente toma la lima fina y límalos hasta quitar su filo.

Mi comentario

Aun recién cortadas y limadas, las uñitas de un bebé siguen siendo filosas y pueden lastimar su delicada piel, principalmente su cara, por lo que el uso de guantes es siempre recomendado. Te recuerdo que hay guantes delgados para época de verano, y otros más gruesos para época de frío. Es muy importante revisar sus guantes por dentro y quitar cualquier hilo suelto que podría enredarse y dañar uno de sus deditos. Asimismo, evitar cualquier tipo de guantes tejidos que pudieran atrapar y dañar uno de sus deditos entre sus orificios. Anímate a hacerlo por ti misma, pero no dudes en pedir ayuda a alguien con experiencia mientras aprendes y tomas confianza. Mis comentarios aplican tanto a las uñas de los pies como de sus manitas, con la única diferencia en la frecuencia de corte que ya te mencioné anteriormente.

Problemas relacionados más comunes

✓ **Uñas enterradas y dedos muy gorditos**

Habrás de cortarlas con mucho más cuidado y delicadeza para no lastimarlo.

✓ **Piel lastimada por error en el corte**

Solo presionar con un algodón humedecido con agua limpia hasta dejar de sangrar, y de ser necesario coloca una curita o venda adhesiva.

✓ **Uña enterrada - enrojecimiento o infección**

Lavar bien con agua y jabón, y consultar con tu neonatólogo o pediatra por si fuera necesario checarlo en persona o indicar algún tratamiento.

 *Mi comentario*

Ante cualquier alteración diferente a las mencionadas, o si tienes cualquier duda, antes de automedicarte no dudes en hablar con tu neonatólogo o pediatra de confianza, quien seguramente te ayudará a resolverlo.

El Corte de pelo en el bebé

El pelo de los recién nacidos generalmente es opaco, poco dócil y no cumple con las altas expectativas de los nuevos padres, quienes queremos ver a un bebé hermoso y lucidor desde primer momento de su nacimiento. Todo el pelito del bebé en su mayoría se irá cayendo lentamente en el transcurso de su primer año de vida, y simultáneamente se irá reponiendo por pelo nuevo, más brillante, grueso y bonito. Durante ese periodo de tiempo, que tiene diferente duración en cada bebé, y que puede durar varios meses, tienes tres alternativas: dejar el pelo a libre crecimiento, cortarlo periódicamente o raparlo totalmente.

✓ Pelo a libre crecimiento
✓ Corte de pelo periódicamente
✓ Rapar su cabecita

Pelo a libre crecimiento

Es frecuente que algunas parejas decidan dejar el pelito de su bebé a libre crecimiento durante sus primeros meses de vida, y tomando en cuenta que su crecimiento es lento, y que con el uso de gel o algún accesorio decorativo en las niñas normalmente se verá bien. Es muy común que haya quienes realicen su primer corte hasta el año de vida.

Corte de pelo periódicamente

Esta es la forma más común, y lo que la mayoría de las parejas deciden practicar con sus bebés. Generalmente, se requiere de un corte aprox. cada mes o cuando tú lo consideres conveniente.

✓ Al igual que en el corte de uñas, aprovecha un momento de tranquilidad de tu bebé, o si es muy inquieto, de plano hazlo cuando se encuentre dormido.
✓ Puedes usar una tijera para cortar pelo de cualquier tipo.

✓ Muchas personas prefieren llevar al bebé a una estética de niños.

✓ Para sus peinados de cualquier tipo puedes usar gel.

Rapar su Cabecita

Siempre hay quien prefiere ver a su bebé con su cabecita rapada, que, por cierto, a mí en lo personal me encanta verlos así. Este *look* aplica tanto para mujercitas como para hombres.

✓ Puedes raparlo con un rastrillo nuevo y espuma de afeitar de papá.

✓ Aprovecha cuando tu bebé esté tranquilo o incluso dormido, aunque muy seguramente la maniobra lo despertará.

✓ Ten mucho cuidado de no cortarlo, y si sucede, solo presiona por 2-3 minutos con una gasa o papel sanitario hasta que deje de sangrar. Seguro que de sucederte esto te dolerá más a ti que al bebé.

✓ Si tienes temor de hacerlo, pide ayuda a alguien que ya tenga experiencia.

✓ Ideal para climas cálidos, pero recuerda ponerle gorro cuando haga frío.

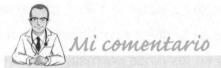 *Mi comentario*

Cuando rapas a tu bebé, muy probablemente tendrás que seguirlo haciendo periódicamente en varias ocasiones, pues muy probablemente le saldrá el nuevo pelo solo por secciones, hasta varios meses después en que su pelo le salga ya uniforme en casi toda la cabecita.

CUIDADOS GENERALES DEL BEBÉ

En este capítulo sobre cuidados generales tan solo tocaré algunos de los muchos temas relacionados con tu bebé, tratando de seleccionar aquellos de más interés para ti, y que con más frecuencia nos inquietan.

Técnica canguro

La técnica canguro es algo hermoso que estoy seguro, te puede llenar de alegría a ti y a otros miembros de tu familia. Es un método o técnica que nace en Colombia en 1978, con la intención inicial de que aquellos bebés que por cualquier circunstancia nacieron antes de tiempo, y estuvieron recuperándose en una incubadora dentro del hospital, pudieran seguir en su casa, en un ambiente igual o aún más cálido que la incubadora. Muy pronto se encontraron grandes beneficios con esta técnica de apego al bebé, y quienes la idearon han recibido grandes elogios y felicitaciones, pues aun después de varias décadas se sigue recomendando masivamente en el mundo. Me encantará enseñarte a "cangurear" a tu bebé.

En que consiste la técnica canguro

Como ya bien sabrás, parte de la reproducción de los canguros consiste en desarrollar el feto dentro de su útero o matriz solamente durante un tiempo, para después parirlo aún inmaduro o prematuro, y continuar su desarrollo dentro de una bolsa o saco, ubicado al frente de su abdomen, hasta que se encuentre ya maduro y pueda ser expulsado para sobrevivir por sí mismo. De la misma manera, un bebé que por cualquier causa haya nacido antes de tiempo puede ser tratado con ciertas condiciones parecidas a las que tuvo cuando estaba dentro de su madre, y de esta manera lograr un mejor y más rápido desarrollo hasta alcanzar la madurez necesaria.

Aunque esta técnica fue ideada inicialmente para bebés prematuros, te la recomiendo también para bebés de término, y seguirla practicando durante los meses o años que tú decidas.

✓ Consiste en cargar a tu bebé piel con piel, sin ropa de por medio, y abrazarlo pecho a pecho.

✓ La temperatura de tu cuerpo ayudará a mantener la suya como una incubadora perfecta como sucedió durante toda su gestación.

✓ Busca que sienta los movimientos de tu respiración y escuche los latidos de tu corazón como lo hacía en su vida fetal dentro de mamá.

✓ Quiero que sienta las vibraciones de tu pecho cuando le hablas, le cantas o lo bendices.

✓ Intentaremos que sienta ese ambiente cálido y tranquilo, similar al que vivió durante los meses de su gestación.

✓ Todo esto le traerá la paz y tranquilidad necesaria para ese acelerado proceso de crecimiento y desarrollo que vive durante sus primeros meses y años de vida.

✓ Este método consiste en algo muy sencillo, se trata de que sigas sintiendo a tu bebé dentro de ti, a pesar de estar ya fuera. Creo que más explícito no puedo ser. ¿Ya me entiendes bien de qué se trata?

Consideraciones generales para cangurear a tu bebé

✓ El bebé debe ser cangureado por una persona sana.

✓ Para cangurear a un bebé se debe estar limpio y preferentemente recién bañado.

✓ Debes de utilizar ropa limpia y cómoda que no incomode al bebé.

✓ Debe instruirse a la persona que va a cangurear a un bebé cuando menos con la información que incluye este capítulo.

Beneficios de cangurear al bebé

La técnica canguro tiene grandes beneficios en cualquier bebé, en cualquier momento y lugar. Trataré de describirte los más importantes.

✓ Disminución del estrés, malestares e incluso el dolor.

✓ Mejora la calidad de su descanso y duerme más y mejor.

✓ Disminuye notablemente los episodios de llanto.

✓ Mejora la alimentación del bebé.

✓ Aumenta su ritmo de crecimiento y ganancia de peso.

✓ Ayuda a controlar su temperatura corporal.

✓ Grandes beneficios afectivos y emocionales entre el bebé y quien lo cangurea.

✓ En bebés que nacen con algún problema y requieren internamiento, disminuye los días de estancia hospitalaria.

✓ Facilita el ser alimentado al seno materno.

Qué bebés pueden ser cangureados

Inicialmente, esta técnica fue diseñada para uso intrahospitalario de bebés nacidos antes de tiempo, continuándose en casa después de su egreso hospitalario para suplir en ciertos aspectos a una incubadora hasta el momento en que el bebé alcance la madurez y un ritmo adecuado de aumento de peso. Gracias a sus beneficios, esta práctica se recomienda para cualquier bebé.

✓ Los máximos beneficios se ven en bebés nacidos antes de tiempo.

✓ Puede practicarse en cualquier recién nacido sin importar su edad gestacional.

✓ Puede cangurearse a cualquier bebé, incluso cuando esté hospitalizado y conectado a un ventilador mecánico.

En qué lugar cangurear al bebé

El sitio en donde cangurear a tu bebé puede ser muy variado siempre y cuando haya tranquilidad, ruido moderado o bajo y temperatura agradable, por lo que es preferible tratar de hacerlo bajo techo, en condiciones controladas.

✓ Puede cangurearse en casa.

✓ Puede hacerse dentro del hospital, en cualquier área, incluso en bebés delicados o graves, conectados a monitores, sondas, etc.

✓ Puedes hacerlo en el carro durante un viaje.

✓ Si es en un lugar exterior, cuida a tu bebé del sol, de los insectos, del polvo, del ruido, o del frío y calor. Preferible dentro de casa, ¿verdad?

A qué edad cangurear al bebé

Un bebé se puede cangurear desde su nacimiento hasta el tiempo que los padres lo deseen debido a que esta técnica cuenta con restricciones mínimas. Es una maniobra tan estimulante, motivante y llena de amor, que ya empezando seguramente lo difícil será suspenderla.

✓ Cangurea a tu bebé desde su nacimiento y hasta la edad que tú quieras.

Quiénes pueden cangurear al bebé

Originalmente, esta técnica fue orientada a las madres de los bebés prematuros al momento de ser alimentados al seno materno. En lo personal, la he recomendado a los padres de mis pacientitos durante décadas, incluyendo a cualquier persona que los padres decidan.

✓ La persona ideal para cangurear a un bebé es primeramente su madre, y a seguir su padre.
✓ El bebé se beneficia al ser cangureado durante el mayor tiempo posible porque también pueden participar hermanos, abuelos, tíos, padrinos y con quienes ustedes, sus padres, decidan compartir esta hermosa experiencia.
✓ Cualquier persona que canguree al bebé deberá siempre cumplir al menos con los requisitos y observaciones antes mencionadas en este capítulo.

Durante cuanto tiempo cangurear al bebé

El tiempo que un bebé puede ser cangureado no tiene límite. Tomando en cuenta que al momento de ser cangureado tu bebé estará en el ambiente ideal para su tranquilidad, desarrollo físico y mental, cuanto más dure cada sesión, será mejor. Seguro que tu querido bebé se quedará dormido plácidamente, y estaría padrísimo que además de estarlo contemplando, también tú te durmieras una siesta, que te aseguro será altamente estimulante y motivante para ti.

✓ Cuanto más tiempo dure cada sesión, mejor para tu bebé (y para ti también).

Cuál es la ropa adecuada para la ocasión

Para poder cangurear a tu bebé, ya sea tú misma o cualquier otra persona, es importante vestir la ropa adecuada que permita cangurear a tu bebé con comodidad.

✓ Usar una bata de tela delgada o gruesa acorde a la temperatura ambiental.
✓ Debe abrirse y cerrarse por el frente.
✓ Pudiera ser también una camisa muy amplia que cumpla esa función.
✓ También te puedes cubrir con una toalla grande, una sábana o una cobija.
✓ Usa lo que tú quieras y que te haga sentir cómoda, solo que no raspe o irrite la piel del bebé.

Momento ideal para cangurear a tu bebé

Idealmente, tu bebé debe ser cangureado en momentos de tranquilidad, pensando en que se quede dormido en tu pecho.

✓ El momento ideal para cangurear a tu bebé es cuando se dispone a dormir, después de haber comido.
✓ Puede ser en cualquier momento de tranquilidad.

Pasos para cangurear al bebé

Habiéndote ya informado y leído este capítulo, procede a seguir con los siguientes pasos:

✓ La música suave y relajante a bajo volumen es ideal para estos momentos.

✓ Retira tu ropa de la cintura hacia arriba y colócate la bata que hayas elegido. Las mujeres podrían quitarse también el brasier si desean cumplir con el criterio de tener contacto piel a Piel. Queda a decisión de cada persona.

✓ Retira toda la ropa de tu bebé, dejándole solamente el pañal.

✓ Siéntate en un lugar tranquilo, silencioso, preferentemente inclinada, ye sea en una poltrona, *reposet* o en tu cama con 2 o 3 almohadas. ¡Ponte cómoda!

✓ Abre tu bata y coloca a tu bebé de frente a ti, pecho con pecho.

✓ Cierra tu bata, cubriendo también a tu bebé.

✓ Puedes mecerte suave y lentamente.

✓ Puedes hablarle, murmurarle, cantarle o tararearle una canción, y seguramente la vibración de tu pecho le agradará.

✓ Relájate tú también y disfruta esta experiencia inolvidable.

✓ Si el bebé está inquieto, llorando o con algún malestar, posiblemente esto lo calme, de otra manera, tendrás que dejar la cangureada para otro momento mejor.

Posibles riesgos o contraindicaciones de cangurear a un bebé

En realidad, los posibles riesgos y contraindicaciones son muy pocos. Para su más fácil entendimiento, los dividiré en aquellos relacionados con el bebé y los relacionados con la persona que cangurea. Siempre se habrá de tomar en cuenta el criterio y comentarios de ambos padres, y ante cualquier duda no especificada en este manual, es preferible comentarlo con tu neonatólogo o pediatra de confianza.

Relacionadas con el bebé

✓ Bebés con alguna alteración de piel que no deban ser tocados.

✓ Problemas en la conformación de sus huesos que pudieran representar un riesgo de fracturas y no deban ser manipulados.

✓ Cualquier otra alteración del bebé que a criterio del neonatólogo o pediatra a cargo pudiera ser riesgoso.

Relacionadas con quien cangurea

✓ Personas con alguna enfermedad contagiosa.

✓ Personas con alguna enfermedad mental que pudiera dañar al bebé.

✓ Cualquier persona bajo la influencia de alcohol, drogas, o medicamentos sedantes.

✓ Personas que se encuentren sucias en ese momento.

✓ A criterio de los padres, algunas personas deberán ser acompañadas y supervisadas mientras cangurean al bebé.

Mi comentario

Te puedo asegurar que el cangurear a tu bebé será una de las experiencias más hermosas que vivas junto a él. Asimismo, te aseguro que el permitir que otra persona cercana lo haga también le dejará profundos y hermosos recuerdos para siempre. En verdad hazlo. Me muero de ganas por ya tener nietos para poder hacerlo yo mismo de nuevo como lo hice con mis hijos. Guarda una buena foto de cuando cangureas a tu bebé. Seguramente esta técnica llena de amor durará por siempre, años después ella disfrutará mucho al verla, y más adelante cangureará a su propio hijo, tu nieto. Quizá la vida te premie, dándote la oportunidad de cangurear a un nieto. Te aseguro que el tiempo vuela, mírate dónde estás hoy, ¡ya bendecida como madre!

Temperatura del bebé y de su cuarto

Temperatura de tu bebé

En el capítulo del bebé sano hablamos ya un poco sobre la temperatura normal de un bebé, pero en esta sección lo veremos un poco más a detalle. También más adelante, en el tomo 2 de este libro, donde veremos las Enfermedades y problemas más frecuentes en el bebé, hablaremos sobre la fiebre y la hipotermia, así como el manejo detallado a seguir en cada caso.

Conceptos generales

✓ La temperatura de una persona, sea un bebé prematuro, uno de término, un adulto o un anciano, es una de las más importantes constantes vitales, indispensables para mantenernos vivos y sanos.

✓ La temperatura de tu bebé deberá encontrarse siempre dentro de los parámetros normales.

✓ Las temperaturas extremas, tanto frías como calientes, pueden ocasionar serios problemas a tu bebé e incluso llevarlo a la muerte.

✓ Si aún tienes en casa un viejo y obsoleto termómetro de vidrio y mercurio, es importante que lo deseches, pues debido a la contaminación del mercurio líquido y el alto riesgo de lesiones por el vidrio, han sido ya descartados en casi todo el mundo. Actualízate con uno digital o de láser.

✓ Contar con un buen termómetro es indispensable, pues la calentura es uno de los signos más frecuentes en la niñez, y seguro lo desquitarás sobradamente. Te recomiendo traer uno siempre en tu bolsa de mano o en la bolsa pañalera de tu bebé.

Tabla de temperaturas del bebé

Tratando de ser más prácticos y que sea más fácil de recordar por los padres de un bebé, quitaré las décimas y dejaré números cerrados al momento de clasificar la temperatura. Estas cifras pudieran variar de un autor a otro, y siempre considera que podrían ser flexibles por unas décimas.

✓ **Hipotermia**: temperatura por debajo de 36° C.

✓ **Normotermia**: temperatura entre 36° C hasta 36.9° C

✓ **Calentura o hipertermia leve**: (también llamada febrícula o niño irritado) temperatura entre 37-C-37.9° C

✓ **Calentura o hipertermia moderada**: temperaturas entre los 38º C hasta los 38.9º C

✓ **Calentura o hipertermia alta**: temperatura entre 39º C o más.

Diferentes formas de tomar la temperatura a un bebé

Como seguramente sabrás ya, dependiendo del tipo de termómetro con que cuentes, puedes tomarle la temperatura a tu bebé en diferentes sitios. Entre uno y otro puede haber ciertas variaciones, además de algunas ventajas y desventajas que a continuación te mencionaré.

✓ **Temperatura axilar**

Este es el sitio más comúnmente utilizado para tomar la temperatura de un bebé, tomando en cuenta que el termómetro digital de baterías es también el más utilizado en esta época.

Dejar el termómetro encendido y colocado hasta que suene la señal de concluido.

Límite considerado como normal: 36-36.9º C.

✓ **Temperatura oral**

Tomar la temperatura en la boca de tu bebé puede ser fácil, práctico y confiable, siempre y cuando no esté recién comido. En su boquita la temperatura puede ser varias décimas más caliente que en la axila.

Dejar el termómetro encendido y colocado debajo de su lengua hasta que él mismo dé una señal de concluido.

Límite considerado como normal: 37.2º C.

✓ **Temperatura rectal (anal)**

El usar el ano del bebé para tomar la temperatura pudiera ser un poco molesto para él, pudieras también lastimarlo si no lo haces con delicadeza o si lo haces con frecuencia. Debes lavar el termómetro a cada toma y no usarlo también para su boca. Al igual que su boca, en el recto la temperatura saldrá un poco mayor que la temperatura axilar.

Dejar hasta que el mismo termómetro digital dé una señal de concluido.

Límite considerado como normal: 37.3º C.

✓ **Temperatura cutánea por rayos láser
o rayos Infrarrojos**

La temperatura de la piel puede ser muy variable e influenciada por la temperatura ambiental. Para utilizarlo, sigue las instrucciones recomendadas en el manual del equipo.

Límite considerado como normal – desde 35.5 hasta 37-C

✓ **Toma de temperatura en oídos**

Por los riesgos de lastimar al bebé y los altos porcentajes de error por tapones de cerilla, este método prácticamente ha caído en el desuso, y no podría recomendártelo.

Factores que pudieran afectar la temperatura corporal

✓ Temperatura ambiental alta o baja.

✓ La actividad física que se esté realizando en ese momento.

✓ Sitio donde sea tomada.

✓ Cantidad y grosor de la ropa que use el bebé.

Causas de error en la toma de temperatura

✓ Fallas en el termómetro.

✓ Errores de técnica de la persona que toma la temperatura.

✓ Tomarla cuando el bebé está recién bañado.

✓ Toma axilar cuando el bebé trae demasiada ropa y está acalorado o sudando.

✓ Toma de temperatura oral cuando el bebé recién ha tomado líquidos o cuando trae aftas o infecciones en la boca o encías.

✓ Toma de temperatura rectal cuando el bebé tiene diarrea.

✓ Toma de temperatura por láser o rayos infrarrojos, con la piel fría por baja temperatura ambiental.

✓ Tapones de cerilla cuando tomas la temperatura con un termómetro ótico.

Qué tanto tapar a tu bebé para que esté bien

Es muy común que exista la tendencia de tapar de más a un bebé, lo cual es causa frecuente de llanto y malestar.

Mi comentario

El único objeto especializado en medir la temperatura es el termómetro, por lo cual te recomiendo que siempre que uses tu mano para tocar la temperatura de tu bebé, ante la más mínima sospecha o duda, lo corrobores siempre con un termómetro. Para nosotros como médicos no es suficiente que nos reportes a tu bebé como tibio, calientito o como muy caliente, y aunque es de ayuda, es necesario tener la temperatura exacta, pues de ello depende el manejo a seguir. Un termómetro no debe faltar nunca en el bolso de mamá o en la bolsa pañalera del bebé.

Temperatura ideal del cuarto del bebé

La temperatura del cuarto donde está tu bebé es un tema que debemos platicar y no solo dejarlo a la ocurrencia. Es normal que una buena madre tenga ese instinto de protección y trate de mantener a su bebé tibio, protegido y taparlo bien. Si el cuarto de tu bebé se encuentra un poco más caliente de lo recomendado, seguramente se adaptará y tendrá su temperatura corporal normal, o cuando más unas décimas elevadas, pero seguramente estará más inquieto, necio, molesto y llorón.

✓ Idealmente, la temperatura del cuarto de tu bebé deberá estar entre 25-28° C.

Conceptos generales

✓ Independientemente de la temperatura exterior o interior de tu casa, así como la temporada del año o el clima que impere donde vives, tu temperatura corporal y la de tu bebé siempre deberán ser la misma, no menos de 35.8 y no más de 37.3° C.

✓ El cuerpo de un humano tiene cierta capacidad para adaptarse a las diferencias de temperatura, enfriándonos un poco ante un calor extremo, o en el caso contrario, calentándonos cuando estamos expuestos al frío.

✓ Esta capacidad de adaptación se encuentra un tanto inmadura o disminuida en los recién nacidos, y aún más si nacieron antes de tiempo, por lo que es muy importante tratar de mantenerlos en un ambiente térmico ideal que les permita un adecuado crecimiento y desarrollo sin sufrir estrés térmico.

✓ No es necesario sufrir de calores pensando que de esta manera cuidarás más a su bebé.

✓ La temperatura ideal del cuarto del bebé puede seguir siendo la misma aun cuando se encuentre enfermo. El someterlo a calor no le ayudará a curar ese resfriado, y sí lo hará que tenga más molestias e incomodidad.

Algunos factores que considerar

✓ Temporada del año en que te encuentres.

✓ Condiciones de aislamiento y temperatura de tu vivienda, así como del cuarto del bebé.

✓ Tipo de aparatos o tecnología de control de temperatura que tengas en casa.

Aparatos para enfriar el cuarto del bebé

Dependiendo de tus usos y costumbres, así como de tus posibilidades, tendrás varias opciones para enfriar un poco tu casa en caso de ser necesario. Todas ellas serán buenas, tratando siempre de tener un termómetro ambiental que te lea la temperatura de la habitación. En algunos casos quizá sea suficiente con recibir un cierto flujo de aire con un abanico para estar cómodo, en otros casos de clima más caliente será necesario aire acondicionado frío.

✓ **Abanicos de cualquier tipo** (pedestal, techo, etc.)
Provee solamente aire ambiental. Recomendados para temperaturas ambientales por debajo de 30° C.

✓ **Cooler** (aire lavado por agua).

Provee aire fresco y húmedo. Recomendado para temperaturas ambientales entre 30-39° C.

✓ **Aire refrigerado** (central, de ventana, mini split, etc.)

Provee aire enfriado por gas. Recomendado para temperaturas ambientales de 40° C o más.

Mi comentario

> Parte de las molestias o signos clínicos que tienen todo recién nacido es la congestión nasal conocida como rinitis transicional, que irá mejorando y adaptándose con los días. El estornudo es algo muy frecuente y también considerado como normal en todo recién nacido. Cuando se juntan ambos signos, y tu pediatra no te ha explicado adecuadamente, fácilmente podrás sospechar que tu bebé se esté enfermando o que la temperatura ambiental está un poco fría y le está afectando. Es importante que sepas esto, pues de otra manera estarás atribuyendo estos síntomas al tipo de aire fresco que uses en el verano o pensando que tu bebé se está ya enfermando por el frío de invierno.

Aparatos para calentar el cuarto del bebé

En época de frío es importante mantener tibio al bebé, y si tu casa es muy fría, es necesario taparlo bien o usar un calefactor ambiental.

✓ Es muy importante evitar tener en el cuarto del bebé cualquier tipo de calefactor ambiental que consuma gas. Una intoxicación de este tipo, un incendio o explosión podrían ser fatales.

✓ Una chimenea o fogata que tenga flama constante y consuman madera o cualquier tipo de material combustible pueden ser muy dañinas para tu bebé. Además de consumir el oxígeno del cuarto, pudieran ocasionar intoxicación por humo.

✓ Cada casa o cada habitación tiene su propia temperatura, por lo cual sería ideal usar un termómetro ambiental en la habitación de tu bebé, y así tener la seguridad de una temperatura adecuada.

✓ De ser necesario un calefactor, te recomiendo más aquellos que utilizan electricidad.

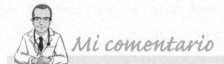

Mi comentario

No es necesario tapar demasiado al recién nacido, y debe cubrirse tan solo un poco más que tú como adulto, pues también el calor le molesta y el exceder su vestimenta y acalorarlo es una causa de llanto frecuente. Ante cualquier duda, por favor toma la temperatura de tu bebé. Tomando en cuenta que el bebé siempre vestirá una o dos capas de ropa más que nosotros, te recomiendo mantener tu habitación cómodamente fresca, cuidando de no excederse a ninguno de los dos extremos.

Uso del chupón en el bebé

Tratándose de un accesorio tan común, útil y quizá hasta milenario, me encantará platicar un rato contigo sobre él. En otros países se conoce también como chupo, chupete o pacificador. El éxito del chupón se basa en un principio fisiológico de tu bebé. Todo recién nacido normal y de término tiene varios reflejos, dentro de los cuales uno de los más notorios para ti como madre es el reflejo de succión. Consistente en movimientos de succión de tu bebé, que aún sin tener hambre o estarse alimentando, los realiza de forma involuntaria y con bastante frecuencia, incluso cuando está dormido. Aparece en el feto desde antes de la semana 20 de gestación, y normalmente desaparece poco después del año de vida. Es por eso por lo que en esos momentos en que a tu bebé no le toca comer aún, y se encuentra molesto y lloroncito, puede ser tranquilizado durante un rato con un chupón.

Tipos de chupones

Tan solo bastará con que pases por uno de los pasillos de tu farmacia cercana o por el departamento de bebés de alguna tienda para que encuentres una amplia variedad de chupones con múltiple colores, diseños, formas, materiales y ventajas diferentes. El más común de todos es el chupón pacificador de goma o de silicona, con aire, agua o miel por dentro, aunque actualmente existe una gran variedad.

Beneficios del chupón pacificador

✓ Da un estímulo agradable a los labios, lengua y mucosa oral de tu bebé, lo tranquiliza al relacionarlo con la alimentación y la lactancia materna, disminuyendo su ansiedad.

✓ Ayuda a tranquilizar y consolar a tu bebé cuando está muy inquieto, llorando y aún no le toca comer. El reflejo de succión es un reflejo primario, involuntario, no siempre relacionado con tener hambre. Alimentarlo antes de tiempo seguramente le traerá algunas molestias indeseables como regurgitaciones, gases y cólicos. Es en esos momentos cuando el chupón pacificador es de mucha utilidad.

✓ En algunos casos ayuda a evitar la costumbre de chuparse el dedo pulgar que muchos bebés realizan en situaciones de estrés, malestar, cuando tienen sueño, hambre o simplemente cuando están aburridos.

✓ Muchos pediatras y odonto-pediatras estamos de acuerdo en que el chupón pacificador es buen sustituto de chuparse el dedo, pues será más fácil quitar la costumbre del chupón que la del dedo. Igualmente, un chupón ortopédico deforma menos las encías del bebé, y ocasiona menos problemas dentales a futuro, comparado con chuparse el dedo.

Posibles inconvenientes del chupón pacificador

✓ Si se usa con mucha frecuencia o por periodos prolongados, puede cansar los músculos de la boca, y comer cuando ya es su hora.

✓ El abuso puede ocasionar problemas dentales futuros, causando una mordida incorrecta. Te recomiendo el uso de chupones adaptados a la forma del paladar, encías y boca, llamados anatómicos u ortopédicos, pues disminuyen el riesgo de deformaciones a futuro.

✓ En bebés que ya caminan, el chupón cae frecuentemente y se ensucia, lo cual puede ser una causa de contaminación e infecciones. Un bebé que ya camina, idealmente no deberá seguir usando ya el chupón pacificador.

✓ El chupón puede calmar a un bebé y engañar a sus padres, cuando lo que quizá necesite en realidad es que lo cambien de pañal, aliviar alguna molestia, que le den de comer o que lo carguen y le den algo de afecto.

✓ Antes de tratar de calmar el llanto o inquietud de tu bebé con el chupón, siempre piensa primero en cuál podría ser la causa de su molestia y trata de resolverla.

✓ Exceder su uso podría afectar el desarrollo del lenguaje en edades futuras, al tener la boca siempre ocupada.

Mi comentario

Como todo en esta vida, no falta quien dice que sí, y otros tantos que dicen que no. Finalmente, después de analizar pros y contras, aplicando no solo la medicina, sino también el sentido común y tu experiencia diaria, serás tú quien decida usarlo o no. Puedes utilizarlos de caucho o de silicona, y selecciona aquel que más te convenza. Bien utilizado, el chupón pacificador podría ser tu gran aliado para lograr algo de descanso, sobre todo en esos agotadores primeros meses de vida de tu bebé. Si estás amamantando a tu bebé, procura no usarlo durante sus primeras 3 semanas de vida para que se acostumbre mayormente a tu pecho. Mi recomendación es retirarlo definitivamente a más tardar al año de edad, y en algunos casos desde antes, cuando se ve que ya está deformando sus encías y sus primeros dientitos. La mejor técnica es olvidarse de sentimentalismos y hacer lo más correcto para él. Tan solo tirarlo al cesto de basura de una buena vez, y muy pronto tu bebé lo habrá olvidado.

Chupón para frutas

Seguramente ya lo habrás conocido, y consiste en un chupón un poco más grande que lo convencional, hecho de una malla de fibra resistente en forma de una pequeña bolsa o saco que en su base puede abrirse y en donde tú podrás colocar por dentro un trozo de cualquier alimento que quieras dar a tu bebé, y cuando lo tome en forma de chupón, irá sacando los jugos o desmoronando el trozo interior, sin riesgo de atragantarse o ahogarse. Es un invento relativamente nuevo, de esta década, y en verdad lo veo muy útil y práctico.

✓ Puedes poner dentro trozos de cualquier tipo de alimento que tu bebé ya pueda comer, preferentemente de una consistencia blanda y que puedan desmoronarse.

✓ Excelente opción para frutas crudas o ya cocidas.

✓ Disminuye el riesgo de atragantamiento por alimentos.

✓ El bebé se familiariza más rápido a los sabores y olores, aceptando más fácil ese alimento cuando se lo ofrezcas en papilla.

✓ Relativamente fácil de encontrar y a precios razonables.

Mi comentario

Este tipo de accesorios novedosos seguramente ayudarán a que tu bebé coma más y mejor. Pruébalo y seguramente te ayudará.

Sueño y descanso del bebé

El sueño y el descanso en el bebé es uno de los temas más importantes para él y tu familia, pues tan solo bastará que lo tengas unos días ya en casa para que sientas lo pesado de no poder dormir tus horarios completos como lo hacías antes de su nacimiento. Cada bebé puede ser diferente a otros, tener sus propios hábitos, descansar y dormir con sus propios horarios. Aun así, la mayoría de los bebés recién nacidos tienen características muy parecidas, y puedo decirte con certeza que 9 de cada 10 madres me dicen lo mismo: "Mi bebé tienen volteados los horarios, duerme de día y está despierto de noche". Tratando de entenderlos, y poder sobrellevar sus primeros meses, lee bien este capítulo.

✓ Al momento de nacer, un bebé descansa igual de día que de noche. Habrás de ser tú quien, en sus primeros meses de vida, se adapte a sus horarios para poder descansar un poco. Si tu bebé duerme, aprovecha y duerme también tú un rato, pues quizá más tarde no puedas hacerlo.

✓ Te recomiendo mantener su cuarto con luz natural durante el día, y oscuro durante la noche. Si oscureces el día cerrando cortinas, e iluminas la noche con una lámpara, tu bebé tardará mucho más en diferenciar entre día y noche.

Posición ideal para dormir a tu bebé

Es de suma importancia que desde el mismo momento del nacimiento te acostumbres a dormir a tu bebé siempre en una posición bocarriba, acostado sobre su espalda y a ratos puedes ladearlo un poco hacia ambos lados sin estar totalmente de lado. Se ha comprobado que esta posición ayuda a disminuir la frecuencia de casos de muerte súbita de recién nacidos y lactantes. Mientras tu bebé se encuentre despierto, puedes colocarlo bocabajo acostado sobre su pecho, por ratos cortos, y siempre bajo tu supervisión. Puede ser sobre tus muslos o en tus brazos, y así no cometerás el error de dejarlo en su cuna en esta posición cuando esté fuera de tu vista. De igual manera, aun estando en tus brazos o sobre tus muslos, siempre trata de mantener una cierta inclinación, más arriba su cabecita que sus pies, para evitar que vomite. El moverlo ocasionalmente con cambios de postura facilitará que tu bebé saque más fácilmente los gases, por consecuencia se sentirá mejor, y tanto tú como él descansarán más.

Sobre la inclinación, te recomiendo mucho que coloques debajo del colchón de su cunita algún objeto de aprox. 10 cm. de altura para lograr una leve inclinación que mantenga constantemente más alta su cabeza que sus pies, o puedes buscar un colchón comercial para bebé que ya venga con esa inclinación. Esto le ayudará a tener menos regurgitaciones y vómitos, tan frecuentemente vistos en sus primeros meses de vida.

✓ Posición para dormir: Siempre bocarriba acostado sobre su espalda.

✓ Posición bocabajo sobre su pecho: solo por períodos cortos y siempre bajo tu vigilancia.

✓ Posiciones laterales: solo por períodos cortos, alternando ambos lados, y bajo tu vigilancia.

✓ Inclinación: siempre un poco más alta su cabeza que sus pies.

✓ Si tu bebé recién ha comido, puedes aumentar un poco más su inclinación para ayudarle a sacar gases y evitar las regurgitaciones o vómito. Puedes usar un cojín anti-reflujo, fáciles de encontrar en tiendas de bebés.

✓ Estas recomendaciones aplican para cuando tu bebé esté dormido o despierto.

 *Mi comentario*

Te sugiero no arriesgar a tu bebé con posiciones no recomendadas, la Organización Mundial de la Salud, así como muchos otros organismos nacionales de México e internacionales, avalan estas recomendaciones para disminuir el riesgo de la temida muerte de cuna. Por favor, ¡sigue este consejo y compártelo con otras madres de bebés pequeños!

Cómo tapar a tu bebé para dormir

Durante sus meses de gestación tu bebé se encontraba en una posición un tanto apretada, y más adelante, al crecer rápidamente, con movimientos muy limitados dentro el útero materno. Durante sus primeros meses de vida, mientras tu bebé esté despierto, es recomendable tenerlo con los brazos sueltos y permitir que tenga la suficiente movilidad para ejercitar y aprender a controlar sus brazos, pero al momento de dormir te aseguro que estará bastante más tranquilo si lo envuelves con sus bracitos dentro de su sabana.

✓ Envuelve a tu bebé con su sábana, con sus brazos por dentro, y con la tensión necesaria para hacerlo sentir cómodo y protegido. Deberá sentir como si lo estuvieras abrazando. Aquí en México muchas madres llaman a esta técnica para envolver al bebé como la técnica del tamal, en alusión a la forma en que están envueltos esos tamalitos que tanto amamos los mexicanos.

✓ De esta manera tu bebé sentirá como si de nuevo estuviera dentro de ti en su posición fetal, o como si lo estuvieras abrazando y protegiendo. El estar apretado de más seguramente lo incomodará, el exceso de ropa lo hará sentir calor y nada de esto le ayudará a descansar bien.

✓ Esta misma posición podrá ayudarte a calmar a tu bebé en momento de llanto y malestar.

Cuánto tiempo debe dormir tu bebé

Cada bebé puede tener diferentes necesidades de sueño, incluso es normal que alterne ciertos períodos de tiempo muy dormilón, y otros en que duerma menos horas y permanezca más tiempo despierto. Esto es debido a sus diferentes etapas de desarrollo neurológico, aunque poco a poco irá formando hábitos de sueño más estables. Normalmente, los bebés recién nacidos y los lactantes, durante sus primeros meses de vida, tienen un crecimiento exagerado que requiere también de más horas de descanso y sueño. Poco a poco, con el correr del tiempo, al disminuir su ritmo de crecimiento, tu bebé irá necesitando menos horas de sueño.

Edad	Horas aprox. de sueño
Recién nacido - 6 semanas	12-20 h.
6 semanas - 6 meses	12-16 h.

Edad	Horas aprox. de sueño
6 meses - 1 año	12-16 h.
1-3 años	11-14 h.
3-6 años	11-12 h.
6-12 años	9-10 h.

Estas cifras pueden variar de un niño a otro

Bebés dormilones

Llamo así a aquellos bebés que duermen las horas que aquí te menciono al límite máximo, lo cual no representa ningún problema, siempre y cuando no presente otros síntomas más que sugieran enfermedad. Es importante saber que estos bebés queman menos caloría que aquellos que permanecen más tiempo despiertos, y aumentan más fácilmente de peso. "El dormir también alimenta".

Bebés ojiduros

Agrego este calificativo a aquellos bebés que duermen el rango mínimo o menos horas de las que aquí te menciono. Al estar más tiempo despiertos, inquietos y moviéndose, seguramente quemarán más calorías que un dormilón, por lo que pudieran aumentar menos de peso, además de exigir más cuidados maternos.

Recomendaciones para que tu bebé descanse y duerma bien

Antes de acostar a tu bebé por las noches, o igualmente durante el día, te recomiendo checar los siguientes puntos:

✓ Es obvio que el momento ideal para descansar es después de haber comido.
✓ Insiste lo más posible en que saque los gases y esté cómodo.
✓ Checa que su pañal se encuentre limpio, o de lo contrario cámbialo.

✓ Checa que su ropa esté cómoda y nada le estorbe.

✓ Quita adornos o accesorios innecesarios en ese momento.

✓ Ajusta una temperatura ambiental fresca y una luz tenue.

✓ No olvides mantener la posición inclinada que acabo de mencionarte un poco atrás en este mismo capítulo.

✓ Durante el día solo disminuye el exceso de luz o ruido.

✓ Durante la noche mantén el cuarto oscuro y en silencio.

✓ Algo de música relajante a bajo volumen puede ayudarle.

✓ Si aún con estas medidas le cuesta trabajo dormir, un suave masaje corporal (checar capítulo respectivo) puede ayudarle.

✓ En caso de llanto o malestar, por favor checa la lista de posibles causas de llanto tratado en el capítulo respectivo.

Cuántas siestas al día debe dormir mi bebé

Como habrás notado al leer en este mismo capítulo, la cantidad de horas que un bebé normalmente duerme al día, verás que prácticamente duerme su siesta después de cada comida. De hecho, lo más normal es que tu bebé recién nacido se quede dormido ahí mismo en tu pecho al estar comiendo. En ese caso, habrás de intentar mantenerlo despierto por más tiempo, tratando de que coma un poco más, pues de esta manera podrá también durar un poco más tiempo dormido antes de despertar y de nuevo pedir comida. Un poco de luz, música, caricias, tu voz platicando con él y las percusiones para sacar sus gases, te podrán ayudar si lo que buscas es despertarlo y animarlo a seguir comiendo un poco más.

✓ **Primeros 2 meses de vida**: siestas después de cada comida.

✓ **2 a 6 meses de vida:** siestas más cortas después de cada comida durante el día, tratando de mantenerlo más tiempo despierto, e intentar que duerma más horas corridas durante la noche.

✓ **6 meses a 1 año:** de 3 a 4 siestas cortas durante el día.

✓ **1 a 2 años:** idealmente solo 2 siestas durante el día.

✓ Puede haber diferencias entre un dormilón y un ojiduro, y cada niño puede ser diferente y especial.

✓ Como todos los aspectos en un bebé, habremos de ser flexibles, pacientes e insistentes durante su período de adaptación y crecimiento.

Cómo hacer para que un bebé duerma más horas durante la noche

El lograr que tu bebé duerma más horas durante la noche no es una tarea fácil ni rápida. Deberás seguir todo un proceso, y al cabo de varias semanas o meses, irás notando la diferencia hasta lograr que tu bebé duerma al menos 6 h. corridas durante la noche. Cada bebé puede ser y responder diferente al entrenamiento para lograrlo.

✓ Puedes iniciar a partir de los 2 meses de edad, tratando de quitar esa comida que le toca entre las 2 y 4 de la madrugada.

✓ Inicialmente deberás intentar IGNORAR a tu bebé cuando pida de comer a esa hora. Si se vuelve a dormir y logras saltearte esa comida, te felicito, pues ganaste la batalla en el primer encuentro.

✓ Si después de ignorarlo su inquietud pasa a llanto, puedes intentar seguirlo ignorando por un rato más, quizá unos 10-15 minutos.

✓ Si su llanto se intensifica o se prolonga por más de 15 min., sin cargarlo ni sacarlo de su cuna, puedes recurrir al truco del chupón pacificador hasta que logre dormirse. Quizá tengas que recolocárselo por varias veces, pero con el simple hecho de no alimentarlo en ese momento ya es un triunfo.

✓ Si esto falla, si toma mamila, dale su lechita pero sin cargarlo, y en cuanto se duerma, suspéndela. Si toma leche materna tendrás que cargarlo.

✓ Si tu bebé toma en mamila, también puedes suspender la leche de esa toma y ofrecerle solamente agua. La leche le genera gases e incomodidad, cosa que no sucede con el agua, y por ello puede sentirse lleno y satisfecho, pero sin las molestias digestivas de la leche.

✓ Tratando de buscar diferentes alternativas, también puedes intentar calmarlo y dormirlo solo con cargarlo por un rato. No hay nada más tranquilizante para un bebé que los brazos de su madre. Si envolverlo con la técnica del tamal te ha funcionado, este será el momento adecuado.

✓ La meta es darle su última toma entre 10-11 de la noche, y no volver a hacerlo hasta cerca de las 6 a.m., cuando ya papá se esté levantando a hacer ejercicio.

✓ Si de plano no te ha funcionado el seguir avanzando con estos pasos, cárgalo y dale de comer como antes lo hacías, deja pasar una semana e inténtalo de nuevo. La paciencia y perseverancia tarde o temprano darán resultado.

✓ Algunas madres refieren que bañando al bebé por las noches, cuando ya quieras dormirlo, le ayudará a descansar mejor, y esto puede ser una observación válida y digna de ser probada en tu bebé. El agua tibia tiene un efecto vasodilatador y relajante.

Mi comentario

Que tu bebé duerma toda la noche quizá no se dé de inmediato, pero la paciencia y perseverancia de una madre, a quien le urge dormir un poco más, tarde o temprano lo logrará. Los meses o años seguideros tendrás que saber administrar las horas de sueño de tu bebé, tratando de que duerma menos durante el día, y sus horas de sueño sean por la noche. Recuerda que se vale probar nuevos trucos, y cada madre tendrá siempre la última palabra.

Beneficios de la música en el bebé

La música tranquila, suave y a volumen bajo, está demostrado que tiene beneficios en los bebés, logrando relajarlos, y mantenerlos más tranquilos, estando despierto o dormidos.

✓ La música relajante puede ser una poderosa herramienta para tranquilizar o dormir a tu bebé.

✓ Es importante seleccionar ritmos lentos y suaves.

✓ Siempre es importante mantener un volumen medio o bajo.

✓ La música clásica o especial para bebés puede ser útil para este fin. La encuentras ya en las redes sociales y en todas las aplicaciones de música.

✓ Está demostrado que la frecuencia de este tipo de música relajante disminuye notablemente la ansiedad.

✓ Arrullar a tu bebé con sonidos guturales suaves, mientras lo tienes en tus brazos acurrucado y lo meces suavemente, es una excelente combinación para tranquilizarlo, incluso para ayudarlo en momentos de malestar o dolor. La música, el amor de madre y unos brazos tibios que arrullan son infalibles.

✓ Si además agregas el chupón pacificador para tranquilizarlo o dormirlo, mejorarás tu posibilidad de éxito.

Mi comentario

Mientras tu madre buscaba una tienda que tuviera un CD con música para bebés, hoy desde tu celular, sin siquiera comprarla, podrás bajar de las redes la música que quieras con cientos o miles de opciones: música para bebés, música para relajar a tu bebé, música relajante para bebés, etc.... En esta era de la comunicación podrás encontrar más opciones de las que pudieras utilizar. Te recomiendo primeramente oírlas, probarlas en ti mismo; si te ayuda a relajarte y descansar, seguramente ayudará también a tu bebé. Es mi música favorita al momento de dormir una siesta de sábado por la tarde. Te recuerdo que también hay excelente música para jugar con ellos y divertirse.

Estimulación temprana en el bebé

Es muy fácil entender sobre este tema, y empiezo por explicarte que todos nacemos con una determinada capacidad de usar nuestros sentidos. Con esto me refiero a los sentidos que ya todos conocemos y algunos otros como lo son:

✓ La vista, oído, olfato, tacto, gusto.
✓ Capacidad física para movernos.
✓ Capacidad mental de pensar y razonar.

Desafortunadamente, no todos somos iguales, ni tenemos las mismas capacidades, y durante toda nuestra vida habremos de luchar y esforzarnos por sacar el máximo provecho de nuestras propias capacidades. El ejercitar, estimular, y practicar nuestros sentidos, desde el mismo momento del nacimiento, y durante la edad de crecimiento y desarrollo, ayudará a que tu bebé alcance la capacidad máxima posible, de acuerdo a su genética y conformación. Creo que con esto que te he explicado está bien claro de qué estamos hablando.

Factores que pueden influir

Al entender que no todos somos iguales, ni tenemos las mismas capacidades, habremos también de entender que hay factores a favor y otros que pudieran afectar a una persona en contra. A continuación te los explico y así lo entenderás con más claridad.

Factores que influyen a favor

✓ Tener una genética familiar adecuada, tanto paterna como materna.
✓ Madre sana desde antes y durante todo el embarazo.
✓ Madre con un embarazo normal, bien controlado y sin complicaciones.
✓ Tener un nacimiento normal, habiendo respirado y recibido oxígeno adecuadamente.
✓ Nacer sano, sin alteraciones físicas, mentales, ni genéticas.
✓ Recibir una alimentación y cuidados adecuados.

✓ Mantener al bebé sano y bien vacunado.

✓ Atender bien y tempranamente cualquier enfermedad.

Factores que influyen en contra

✓ Heredar alguna alteración genética familiar.

✓ Madre enferma desde antes o durante el embarazo.

✓ Alteraciones del embarazo que pudieran afectar al bebé.

✓ Problemas al nacer que hayan ocasionado falta de oxígeno para el bebé.

✓ Bebés con alguna alteración física, mental o genética.

✓ Trastornos nutricionales.

✓ Niños mal vacunados, con enfermedades severas de repetición o crónicas.

✓ Alteraciones o enfermedades mal atendidas o detectadas tardíamente.

Técnicas de estimulación temprana para bebés

Las técnicas de estimulación temprana, así como sus detalles personalizados, frecuencia, etc., dependerán de la situación de cada bebé. Un bebé sano solo requiere de estimulación temprana en forma preventiva para ayudarle a desarrollarse mejor, mientras que uno ya con problemas, de los que antes te anoté o alguno otro, requerirá de una adecuada valoración por un equipo de especialistas, que pudiera ser muy variable dependiendo del tipo e intensidad de su problema. Afortunadamente, un buen número de problemas son sencillos y podrán resolverse adecuadamente. Otros quizá no sean tan sencillos y representen un riesgo mayor para el bebé. En este capítulo solo trataré sobre la estimulación temprana del bebé sano sin otras enfermedades ni factores de alto riesgo. En el tomo 2 de este mismo libro incluiré un poco más a detalle algunos problemas de este tipo.

Estimulación temprana motora

Como su nombre lo dice, la intención de este tipo de estímulo, va encaminada a mejorar la fuerza y flexibilidad de músculos, tendones y articulaciones de tu bebé. Trata de seguir las siguientes recomendaciones generales:

✓ No se debe realizar ningún movimiento físico que ocasiones dolor o llanto a tu bebé.

✓ Idealmente, los movimientos físicos son más cómodos de realizar cuando el bebé no está recién comido.

✓ Debe ejecutarse con poca ropa, o de ser posible solo con su pañal, por lo que la temperatura del cuarto deberá ser templada para que se sienta cómodo.

✓ Como siempre que lo tocas, debes lavar bien tus manos, y en este caso te recomiendo también aplicarte crema suavizante.

✓ Los bebés recién nacidos son más rígidos y a veces es difícil estirar o extender una de sus extremidades. Deberás hacerlo suavemente, con mucho cuidado y despacio, sin lastimarlo.

✓ Un buen momento del día para su sesión de ejercicio podría ser inmediatamente después de bañarlo.

✓ Se trata de mover repetidamente cada una de sus extremidades, quizá entre 10 y 15 veces cada movimiento, y luego pasar a la siguiente articulación para hacer lo mismo.

✓ Es muy fácil de hacer y solo tienes que tomar su manita, checar todos los movimientos que ella puede realizar, como flexión, extensión, rotación y flexiones laterales, y repetirlas varias veces con suavidad. Checa tu propia mano y podrás saber los diferentes movimientos que puede realizar. De ahí te pasas a su codo y luego al hombro, para cambiarte a sus pies, rodillas, caderas, etc.

✓ Finalmente acabas con un masajito suave en todos sus músculos, comprimiendo suavemente y girando lentamente con la yema de tus dedos, de tal forma que le agrade y no le moleste.

✓ Puedes aprovechar que tocarás todo su cuerpo y que está recién bañadito para aplicarle su crema de bebé.

✓ Ya bien encremadito y masajeado, aprovecha para incluir un suave masaje en su abdomen que le ayudará a sacar gases por allá abajo, y si con esto evacúa, le ayudará a descansar sus intestinos.

✓ Finalmente ya para terminar bien, su lechita de mamá y a dormir a gusto para seguir creciendo.

Estimulación temprana sensorial

Su nombre lo dice todo, pues va orientada a estimular y reforzar los sentidos y sus órganos relacionados. De tal manera que te lo describiré sentido por sentido.

Sentido de la vista

Como bien puedes ver en tu bebé, su visión es aún un tanto inmadura y disfuncional, y recuerda todo lo mencionado en la sección del bebé sano, donde te menciono que nacen sin poder seguir con la mirada un objeto que se mueve, ponen su mirada bizca, etc., y sabemos que su visión tardará varios años en perfeccionar sus funciones. Para ayudarle a que esto suceda más rápido, sigue estas recomendaciones:

✓ Aprovecha un momento en que tu bebé luzca cómodo y tranquilo.

✓ Acomódate frente a su carita, a una distancia aprox. de 30-40 cm., pues es ahí donde un recién nacido puede ver mejor.

✓ Toma un juguete, un mono de peluche o cualquier objeto que preferentemente tenga colores fuertes, como rojo, amarillo, anaranjado o azul. Trata de lograr su atención y que fije en él su vista para después moverlo lentamente, solo un poco, hasta lograr que fije su vista de nuevo en él. Así de sencillo.

✓ Estos movimientos hacen que se ejerciten los músculos alrededor de sus ojos, y pueda seguir un objeto en movimiento.

✓ Si además de llamar su atención por el color, ese juguete tiene también cierto sonido, captarás más fácil su atención y estarás también ejercitando su sentido del oído.

✓ También puedes usar solamente tu mano, moviendo tus dedos y desplazándolos de un lado a otro, tratando de llamar su atención con tu voz.

✓ Repite esto cuantas veces quieras.

Sentido del oído

Aunque quizá sus ojos y su sentido de la vista sean los más importantes, podemos también ejercitar su audición de la siguiente manera:

✓ Toma en tu mano un juguete u objeto que haga algún ruido llamativo, no muy intenso, y colócalo en ambos lados de su cara, tratando de llamar su atención repetidamente con ese sonido.

✓ Cámbialo de lado y síguelo haciendo cuantas veces quieras.

✓ La manera más fácil de hacerlo es hablándole suavemente tú misma, platicando, cantando y hablándole de esas cosas bellas y amorosas que los padres le decimos a nuestros hijos. Los abuelos podemos ayudar mucho en todo esto.

Sentido del olfato

Quizá no tengas que ocupar mucho tiempo en ejercitar este sentido, pues en gran parte será estimulado por los olores de ambos padres y de la misma casa.

✓ Acerca del olfato, un recién nacido no está aún en el mejor momento para estimularlo, pero es muy fácil aprovechar el momento en el que vaya a tomar su lechita, para pasarla lentamente por sus fosas nasales, y vaya relacionando ese olor con su respectivo sabor.

✓ Ya será adelante, al paso de los meses, cuando por sí mismo vaya distinguiendo diferentes olores, como el perfume de mamá, la loción de papá, su champú, su crema para bebé, y hasta el desodorante ambiental de tu casa.

Sentido del gusto

El sentido del gusto de un recién nacido empieza a trabajar desde antes de nacer, pues su boquita frecuentemente abierta está en contacto constante con el líquido amniótico, del cual toma pequeños tragos, y va estimulando ya las papilas gustativas de su lengua.

✓ El primer sabor con el que tu bebé se familiarizará, y sin duda se enamorará, es el dulce de tu leche de pecho. La lactosa, azúcar propia de la leche, lo conquistará de inmediato, y rápidamente la podrá diferenciar de otras leches que no sean la tuya.

✓ Ya más adelante, será hasta aprox. los 6 meses de vida, cuando al iniciar con su alimentación complementaria podrá empezar más en forma a probar y diferenciar un gran número de nuevos sabores. Es entonces cuando empezará su verdadero entrenamiento en este sentido del gusto, y no será necesario que tú hagas nada para ello, pues la gran variedad de alimentos lo irá haciendo rápidamente.

Sentido del tacto

Este sentido es algo especial y hermoso, pues te permitirá acariciar a tu bebé de todas las formas suaves y delicadas que quieras.

✓ Es tan fácil que solo tendrás que calcular con la práctica la intensidad con que tocas a tu bebé.

✓ Más adelante, al paso de varios meses, podrás hacerle cosquillas con una pluma, en su espalda, en su abdomen, en sus pies, en la cara o donde tú veas que le agrada.

✓ Su principal estímulo al tacto es en sus labios y en su boca en general cuando come.

✓ Las sensaciones de un objeto áspero, fino, fresco, tibio, etc., las obtiene diariamente en forma automática, al vestirlo, al bañarlo, al cargarlo, al ponerle su crema de bebé, etc.

Mi comentario

Así como un músculo de nuestro cuerpo crece y se desarrolla fuertemente al ejercitarlo, muchas de nuestras capacidades físicas muestran avances significativos ante un entrenamiento específico, de igual manera nuestros sentidos responden a ciertos ejercicios o estímulos, que iniciados desde edades tempranas, ayudarán a que tu bebé desarrolle y aproveche al máximo sus capacidades. Al estimularlo te divertirás, pues prácticamente es un juego; ambos recibirán una buena dosis de amor e irás disfrutando junto con él cada logro alcanzado.

Juguetes recomendados para tu bebé

✓ Los juguetes recomendados para un bebé recién nacido, o durante sus primeros meses de vida, son precisamente aquellos que estimularán sus sentidos.

✓ Colores llamativos, diferentes ruidos suaves y objetos en movimiento son sus favoritos, y por todos lados verás tiendas repletas de ellos.

✓ Colócalos en su sillita, en su porta bebé, en su cuna y donde tú consideres que le servirán.

✓ Hay muchas marcas que tienen su línea de juguetes especiales para bebés, y los promocionan como "juguetes educativos" que van recomendando por grupos de edades. Seguramente tú conoces alguna de esas marcas como Fisher Price.

✓ Dedícale diariamente unos minutos a jugar con tu bebé, y te asombrarás de lo rápido que aprenden y avanzan en su desarrollo.

Masaje corporal al bebé

A continuación, te haré algunas recomendaciones que te serán de utilidad, y harán que te enamores más de tu bebé cuando le des su masaje diario.

✓ Como ya antes te mencioné, el momento ideal para el masaje corporal a un bebé puede ser al terminar su actividad física de estimulación temprana, aunque puede ser en momentos diferentes, en otro sitio o por otra persona.

✓ Como siempre, primero a lavar bien las manos del masajista.

✓ Entibiarlas antes de tocar a tu bebé, pues de otra manera te lo reclamará de inmediato, y de estar muy frías, quizá eso lo indisponga.

✓ Usa un poco de crema suavizante en tus manos para quitar lo áspero.

✓ Ten mucho cuidado si tienes tus uñas largas.

✓ Puedes aplicar crema a tu bebé durante el masaje o también algún aceite especial para bebé.

✓ El masajito al bebé es una actividad muy agradable en la que pueden participar también los abuelos, hermanitos o quienes tú decidas.

✓ Debe ser un momento agradable y placentero para tu bebé, y nunca deberá ser doloroso o molesto.

✓ Apoya suavemente la yema de tus dedos sobre el sitio a masajear y comprime suavemente con movimientos circulares, sin tallar su piel. Fácilmente, te darás cuenta si agrada o no a tu bebé, y deberás ajustarte a sus gustos.

✓ Puedes empezar de arriba hacia abajo o al contrario.

✓ El masaje debe incluir siempre toda su cabecita, incluyendo todas las partes de su carita, las cuales son muy sensibles y deberás hacerlo con mucho cuidado.

✓ La planta de los pies y sus deditos son también sitios muy sensibles que habrás de masajear con mucho cuidado y delicadeza.

✓ Sus manos y dedos son también un lugar que seguramente le agradará.

Mi comentario

Cada sesión de masaje que des a tu bebé seguramente te dejará muy tranquilo(a) y cada vez más enamorado(a) de él. Platica con él mientras lo haces, dile cosas bonitas y demuéstrale cuánto lo amas. Seguramente te premiará con sonrisas, y es muy probable que al final concluya con una siesta agradable y placentera.

Contacto con mascotas

Este tema es de suma importancia, pues en la actualidad, un porcentaje bastante elevado de familias tiene algún tipo de mascota en su casa. Obviamente, hay grandes diferencias entre tener tu mascota dentro o fuera de la casa, y entre un tipo y otro de mascota.

Mascotas de bajo o nulo riesgo para tu bebé

Seguramente la mascota más atractiva, llamativa, simpática e inofensiva para un bebé son los peces. Una pecera iluminada con peces de colores en movimiento continuo puede ser parte también de la estimulación temprana que tu bebé requiere. Soy afecto a los peces, tengo una hermosa pecera en mi consultorio privado, y veo lo atractivos que son para cualquier niño. Tan solo habrás de cuidar que no sea una fuente de hongos y moho para tu casa, y evitar un accidente al derribar la pecera. Por más inofensiva que sea o parezca ser una mascota, todas ellas pudieran representar cierto riesgo directo o indirecto.

Mascotas de riesgo para tu bebé

Perros y gatos

Seguramente son las mascotas más frecuentes en nuestras casas, y los posibles riesgos son los siguientes:

- ✓ Alergia al pelo fino que dejan por todos lados, principalmente sobre los muebles si tu mascota está dentro de casa. Algunas razas tienen más pelo que otras, y también hay ciertas diferencias dependiendo del clima de donde vivas.
- ✓ Además del pelo, también sueltan pequeños trozos de su piel reseca, en forma de caspa, algunas veces poco perceptibles a simple vista, y que frecuentemente llevan un tipo parásitos muy pequeños llamados ácaros que pueden ocasionar varios problemas tanto al bebé como a cualquier integrante de tu familia.
- ✓ Otros tipos de parásitos externos, como las llamadas guinas o garrapatas, representan un riesgo aun mayor, y pudieran ser trasmisoras de enfermedades serias y peligrosas para cualquiera de tu familia, como la rickettsiosis.
- ✓ Los parásitos internos de las vías digestivas de perros y gatos, que pueden ser de varios tipos, desde muy pequeños o microscópicos, hasta otros claramente visibles, en forma de gusanos o lombrices. Si tu mascota está dentro de casa, tallándose su cola, su ano y sus genitales, en el piso donde tu bebé aprende a gatear o caminar,

o sobre la alfombra donde a veces nos sentamos o acostamos, seguramente alguien de casa podría ser contagiado.

✓ Este tipo de mascotas lamen o limpian sus genitales con su lengua para después lamer nuestras manos y a nuestros niños.

Otras mascotas varias de riesgo para un bebé o niño pequeño serían los insectos ponzoñosos como tarántulas, arañas de cualquier tipo, alacranes, etc. Las serpientes podrían también ser de peligro en caso de liberarse y tener contacto con tu bebé.

Mi comentario

Obviamente, mi única intención es la de proteger a tu bebé, dándole prioridad ante cualquier tipo de animal que conviva con él, tratando de evitar problemas o enfermedades que pudiera ocasionarle tu mascota. Siempre he tenido preferencia sobre los perros, pero nunca los he tenido dentro de casa, y aun estando en el exterior, siempre habremos de mostrarles respeto cuidándolos y alimentándolos de la mejor manera. Juntos en familia habrán de decidir y tomar las mejores decisiones para cuidar la salud del nuevo bebé en casa. Bueno, para qué seguir hablando de algo que es obvio y fácil de entender para cualquiera. Amo las mascotas, pero obviamente es antihigiénico tener algunas de ellas dentro de casa, y aún más cuando de alguna forma tienen contacto directo o indirecto con tu bebé. Hay un gran número de mascotas de todos tipos, y mi intención es la de mencionar solo aquellas que son más frecuentes, y que pudieran dañar a tu bebé.

Gatear y caminar

El gatear

Esta es una palabra usada muy comúnmente en México, que quizá no sea usada en otros países de idioma castellano, y que usamos para decir que nuestro bebé ya se desplaza de un sitio a otro utilizando sus piernas y brazos aún sin ponerse de pie.

✓ Puede presentarse a diferentes edades en cada bebé, sin haber una edad exacta en la que deba ya de hacerlo.

✓ Es más frecuente que un bebé gatee cuando es delgado de peso, en comparación de aquellos muy robustos o con sobrepeso.

✓ La edad aproximada en que la mayoría de los bebés gatean es aproximadamente dos o tres meses antes de caminar, o sea entre los nueve y diez meses, aunque como recién te lo acabo de mencionar, es variable en cada bebé.

✓ La gran mayoría de bebés primeramente gatean antes de caminar, aunque hay algunos que antes de hacerlo se ponen de pie por sí solos y caminan. Esto no representa ningún problema por sí solo, pues existe una creencia y rumores infundados que cuando un bebé camina sin primero haber gateado, pudiera tener alteraciones neurológicas o problemas de coordinación de movimientos en un futuro.

Para ayudar a tu bebé a que gatee, sigue las recomendaciones que a continuación te mencionaré:

✓ Coloca una cobija gruesa sobre una superficie limpia y firme, ya sea sobre el piso o sobre una alfombra.

✓ Pon a tu bebé bocabajo o de pancita hacia el suelo.

✓ Colócate frente a él, jugando y llamando su atención, con algún objeto de color vistoso, y de ser posible que haga algún ruido agradable, como el clásico muñequito que suena al aplastarlo.

✓ Flexiona una de sus dos piernitas y coloca tu mano firmemente por debajo de su planta del pie, insistiendo en seguir llamando su atención con el muñeco en tu otra mano para que se empuje y trate de alcanzarlo.

✓ Si logras que lo haga, a continuación flexiona su otra pierna y repite la maniobra varias veces.

✓ Si haces lo indicado diariamente durante varios minutos, seguramente lograrás que tu bebé gatee pronto.

El caminar

El que tu bebé camine está sujeto a las mismas aclaraciones que acabo de hacerte sobre el gatear, solo que generalmente se logra unos cuantos meses después.

✓ Algunos bebés empiezan a gatear y a caminar simultáneamente.

✓ La edad aproximada en que más frecuentemente los bebés caminan es entre los 11 y los 13 meses. Habremos de ser flexibles y tener paciencia.

✓ Por mucho tiempo hemos oído que los bebés caminan al año de edad, y aunque esta es la edad promedio para lograrlo, tienen un margen de aprox. dos o tres meses antes o después del año de vida.

✓ El que tu bebé camine un poco antes o después puede estar relacionado con la constancia de su estimulación física temprana.

Cómo ayudar a que tu bebé camine

✓ Primeramente deberás haber visto que tu bebé puede ya sostener su peso sobre las piernitas. Muy probablemente también ya gatea o muestra habilidades en su andadera o brincador fijo.

✓ Debes intentarlo con frecuencia, dedicándole el tiempo suficiente, dos o tres veces al día, con mucha paciencia y amor.

✓ Ponlo de pie, tomándolo por detrás de su cintura, sosteniéndolo lo menos posible, y tratando de ayudarlo solo a que mantenga el equilibrio.

✓ No es conveniente tomarlo de sus manitas, pues habrá de aprender a usarlas para balancearse y equilibrarse.

✓ Es conveniente usar algún tipo de zapatos o tenis con suela un tanto firme, para facilitarle su apoyo.

✓ Idealmente debes enseñarlo a caminar en una superficie firme como el piso sólido y no en una alfombra o superficies blandas que dificulten el poder mantener su equilibrio.

✓ Es fácil encontrar ya en tiendas o por medios digitales un tipo de arnés o tirantes que se colocan en su cuerpo, con unos sujetadores que puedes tomar en tus manos, y de esta manera lo ayudes a sostenerlo. Algo así como un columpio que tú controlas en forma segura con tus manos y que te ayudará a ver grandes avances en tu bebé.

Factores que pudieran ocasionar un cierto retraso en el momento en que tu bebé camine

✓ Bebés excedidos de peso, cosa que sucede con mucha frecuencia.

✓ Cuando han nacido antes de tiempo, sobre todo en aquellos prematuros extremos, de menos de un kilo al nacer.

✓ Niños con enfermedades congénitas, hereditarias o adquiridas, de cualquier tipo, que cursen con crecimiento y desarrollo lentos u otras alteraciones que dificulten su movilidad.

✓ Bebés que por cualquier motivo no han recibido una adecuada estimulación temprana.

Mi comentario

No desesperes por ver a tu bebé caminar primero que otros, pues habrá de hacerlo en el momento adecuado, cuando se encuentre ya preparado para hacerlo. Siempre podrás ayudarlo, si está mejor alimentado, más fuerte, más sano, y más ejercitado. Te recuerdo que a esta edad todos los bebés tienen un poco curvadas sus piernitas, lo que aquí en México llamamos "piernas sambas", cosa que se irá corrigiendo poco a poco durante su crecimiento. No atribuyas esto al hecho de recargar su peso al ponerlo de pie, como algunos rumoran sin fundamento. Seguramente al caminar tu bebé caerá fácilmente y con mucha frecuencia, lo cual se irá perfeccionando poco a poco con el paso del tiempo. Durante sus chequeos mensuales de control, comenta con tu neonatólogo o pediatra, cualquier duda o comentario sobre este tema. Te garantizo que ya caminando tu bebé habrás de cuidarlo mucho más.

Uso de caminadora, andadera o brincador en el bebé

Este tipo de accesorio en México es comúnmente conocido como andadera o caminadora. Es un dispositivo que a lo largo del tiempo ha venido variando grandemente en sus diseños, y en la actualidad cumple con múltiples funciones de utilidad para el bebé y su familia. Por ser el nombre que me enseñó mi madre adorada, me referiré a ella como andadera. Su uso ha generado ciertas controversias en algunos médicos, aunque finalmente ha superado exitosamente la prueba del tiempo, sobre todo por algunas modificaciones y adecuaciones recientes.

Beneficios y ventajas de la andadera en el bebé

Recuerda que quizá algunas de las ventajas de la andadera para ti como madre pudieran ser desventajas para tu bebé. Por ejemplo, el dejarlo más tiempo en la andadera, incluso a pesar de su inquietud y malestar, te dará más tiempo para otras cosas, más no es lo más conveniente para tu bebé. Habrás de ver siempre las cosas desde la óptica y conveniencia de tu bebé, y no desde tus intereses, necesidades o conveniencias personales.

✓ Es un medio de distracción, juego y entretenimiento para tu bebé.

✓ Es un trabajo muscular que ejercita y fortalece sus piernas, espalda, cuello y todo su cuerpo.

✓ Es un ejercicio psicomotriz que facilitará que tu bebé gatee y camine.

✓ Te permite hacer otras actividades de casa o personales, mientras él se divierte y a la vez se ejercita.

✓ Las andaderas en la actualidad son cada vez más completas y equipadas, lo que ayuda también a la estimulación temprana de tu bebé.

✓ Juguetes educativos, de colores vistosos, sonidos y texturas, todos ellos incluidos en muchos modelos de andaderas, te ayudarán a estimular de una mejor manera a tu bebito.

Posibles desventajas, riesgos o accidentes de la andadera en el bebé

Tomando en cuenta mi experiencia de décadas como pediatra, he visto ya algunos accidentes o inconvenientes debido al mal uso o abuso de la andadera. Te pido que siempre consideres la posibilidad de un accidente, inconvenientes o riesgos, por lo que habrás de usar tu imaginación y prevenir cualquier situación de riesgo o posibles accidentes. Algunas estadísticas muestran 1 accidente entre cada 125 bebés, por lo que hasta se ha legislado sobre el tema, e incluso algunos países como Canadá, desde el año 2004, prohibieron la fabricación e importación de andaderas, cambiándolas por ejercitadores o brincadores fijos que disminuyan los riesgos. El 78% de los accidentes reportados en algunas estadísticas fueron por caída de la andadera por la escalera de acceso al segundo piso en casas de dos plantas. Si utilizarás andadera y tu vivienda tiene dos plantas, grábate bien esta cifra. Te recuerdo que niños gateando o caminando también estarán expuestos a riesgos de accidentes de este tipo, o quizá hasta un poco peores, al no tener la protección que representa la andadera para tu bebé.

✓ El dejar al bebé por mucho tiempo en la andadera, puede cansar mucho su espaldita, y sufrir dolores que se traducirán en malestar y llanto frecuente.

✓ El montar a un bebé en una andadera por tiempo prolongado resta una parte del tiempo que podría estar recibiendo contacto directo, estimulación temprana o atenciones de otro tipo. No debe abusarse de su uso.

✓ Es muy importante que no por usar la andadera descuides el enseñar a tu hijo a gatear o caminar. Cada cosa tiene su valor y ambas destrezas se complementan.

✓ El montar a un bebé en la andadera, en la parte alta de una casa de dos plantas, sin colocar una buena barrera en el acceso a la escalera, significa un accidente seguro. Es tu responsabilidad protegerlo adecuadamente.

✓ Evita el montar a un bebé ya grande en una andadera, pues pudiera salirse por sí mismo, o tomar tanta velocidad que se pudiera volcar y lastimarse.

✓ No tengas a tu bebé en la andadera en la cocina mientras usas el horno o manipulas alimentos calientes. Pudiera quemarse, o tú podrías tropezar y quemarlo.

✓ Retira cualquier objeto que esté a su alcance y él pueda tomar, como adornos, manteles de mesa, etc.

✓ De ser posible, retira tapetes o cualquier obstáculo, de su pista de juego.

✓ Nunca poner al niño en una andadera móvil, en un patio de piso irregular, donde haya perros sueltos, una alberca sin barandal u otros peligros evidentes. Por favor usa mucho tu imaginación.

Características necesarias de una andadera

Habiendo un gran número de modelos que escoger en las tiendas, es importante que antes de seleccionarla por sus colores, juguetes o accesorios incluidos, te fijes primero en que cumpla bien con las funciones básicas que a continuación te menciono:

✓ Que su parte superior acomode a la altura del pecho de tu bebé, y tenga una superficie que le permita apoyo sin lastimarse.

✓ Una base lo suficientemente amplia que permita mover bien sus piernitas, y evitar que vaya a volcarse.

✓ Un asiento o columpio del tamaño y altura adecuados para tu bebé y que preferentemente pueda ajustarse al ir creciendo tu bebé.

✓ Es importante que esté fabricada de un material totalmente lavable.

✓ No debe tener accesorios o juguetes que pudieran desprenderse cuando tu bebé los jale, pues pudiera llevarlos a su boca y ahogarse.

✓ Si tiene alguna parte de madera, deberás cuidar que no presente astillas que pudieran lastimar a tu bebé.

Tipos de andaderas para bebés

La principal diferencia entre unas y otras es que unas pueden ser móviles y otras fijas. Podemos llamar brincador o ejercitador a aquellos que no se desplazan ni avanzan. Cada una de ellas tiene sus características y posibles ventajas o desventajas para ti y tu bebé. Usa la que más se acomode a tus necesidades personales, a las características de tu casa, siempre y cuando después de leer todo este capítulo consideres que sea la mejor opción para todos.

Ventajas de la andadera fija, brincador o ejercitador

✓ La acomodas y ubicas donde puedas tener a tu bebé a la vista.

✓ Evitas la posibilidad que al desplazarse se vuelque y se accidente.

✓ Ejercita sus piernitas moviéndose abajo y arriba.

✓ Se introdujeron aprox. desde 1994 y además de ser muy útiles y prácticos, disminuyen notablemente el riesgo de accidentes, que es el motivo por el cual algunos médicos no la recomiendan o en algunos países la prohíben.

Andadera móvil

✓ Además de poderse mover abajo y arriba, tu bebé aprende a desplazarse con equilibrio, lo cual más adelante le facilitará el caminar.

✓ Al desplazarse, el bebé puede salir de tu vista.

✓ Debido al desplazamiento, es más fácil que suceda un accidente.

Diferentes modelos

Estos accesorios tan útiles generalmente son fabricados de plástico, y en otros tiempos fueron de madera o aluminio, cuentan con una gran variedad de diseños que incluyen diversos juguetes de colores y sonidos integrados.

✓ Selecciona aquella que más llene tus necesidades.

✓ Los materiales plásticos son duraderos, lavables y livianos.

✓ Elige alguna que tenga también algunos juguetes o accesorios educativos, que además de divertir, agudicen los sentidos de tu bebé y mejore sus capacidades.

✓ Colores atractivos, movimiento, sonidos agradables, etc., son parte importante de una buena estimulación temprana.

Edad recomendada para iniciar con la andadera o ejercitador

Al igual que otros temas, posiblemente encontrarás ciertas controversias entre las recomendaciones de una persona y otra. Te recuerdo que el desarrollo de tu bebé puede ser diferente que el de otro bebé de la misma edad. La fortaleza que tenga en su cuello y espalda será lo que más influya sobre el momento en que pueda iniciar con su andadera o ejercitador. Es por eso por lo que siempre se debe consultar con el neonatólogo o pediatra que atienda a tu bebé, y juntos, basados en su crecimiento y desarrollo, acordar el momento ideal para iniciar.

✓ Puede ya valorarse el uso de andadera o ejercitador por ratos cortos en bebés entre 6-8 meses de edad.

✓ Algunos bebés prematuros o con ciertos problemas, pudieran esperar un poco más a que su desarrollo se los permita. Cada caso es especial y diferente.

✓ Para mí, una buena señal de que el momento se acerca, es cuando ya tu bebé se sienta y puede sostenerse por ratos.

✓ Antes del uso de andadera o ejercitador, una buena forma de ejercitar su espaldita y cuello es con el uso de una sillita de respaldo alto, también especiales para este fin.

Cuánto tiempo dejar al bebé en la andadera o ejercitador

Claro que cada bebé es diferente, y su energía también puede variar de un día a otro, por lo que el tiempo que debes dejarlo montado en su andadera puede ser ajustado a cada episodio diario. Para ajustarnos siempre a sus necesidades, tendrás que aprender a interpretar las señales de alegría, energía, cansancio, malestar, enfado o dolor, que tu bebé te manifestará constantemente. Con esas señales habrás de ir trazando su plan diario de actividades. Si haces de ese momento una experiencia de alegría y diversión, seguramente tu bebé amará su andadera o ejercitador, pero si al contrario, se cansa, se aburre y le duele su espalda por exceso de tiempo, seguramente llorará cuando lo intentes de nuevo. La respuesta de satisfacción o rechazo de tu bebé dependerá mucho de ti.

✓ Te recomiendo inicialmente probar con dos períodos al día, con una duración máxima de 30 - 40 min. cada uno. De tolerarlo bien, ya podrás aumentar poco a poco el tiempo de cada sesión más adelante.

✓ Si está alegre lo verás moverse, brincar y sonreír, de lo contrario retíralo y cámbialo de actividad, aunque solo tenga unos minutos en su andadera.

✓ Si tu bebé se duerme en la andadera o ejercitador, por favor no lo dejes dormir ahí, levántalo y llévalo a su cuna.

✓ Cada día puede ser diferente y debes ajustarte a sus necesidades y estado de ánimo.

✓ El abuso más frecuente de la andadera o ejercitador es cuando un bebé se ejercita un rato, pero ahí mismo le das de comer, sigue con su siesta, lo colocas frente a la TV, y finalmente, cuando sacas cuentas, ves que duró varias horas en esa posición.

Mi comentario

En años recientes he escuchado en varias ocasiones comentarios negativos acerca de las andaderas móviles, pero siempre relacionados con el mal uso o abuso de este accesorio que considero tan útil y divertido para los bebés, siempre y cuando se use de la manera correcta. El uso de un brincador o ejercitador fijo prácticamente cumple con las mismas funciones que uno móvil, disminuye notablemente el riesgo de accidentes y lo considero como muy buena opción. No olvides que el ayudarle a que se siente, que gatee e intente caminar por sí solo será el mejor entrenamiento para estimular su coordinación y motricidad. Finalmente, serás tú como madre la que después de haberla utilizado correctamente con tu bebé podrás dar los mejores consejos a alguien más.

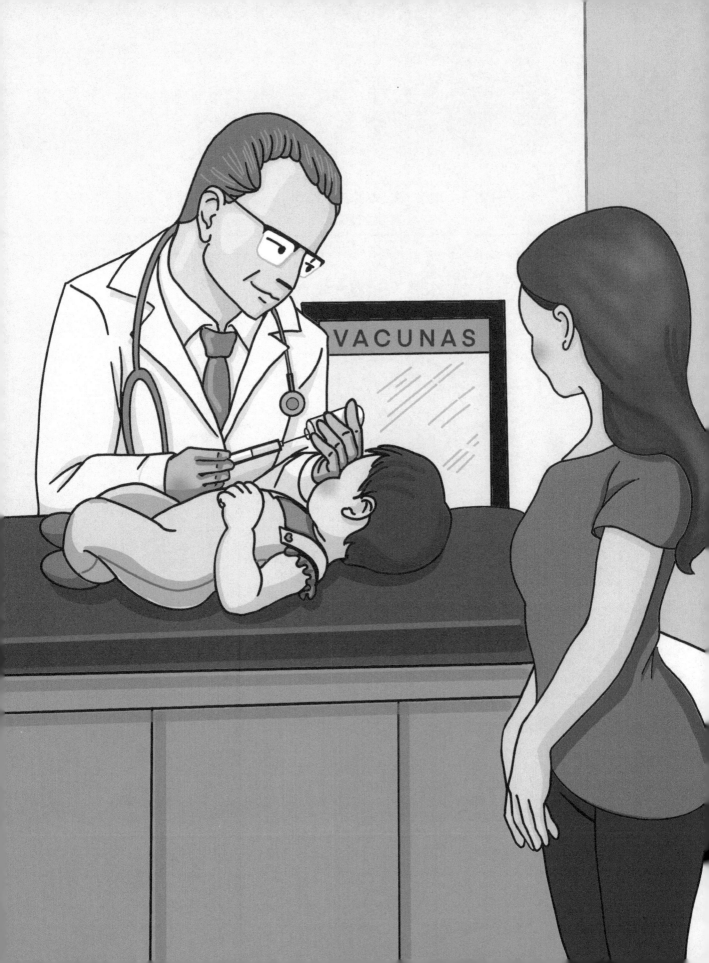

LA PREVENCIÓN
EN EL BEBÉ

Como ya bien lo sabes, la prevención es lo más importante en la salud de tu bebé, y no hay mejor enfermedad que aquella que se logró evitar. Desde el mismo momento del nacimiento empezarán a surgir un gran número de inquietudes que habrán de ser resueltas hasta despejar dudas. En este capítulo platicaremos de temas muy relevantes que de seguro te interesarán.

Chequeos rutinarios y puntos a revisar

Tomando en cuenta que cada bebé es diferente, así como la percepción de cada madre y padre, tan pronto como a la semana de vida empezará ya su primer visita de seguimiento en el consultorio, y de seguro juntos recorreremos esa gran experiencia de ir viendo cómo crece y se desarrolla tu bebé.

✓ **1ª revisión**: al nacimiento y antes de egresar del hospital.

✓ **1ª Cita en el consultorio**: a la semana de vida.

✓ **2ª Cita en el consultorio:** al mes de vida.

✓ **Siguientes citas de seguimiento**: chequeos mensuales hasta el año de vida.

✓ **De 1 a 2 años de vida:** chequeo cada 3 meses.

✓ **De los 2 a los 6 años de vida:** chequeos cada 6 meses.

✓ **De los 6 años en adelante:** una vez al año o cuando se enferme.

✓ Independientemente de los chequeos programados a los diferentes grupos de edades, debe seguirse el calendario de vacunación que hayan elegido para su bebé, ya sea en instituciones de salud pública, o directamente con tu neonatólogo o pediatra en su consultorio privado.

Nota: los chequeos de control de cada bebé podrían ser agendados en momentos diferentes, dependiendo de cada niño en especial y sobre todo de sus posibles problemas.

Puntos a ser revisados en cada chequeo

En esta parte te hablaré de mis formas personales de atender a un bebé en consulta de seguimiento, pues cada pediatra o neonatólogo seguramente tendrán las suyas, y aunque quizá pudieran variar un poco en las formas, muy posiblemente el fondo sea el mismo. Es muy normal que a cada visita mensual de seguimiento lleves una o varias dudas a tratar, mismas que deberán ser contestadas hasta quitar dudas, pero es muy importante que tu bebé sea revisado completamente de todo a todo. Que tu bebé esté pujando, estornudando y con hipo frecuentemente, no me deberá distraer en revisar sus testículos, checar de nuevo su cadera, ver cómo va avanzando la cicatrización de su ombliguito, etc. Te aclaro que muchos colegas pediatras o neonatólogos revisan solamente lo básico del bebé o se enfocan solo en los problemas que tú ves en tu niño y en tus dudas. De ser así, aunque se sienta un poco rarito en decírselo, te recomiendo que pidas a tu médico que revise completamente a tu bebé. De un mes a otro, es frecuente que las cosas cambien y encontremos alguna pequeña alteración no vista en la revisión del mes anterior o que sea un problema nuevo y no percibido aun por ti como madre. Este es el orden que personalmente practico con mis pacientitos, y que siempre me ha dado excelentes resultados:

1. **Medidas generales y signos vitales**

    Normalmente, empezamos actualizando su peso, talla y perímetro de su cabecita, para seguir con sus signos vitales generales, como su temperatura, y al revisarlo con el estetoscopio, checar su frecuencia cardiaca y respiratoria. Algunas veces, debido a la carga de trabajo, estos datos pueden ser tomados por una asistente o enfermera. También es común que su frecuencia cardiaca o respiratoria no sean muy valorables, pues un porcentaje alto de nuestros pacientitos llora durante la revisión, lo cual acelera sus latidos y su respiración, que idealmente deben medirse cuando tu bebé está en estado de reposo y tranquilo.

2. **Inspección visual**

    Esta debe incluir la coloración y aspecto de su piel, cabecita, extremidades, su expresión, movimientos y en general todo su cuerpo. Con esto puede ir viendo si tu bebé está pálido o enrojecido de más, quizá de coloración amarillenta, si presenta facies de dolor, si trae su boca seca y su hidratación es deficiente, si sus ojitos están hinchados, rojos o con lagañas, etc., y todo esto, aun sin siquiera haberlo tocado, podríamos tener ya varias pistas de lo que le pase a tu bebé. Quizá ustedes podrían estarnos viendo, tan solo un poco callados y concentrados, pero es seguro que en ese momento nuestra mente está trabajando al 100%, sacando humo y buscando información sobre tu bebé.

Anécdota personal sobre una buena inspección: desde antes de recibirlo, vi y oí que un niño en mi sala de espera tosía y lloraba bastante, identifiqué su tipo de tos característica de los bronquios, al acercarme lo vi rojo, clásico de cuando traen fiebre, su boca seca, mientras a esa edad los niños escurren saliva por su boca. También traían en sus manos una bolsita con muchos medicamentos, dos de ellos con antibióticos, y alcancé a distinguir dos recetas de diferente color. Al apenas ir pasando conmigo, aun sin haberles hecho ninguna pregunta previa a ambos padres, les pregunté: "¿Desde cuándo trae fiebre su bebé? ¿Alguno de los dos médicos que lo revisó, les comentó que trae cerrados sus bronquios? Pobrecito, no ha comido nada y está deshidratado, seguramente no deja de llorar y tampoco ha dormido bien. Estos problemas no mejoran rápido con los antibióticos, pues casi el 90% son de origen viral y no por bacterias, por eso no ha funcionado bien esos dos antibióticos que ya le han dado". En ese momento su padre voltea, me ve de frente a los ojos y me dice: "Doc., es usted un brujo, y sin siquiera haber tocado a mi hijo ya me dio más explicaciones que los dos médicos juntos que lo han checado estos tres días". Mi satisfacción fue obvia, y desde ahí empezó una gran confianza entre nosotros. Primer paso, abrir muy bien los ojos y agudizar los sentidos con una buena imaginación y usando la experiencia. ¡La inspección es siempre muy importante!

3. **Exploración de extremidades**

Es crucial checar que no haya inflamación, crecimiento, enrojecimiento o dolor al movilizar alguna de sus articulaciones, así como su movilidad y tono muscular.

La exploración de su cadera para descartar una posible luxación congénita es siempre muy importante. También debe checarse bien las clavículas, especialmente en aquellos bebés que nacieron por parto vaginal, pues frecuentemente se llegan a fracturar en este sitio.

4. **Exploración de abdomen**

En abdomen se debe siempre buscar la posibilidad de algún órgano crecido, ya sea hígado, bazo, riñones, etc., revisar su ombliguito y sus ingles en busca de una posible hernia. Los movimientos intestinales —que médicamente llamamos "peristalsis"— deberán estar siempre presentes.

5. **Exploración de tórax**

Si su tórax es de tamaño y forma normales, debe checarse que sus movimientos respiratorios sean suaves y sin dificultad, pasando después a la auscultación con el estetoscopio, checando que la ventilación de ambos pulmones sea adecuada, que sus ruidos cardiacos sean normales en frecuencia y sin presencia de soplos o arritmias. No olvidemos que siempre debe echársele un vistazo también a su espaldita.

6. **Exploración de cabeza**

En su cabecita, además de ver su forma, color y aspecto, habremos de medir su perímetro cefálico, checar sus fontanelas anterior y posterior, también conocidas como molleras, revisar su cuero cabelludo, tocar sus ganglios, inspeccionar ojos, nariz, garganta, lengua, encías, paladar, oídos y cuello.

7. **Exploración de genitales**

Para no contaminarnos las manos, yo, en lo personal, dejo la revisión de genitales hasta el final, checando a detalle tanto a bebés masculinos como femeninas. En las bebés mujeres es importante abrir sus labios mayores, revisar que se esté aseando adecuadamente ese sitio, y de esta manera evitar posibles infecciones. En los bebés hombres es muy importante revisar sus testículos, ver si su prepucio ya le baja, y de ya hacerlo, checar que su glande o cabeza del pene esté aseada y en buen estado. Si su prepucio aún no baja, en cada valoración mensual se irá valorando en qué momento intentarlo. Mientras todo esté bien, forzar y bajar el prepucio no es nada urgente, y el lograr bajarlo totalmente puede tardar algunos meses o un par de años. (Prepucio = piel que cubre el glande o cabeza del pene). Es importante que al estar revisando los genitales de un bebé, expliquemos a sus padres lo más posible, pues la gran mayoría de ellos tienen temor de tocarlo.

8. **Vacunación**

Este tema y la revisión de cartilla de personal de vacunación son obligados a tratar en cada visita de control. Para evitar revisar al bebé con llanto y molestias, en aquellos pacientitos que requieren ser vacunados, personalmente prefiero dejar este procedimiento hasta haber concluido toda la exploración física.

9. **Interpretación y explicaciones a los padres**

Ya bien explorado un bebé, habremos de platicar sobre los hallazgos, checar si su peso y medidas son correctos, sobre la alimentación, crecimiento y desarrollo, etc., anotar en su expediente, hacerles su receta, y demás temas de importancia, antes de concluir la consulta. El saberles comunicar el estado de su bebé, sin alarmarse de más cuando haya algún problema, ayudándoles a conocer y disfrutar a su bebé, es la clave para tener una relación exitosa entre médico y padres de nuestros pacientitos.

10. **El expediente médico del bebé**

Es muy importante tenerlo desde el mismo nacimiento.

Mi comentario

De acuerdo a las diferentes edades, algunos de los puntos de la exploración física que acabo de señalarte pueden variar. Asimismo, el encontrar algún signo o síntoma de alteración en alguna de las partes exploradas puede dar margen a alguna maniobra diferente de exploración. Cada neonatólogo o pediatra tenemos nuestros propios trucos y preferencias al momento de revisar a un bebé. En lo personal, disfruto mucho del momento de estar explicando a los padres cada paso de la exploración del bebé y los hallazgos encontrados.

Cada médico tenemos nuestras propias formas, y finalmente es importante que no te quedes con ninguna duda. La exploración a tu bebé debe ir fluyendo suavemente y con mucha delicadeza, prácticamente jugando y platicando con él para evitar que se estrese. Además de explorar bien a un pacientito y curarlo, también habremos de saber dejar tranquilos y contentos a sus padres.

La vacunación en el bebé y su importancia

La vacunación es considerada por la Organización Mundial de la Salud y demás organismos afiliados como parte del método ideal para la prevención de enfermedades. La finalidad de esta información es la de darte los elementos adecuados y actualizados acerca de las vacunas en pediatría, y que los padres de todo bebé recién nacido analicen las posibles opciones y seleccionen desde su primer visita al pediatra, a la primera semana de vida o quizá desde antes de nacimiento, el esquema de vacunación más adecuado a sus deseos y posibilidades. Las enfermedades a las que los humanos estamos expuestos son muchísimas, y aunque hay avances constantes, tan solo contamos con vacunas para unas cuantas enfermedades. Habremos de tratar de prevenirlas, y sobre todo en los bebés pequeños, quienes cuentan con un sistema inmune aún deficiente y en vías de aprendizaje. Hay diferencias entre la calidad de algunas vacunas, hay países en donde no se aplica el número de dosis recomendadas, y bastantes detalles más que tú y yo podemos platicar en este capítulo, así que empecemos, pues. Para ser más claro contigo, separaré este capítulo en los siguientes 10 temas, que considero importantes de tratar a detalle:

1. Esquema de vacunación actual en México y las diferencias entre aplicarlas en el sector público o en el sector privado.
2. Número de dosis ideal de cada vacuna.

3. Edades ideales de aplicación de cada vacuna.

4. Vacunas no incluidas en el esquema de vacunación de México.

5. Presentación comercial de las vacunas.

6. Técnica de aplicación de las vacunas.

7. Vacunación en situaciones especiales.

8. Acerca del tipo de vacunas.

9. Seguridad en los cuidados de las vacunas.

10. Diferentes opciones de vacunación.

11. Mi esquema ideal de vacunación.

1. **Esquema de vacunación actual en México y las diferencias entre aplicarlas en el sector público o en el sector privado**

Actualmente, en México, considerado como país en vías de desarrollo, el esquema de vacunación ha venido mejorando significativamente en los últimos veinte años, aunque aún hay algunas diferencias en el número de dosis, edades de aplicación, número de refuerzos, presentación del producto, red fría de trasportación, capacitación del personal que vacuna, etc., con respecto al utilizado en otros países del primer mundo, o más bien conocidos como países desarrollados.

Si tu pregunta es: "¿mis hijos están vacunados, al igual que en Estados Unidos u otros países desarrollados?" La respuesta es ¡no! En el México actual (año 2023), nuestro esquema nacional de vacunación es bueno, pero aún deficiente en varios aspectos con respecto a los países desarrollados del llamado primer mundo.

A continuación, te mencionaré específicamente cada uno de esos detalles, tratando de actualizarlos al mes de enero del año 2023. Es obvio que como pediatra neonatólogo y fiel seguidor de los avances en vacunación, propondré siempre a los padres de mis pacientitos el esquema ideal de vacunación actualizado a ese momento, aceptado y recomendado internacionalmente, mientras que el esquema mexicano de vacunación no solo está sujeto a los últimos avances científicos en esta área, sino también a aspectos políticos y económicos. Al ir analizando los siguientes temas de este capítulo seguramente se irán aclarando tus dudas.

2. **Número de dosis ideal de cada vacuna**

Cada vacuna tienen establecido científicamente, con base en los resultados obtenidos por investigaciones serias y reconocidas, cuál es el número de dosis inicial, y si se requieren o no refuerzos subsecuentes. Todo ello con base en el número de anticuerpos que se obtienen y su duración, entre otros factores tomados en cuenta. Es obvio que de aplicarse menos dosis de las recomendadas, tu bebé obtendrá una cantidad menor de anticuerpos, asimismo, si no se aplican los refuerzos indicados, esos anticuerpos no tendrán el número y duración deseados. Esto que estás leyendo es algo de lo que sucede en nuestro México actual, y la aclaración de nuestras autoridades sanitarias ante nuestros cuestionamientos es lamentable, pero también sincera y real. **En este momento no contamos con los recursos suficientes para aplicar a cada mexicano el número ideal de dosis de algunas vacunas, pero con las dosis que actualmente aplicamos, logramos un beneficio bastante aceptable y mucho mayor que el no aplicar dicha vacuna.** Eso está más que claro, el recurso económico asignado para la vacunación en México no es suficiente para llevar el número de dosis "ideal" como se hace en algunos países más desarrollados que el nuestro, pero sí para considerarlo como "bueno". Los ejemplos que puedes ver en este momento, al tomar la cartilla nacional de vacunación de tu bebé, son los siguientes:

➤ La vacuna contra neumococo de 13 tipos, idealmente aplicada a los 2, 4, 6 meses, con una 4ª dosis como refuerzo entre los 12 y 15 meses; actualmente en México se abstienen de aplicar la dosis de los 6 meses, reduciendo el esquema en una dosis.

➤ La vacuna hepatitis-A, aplicada al año de vida; idealmente debe recibir un refuerzo 6 meses después de la primera dosis, mismo que actualmente no se aplica en forma rutinaria en nuestro país.

➤ La vacuna contra varicela, aplicada en forma ideal al año de vida, y con un refuerzo entre los 4 y 6 años de edad; se aplica en México como dosis única al año de vida.

3. **Edades ideales de aplicación de cada vacuna**

    Acerca de las edades señaladas en la cartilla nacional de vacunación, en realidad no hay diferencias de importancia, y los errores que comúnmente se cometen al acudir a vacunación en una institución pública son los siguientes:

    ➤ De no acudir a vacunar a tu bebé en la edad señalada, es muy común que no sea aceptado, se suspenda esa dosis y se te cite hasta la siguiente, siendo que debe ser aplicada, y solamente recorrer la fecha de aplicación de la siguiente dosis.

    ➤ La falta de capacitación y conocimiento del personal disponible, en la mayoría de las instituciones públicas que cuentan con servicio de vacunación, no les permite realizar las consideraciones y adecuaciones específicas en muchos casos.

    ➤ No es posible aplicar una vacuna a la edad indicada, cuando no se cuenta con ella en forma constante, y se aplica a tu bebé solo cuando la hay disponible.

4. **Vacunas no incluidas en el esquema de vacunación de México**

    En este momento (año 2023), las vacunas contra varicela, hepatitis-A, y virus del papiloma humano (VPH) no vienen anotadas en todas las cartillas nacionales de vacunación, de las cuales por cierto circulan varias versiones, algunas ya muy obsoletas, y otras cuantas de una versión más reciente y actualizada, que si pudiera mencionarlas. Al no venir anotadas, algunos médicos las anotamos a mano en algún espacio disponible donde dice: otras vacunas. Una vez más, quizá no sea prioritario para nuestras autoridades sanitarias que todas las cartillas tengan estas vacunas ya anotadas, pues es de lo más común que NO se disponga de ellas en todos los centros públicos de vacunación en forma constante. Estas vacunas eran aplicadas en México cada vez con más constancia y regularidad, pero en los últimos cambios de gobiernos, desafortunadamente algunos dan mayor o menor importancia al tema de la vacunación, lo cual influye notablemente en el tema de la prevención de enfermedades. Esperemos que muy pronto todas ellas estén anotadas en una nueva versión actualizada de nuestra cartilla nacional de vacunación, y sobre todo, que estén siempre disponibles. Mientras tanto, si ustedes como padres así lo quieren, pueden buscar en el medio privado aquellas vacunas que no vengan incluidas en el esquema básico de vacunación de México.

5. **Presentación comercial de las vacunas**

   También la presentación comercial de cada vacuna pudiera tener ciertos aspectos de importancia que considerar.

   ➤ Con la finalidad de ahorrar recursos, las instituciones del sector público de salud procuran siempre aquellas vacunas que vienen en frascos de dosis múltiples, que a diferencia de aquellas presentaciones que vienen en dosis individuales, representan diferencias significativas en los precios. Esto podría tener también ciertas desventajas o riesgos para los pacientes, si consideramos que en lugares de extremo calor, como lo es mi estado de Sonora, México, el estar sacando el frasco del refrigerador a cada aplicación es exponerla a cambios bruscos de temperatura, y al repetir esta acción por 10 o 20 dosis que trae cada frasco, podrían afectar seriamente su efectividad y seguridad. Este argumento se acentúa aún más cuando se trata de una campaña de vacunación, como las realizadas frecuentemente en México, en donde muchas de las vacunas son transportadas en hieleras manuales, sin un control de temperatura adecuado, durante un buen número de horas.

   ➤ Por otro lado, el estar picando el frasco repetidamente con una jeringa, durante 10 o más veces, conlleva también un mayor riesgo de contaminación.

   ➤ Las vacunas que los laboratorios farmacéuticos destinan a la medicina privada prácticamente en su gran mayoría vienen empacadas en dosis individuales, eliminando los inconvenientes que antes te mencioné, a excepción de alguna que no nos ofrezca esa alternativa, como la vacuna BCG contra tuberculosis y algunas presentaciones de vacuna contra la influenza.

6. **Técnica de aplicación de las vacunas**

   La técnica de aplicación de algunas vacunas son diferentes entre sí, y cada una de las técnicas requiere también de una jeringa diferente.

   ➤ **La técnica de aplicación "intradérmica"** es la que se inyecta más superficial en la piel, y por estar apenas por debajo de la primera capa de piel, casi puedes ver la aguja. Esta es la técnica que usamos para aplicar la vacuna BCG contra tuberculosis. Para este tipo de técnica se requiere de una jeringa con la aguja más pequeña que disponemos. En el sector de salud público es de lo más común que no cuenten con los diferentes calibres de jeringas, y que todos los bebés sean vacunados con el mismo tipo de jeringa, aun sin ser la más adecuada. De aplicarla más profunda por debajo de la piel, cosa que frecuentemente sucede, no presentará la misma respuesta, pudiendo ocasionar un absceso en la piel, y tampoco tendrá los mismos beneficios que buscamos.

➤ **La técnica de aplicación "subcutánea",** es la que debe ser aplicada justo por debajo de la piel, poco más profunda que la intradérmica que va en medio de la piel. Para esta técnica se usa una jeringa poco más gruesa que la anterior. Este tipo de aplicación es la que utilizamos para varias vacunas como la triple viral (sarampión, rubeola, paperas) y varicela.

➤ **La técnica de aplicación "Intramuscular",** es aquella que se aplica un poco más profunda que las dos anteriores, hasta llegar al músculo. Para ello se requiere de una jeringa con aguja un poco más larga, aunque no es necesario que tenga el largo y grosor de aguja que requiere un adulto. Es la técnica de aplicación requerida para el resto de las vacunas inyectadas.

Seguramente por falta de los insumos necesarios, en los centros de vacunación de instituciones públicas de México frecuentemente veo casos de bebés vacunados con jeringas de agujas grandes para cualquier tipo de vacuna, normalmente utilizadas para personas adultas, lo cual ocasiona un mayor traumatismo al bebé, dando más molestias y llanto hasta por varios días, pero sobre todo, que si la jeringa no tienen el tamaño adecuado, no permite aplicar algunas vacunas con la técnica correcta.

7. **Vacunación en situaciones especiales**

En los centros de vacunación pública de México, las vacunas son aplicadas por personal de enfermería, por lo cual es muy frecuente que se suspendan algunas vacunas que debieran haberse aplicado en tiempo y forma, mientras que en otros casos se aplican algunas vacunas que deberían haber esperado a otro momento. La valoración de estas situaciones especiales difiere bastante entre una enfermera, un médico general, y un pediatra. En México, hasta el día de hoy, no conozco un centro de vacunación pública en donde sea un médico quien vacuna al paciente, por lo cual la valoración y aplicación de una vacuna por un pediatra definitiva-mente será la forma más segura en todos sentidos. Hay casos especiales que deberán ser valorados y analizados a detalle antes de ser vacunados, como niños con cáncer, con enfermedades crónicas o degenerativas, otros que han tenido reacciones intensas en vacunas anteriores, pacientes que no han sido vacunados y al iniciar su esquema requerirán de un calendario de vacunación diferente y personalizado. Es en esos casos donde frecuentemente se cometen errores por falta de conocimiento, y la valoración y comentarios de tu médico pediatra será de mucha utilidad.

8. **Acerca del tipo de vacunas**

En las últimas décadas, México ha tenido un gran avance en este campo de la vacunación, contando cada vez más frecuente con vacunas de buena calidad, como vacunas acelulares, conjugadas o combinaciones múltiples, aunque aún nuestro esquema nacional de vacunación es considerado como "básico" y aún lejos de lo que considero como "esquema ideal".

9. **Seguridad en los cuidados de las vacunas**

Es muy importante que sepas que la gran mayoría de vacunas que se aplicarán a tu bebé requieren de cuidados especiales en su almacenamiento y transportación. Asimismo, es necesario llevar un control y vigilancia permanente y detallado, de la temperatura ideal a la que deben mantenerse. Una vez más, las deficiencias eco-nómicas actuales en muchas de las instalaciones de salud pública de México no permiten que cada centro de salud donde se almacenan y aplican vacunas cuente con equipos de refrigeración especializados para vacunas, con las bitácoras de registros diarios que exige la ley y con plantas de energía eléctrica de emergencia que garanticen el buen estado de las vacunas.

10. **Diferentes opciones de vacunación**

Tomando en cuenta el esquema nacional básico de vacunación actual de México, así como las diferentes vacunas que no están incluidas en él, y aquellas otras que sí se aplican, pero en un número menor de dosis de lo ideal, te propondré tres diferentes opciones de vacunación para tu bebé, de las cuales podrás seleccionar la que más se acomode a tus deseos y posibilidades. Después de todas estas aclaraciones que hemos platicado, ya solo te queda decidir cuál de los siguientes esquemas que te propondré, quieres y puedes aplicar a tu bebé.

Opción-1

Llevar el **esquema básico de vacunación nacional de México sin ninguna modificación**, el cual puede ser aplicado gratuitamente en instituciones del sector público.

Mi comentario

Ideal para quienes no puedan realizar un gasto extra en este tema, aunque la realidad actual en México es que el 90% de las personas piensan que su bebé está recibiendo todas las vacunas necesarias, y que en los centros de vacunación del sector salud público cuentan con aquellas vacunas de la más alta calidad. Cuando personalmente pregunto a los padres de mis pacientitos que si ellos piensan que su bebé recibe las mismas vacunas que las aplicadas a un bebé de la misma edad, pero en los países altamente desarrollados, el 99% de ellos me contestan "no lo sé", pero muy seguramente NO reciben las mismas vacunas.

Opción-2

Llevar el **esquema básico de vacunación nacional adaptado y complementando** en el medio privado, aquellas vacunas que en este momento los centros de vacunación pública no incluyan.

Mi comentario

Considero que esta es una buena opción, cuando menos para la gran mayoría de mexicanos. Después de una larga plática en nuestra primera cita sobre todo estos temas que te he planteado a ti acerca de las vacunas del bebé, un porcentaje bastante alto de padres de mis pacientitos hace el esfuerzo de complementar el esquema de vacunación mexicano.

Opción-3

Brindar toda la confianza al neonatólogo o pediatra que atienda a tu bebé para que sea él quien seleccione y aplique a tu bebé el **esquema ideal de vacunación** que considere más conveniente.

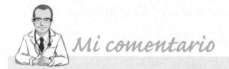

Mi comentario

Primeramente, debo aclararte que es mi deber como médico pediatra estar actualizado en todos los avances sobre vacunación en el niño, comunicar toda esta información a los padres de mis pacientitos, además de contar con la disponibilidad de todas las vacunas y con aquellas que considero son las de más alta calidad. Serán los familiares de mis pacientitos quienes decidan si quieren y pueden llevar este esquema de vacunación. Los altos costos de algunas vacunas extranjeras no permiten que el sector salud público de nuestro país, aún limitado en recursos técnicos para producirlas localmente, así como en recursos económicos para importarlas en grandes cantidades, pueda disponer de ellas y aplicarlas masivamente en forma gratuita a toda la población que las requiera. La aplicación de vacunas en el sector de salud pública de México por médicos pediatras está aún muy distante de ser posible debido a la falta del recurso humano y de recursos económicos para su contratación. La vacunación de tu bebé en el medio privado, a manos de un médico especialista en neonatología o pediatría, es un privilegio que solo unos cuantos pueden cumplir, y que aún está fuera de alcance de muchas familias mexicanas, quienes habrán de recurrir al sector de salud pública. Si te es posible, habla con tu neonatólogo o pediatra, quien seguramente te podrá orientar sobre las posibles mejoras al esquema de vacunación de tu bebé. Debo aclararte que casi la totalidad de especialistas en pediatría de México somos entrenados en los grandes hospitales públicos, y prácticamente no rotamos por los servicios de vacunación, mismos que son atendidos por enfermeras o estudiantes de enfermería, por lo cual un gran número de pediatras que no dominan el campo de la vacunología simplemente comentan a los padres de sus pacientitos que son las mismas vacunas que se aplican en el sector salud público, que en el medio privado. Como antes te lo mencioné en sus capítulos respectivos, te recuerdo que algunas de las vacunas sí pudieran ser iguales en calidad y número de dosis, pero variar en su presentación, cuidados especiales y otros detalles más.

11. Mi esquema ideal de vacunación

Al cabo de décadas de estudio sobre las vacunas, haber aplicado decenas de miles de ellas, haber utilizado diferentes tipos, marcas, calendarios y haber observado diferentes tipos de reacciones en los niños vacunados, he venido tomando preferencia por algunas de ellas y aprendido bastante acerca de la ciencia de la vacunología. Un buen número de padres de mis pacientitos me brindan la oportunidad y la confianza de que sea yo quien me ocupe de aplicar el esquema completo de vacunación de sus hijos. En esos casos, mi compromiso ético, profesional y moral es el de aplicarles el esquema más completo, de más alta calidad del mundo, en el mejor momento y aplicadas de la mejor forma. Este esquema de vacunación puede sufrir cambios y adecuaciones con el tiempo, así como adaptaciones de un país a otro por brotes o epidemias. El esquema de vacunación que te propongo está actualizado al año 2023. Afortunadamente en la actualidad, en México tenemos facilidad de importar vacunas de casi cualquier parte del mundo, y con la globalización, las distancias y barreras han venido quedando atrás.

Edad de Aplicación	Vacuna	Vía de Aplicación IM Intramuscular ID Intradérmica SC Subcutánea
Recién nacido	Hepatitis-B (1ª dosis) Tuberculosis – BCG (dosis única)	Inyectada IM (muslo) Inyectada ID (hombro
2 meses de vida	Hexavalente Acelular (1ª dosis) Neumococo – 13 Valente (1ª dosis) Rotavirus RV-5 (1ª dosis)	Inyectada IM (muslo) Inyectada IM (muslo) Vía oral
4 meses de vida	Hexavalente acelular (2ª dosis) Neumococo - 13 Valente (2ª dosis) Rotavirus RV-5 (2ª dosis)	Inyectada IM (muslo) Inyectada IM (muslo) Vía oral
6 meses de vida	Hexavalente Acelular (3ª dosis) Neumococo – 13 Valente (3ª dosis) Rotavirus RV-5 (3ª dosis) Influenza tetravalente (1ª dosis)	Inyectada IM (muslo) Inyectada IM (muslo) Vía oral Inyectada IM (muslo)
12 meses de vida	Triple Viral (1ª dosis) Hepatitis-A (1ª dosis)	Inyectada SC (Muslo) Inyectada IM (Muslo)
13 meses de vida	Varicela (1ª dosis) Neumococo – 13 Valente (4ª dosis)	Inyectada SC (Muslo) Inyectada IM (Muslo)
18 meses de vida	Hexavalente Acelular (4ª dosis) Hepatitis-A (2ª dosis)	Inyectada IM (Muslo) Inyectada IM (Muslo

4 años de vida	DPT Acelular (5ª dosis)	Inyectada IM (Muslo)
	Varicela (2ª dosis)	Inyectada SC (Muslo)
6 años de vida	Triple Viral (2ª dosis)	Inyectada SC (Muslo u hombro)
10 años de vida	DPT Acelular (6ª dosis)	Inyectada IM (hombro)
9 - 12 años de vida	Virus Papiloma Humano (VPH) Dos dosis, con 6-12 meses de separación.	Inyectada IM (hombro)
15 años en adelante	Quienes inicien su 1ª dosis de VPH a los 15 años o más, requieren de 3 dosis. Dos meses entre la 1ª y 2ª, y 4 meses entre la 2ª y 3ª dosis (aplicarse los meses 0-2-6).	Inyectada IM (hombro)

Vacuna contra el Virus del Papiloma Humano (VPH)

✓ Se recomienda aplicar de igual forma en mujeres y hombres.

✓ En hombres, hay estudios que muestras beneficios hasta los 26 años de edad.

✓ Se recomienda en mujeres de hasta los 45 años de edad, aunque cuanto más joven se aplique, el efecto preventivo será mejor.

Vacuna contra meningococo (tipos A, C, W, Y)
- inyectada IM muslo u hombro

✓ **De 9 a 23 meses de edad** – 2 dosis – 3 meses de separación entre ellas.

✓ **De 2 a 55 años de edad** – 1 sola dosis

✓ **De 15 a 55 años de edad -** puede aplicarse 1 refuerzo 6 meses después de la 1ª dosis, solo a personas de alto riesgo.

Actualmente, esta vacuna se recomienda para niños de alto riesgo, aunque hay pediatras que la recomiendan en forma rutinaria a todos sus pacientitos.

Vacuna influenza viral tetravalente

Inicia su aplicación a los 6 meses de vida, e idealmente se debe seguir aplicando en forma anual, al menos hasta los 5 años de edad, y en adultos de los sesenta años en adelante, aunque su aplicación es muy recomendable en forma anual para personas de cualquier edad. Es muy importante aplicarla también durante el embarazo.

Nota: la vacuna aplicada en instituciones de salud pública de México, actualmente en este año 2023, es "**trivalente**", o sea que protege contra 3 tipos de influenza, mientras que la vacuna importada que se aplica en el medio privado es "**tetravalente**", o sea que protege contra 4 tipos de influenza, los mismos tres tipos de la vacuna trivalente, más un 4º tipo que puede variar de un año a otro, según lo que la Organización Mundial de la Salud (OMS) reporta, que ocasionó más enfermedades durante todo el año anterior en la parte del mundo donde te encuentras.

Vacuna DPT acelular

A partir de la dosis de los 10 años de edad, idealmente debe aplicarse refuerzos de esta vacuna cada 10 años o hasta cada 5 años en personas de alto riesgo, y es muy importante su aplicación durante el embarazo.

Vacuna contra herpes

Vacuna dirigida a adultos de cincuenta años en adelante para evitar la neuritis ocasionada por el herpes zoster, también conocido en algunas partes como "culebrilla" o en EE. UU. como *shingles*. Aplicación Subdérmica (SD), en una sola dosis. De una marca a otra, pudiera haber diferencia en el número de dosis.

Shingrix recomienda dos dosis, con separación de 2 a 6 meses entre una y otra. **Zostavax** recomienda una sola dosis.

Vacuna contra COVID

De momento, y debido a la pandemia COVID-19, se implementaron a nivel mundial protocolos de vacunación urgente con algunas variantes dependiendo de cada tipo de vacuna. Se ha aprobado ya por la FDA y el CDC en EE. UU. desde fines del año 2022, la aplicación de algunas de estas vacuna a bebés desde los 6 meses de vida, por lo cual, de la misma manera, recomiendo su aplicación siguiendo los esquemas sugeridos por cada tipo de vacuna. Al respecto, muy seguramente en los próximos meses y años veremos nuevos tipos de vacunas con una cobertura mayor y actualizada a las variantes que predominen, así como posibles cambios en los esquemas de aplicación de estas vacunas. Es muy importante que de momento sigas con tu bebé el esquema de vacunación que proponga cada marca de vacuna según los diferentes grupos de edad.

Mi comentario

Como pediatra y neonatólogo, estoy firmemente convencido de los grandes beneficios de la vacunación, aunque en este o cualquier otro tema, respeto a quien opine lo contrario. Ocasionalmente, me enfrento a parejas de padres que van en contra de la vacunación en lo general, u otros tantos que han sido influenciados por información falsa, imprecisa o malinterpretada respecto a la vacunación. Una buena comunicación con tu neonatólogo o pediatra seguramente resolverá tus dudas. No olvides que es común que nuevas vacunas sean incluidas como parte del esquema ideal, y será tu neonatólogo o pediatra de confianza quien deberá mantenerse al día en los avances científicos y recomendarte las mejores vacunas, aunque aún no sean parte del esquema de vacunación de México. Aun con los progresos actuales de nuestro programa nacional de vacunación, quedan algunas vacunas por ser incluidas, las cuales pueden ser aplicadas a tu bebé por medio de la medicina privada. Pide información, costos y de ser posible que se las apliquen a tu bebé. Desafortunadamente, en México no contamos siempre con todas las vacunas, y eso hace que aun en el medio privado, frecuentemente tengamos que recurrir a combinaciones alternativas para mantener a nuestros pacientitos protegidos. Aprovecha también la experiencia de tu médico en este tema, y si así lo consideras, aplícate con él las vacunas que también como adultos debemos recibir, pues pocos médicos de adultos dominan la vacunología. Hay algunas vacunas destinadas a ciertos grupos de alto riesgo o a personas que viajarán a zonas donde se ven frecuentemente ciertas enfermedades. Por último, una vez más te recuerdo que los esquemas de vacunación pueden cambiar de un país a otro, en algunos casos por la epidemiología propia de cada nación, por su capacidad económica y desafortunadamente hasta por argumentos políticos. Pide a tu médico que cualquier vacuna aplicada a tu bebé, que no venga mencionada en su cartilla de vacunación, sea anotada en algún espacio disponible.

A continuación, te daré estos tres diferentes esquemas de vacunación, los cuales puedes escanear, imprimir o si quieres puedes ir llenando una de estas cartillas con el nombre, datos y fechas en que tu bebé sea vacunado. Es muy importante que recuerdes lo siguiente:

✓ Los esquemas de vacunación pueden tener cambios de un año a otro.

✓ Algunos niños podrían requerir alguna vacuna diferente o una dosis extra no contemplada en el esquema regular según su situación personal, así como también podría ser necesario cancelar alguna de ellas por algún motivo en especial.

✓ El esquema de vacunación varía de un país a otro, dependiendo de su capacidad económica, de la epidemiología de su región o por diferencias en su plan de gobierno.

✓ Mantente siempre en contacto con tu médico de confianza y sigue sus instrucciones.

✓ Al no contar con una vacuna en especial, por el motivo que sea, y ya sea en forma temporal o definitiva, se hacen las adaptaciones o combinaciones necesarias para tener el esquema de vacunación más completo posible.

ESQUEMA BÁSICO DE VACUNACIÓN UNIVERSAL DE MÉXICO (2023)

11 vacunas: ocho vacunas anotadas y tres opcionales (varicela, hepatitis-A, virus papiloma h.)

Nombre: Fecha de nacimiento:

Vacuna:	Edad ideal:	Fecha:	Núm. Lote:	Vacunado por:
Tuberculosis BCG	recién nacido			
Hepatitis-B	recién nacido			
Hexavalente	2 meses			
Difteria, Tétanos Tosferina, Polio IPV	4 meses			
Hemophilus I. Tipo-B	6 meses			
Hepatitis-B	18 meses			
DPT difteria tétanos y tosferina	4 años			
Rotavirus RV-1	2 meses			
	4 meses			
Neumococo-13	2 meses			
	4 meses			
	1 año			
Influenza trivalente (0.25 ml)	6 meses			
	7 meses			
Una dosis cada temporada invernal:	1 Año	2 Años	3 Años	4 Años
Triple viral sarampión, rubeola y paperas.	1 año			
	6 años			

Otras vacunas no incluidas en el esquema básico del programa de vacunación universal:

OPCIÓN-2				

ESQUEMA BÁSICO DE VACUNACIÓN UNIVERSAL DE MÉXICO ADAPTADO Y COMPLEMENTADO (2023)

APLICAR TODAS LAS VACUNAS DEL ESQUEMA ANTERIOR Y AGREGAR LAS DE ESTA CARTILLA COMPLEMENTARIA:

Nombre: Fecha de nacimiento:

Vacuna:	Edad ideal:	Fecha:	Núm. Lote:	Vacunado por:
Rotavirus RV-5 5 tipos	6 meses			
Neumococo-13 tipos	6 meses			
Influenza tetravalente Una dosis cada temporada invernal		/ /	/ /	/ /
Hepatitis-A	1 año			
	6 meses después			
Varicela	1 año			
	4 - 6 años			

Meningococo tipos A, C, W, Y, opcional en personas de alto riesgo, internados, ejército, etc

A - de los 9 a los 23 meses de edad:

2 dosis con 3 meses de separación entre ellas.

B - de 2 a 55 años:

1 sola dosis

C - de 15 a 55 años:

2 dosis separadas por 6 meses en personas de alto riesgo

Vacuna:	Edad ideal:	Fecha:	Núm. Lote:	Vacunado por:

Meningococo tipo-B

Personas de alto riesgobajo
"indicación médica"

DaPT difteria tétanos 10 años

Tosferina (acelular) 15 años

Refuerzos Cada 10 Años

Virus del Papiloma Humano (VPH) ambos sexos a partir

De los 9 a 11 Años 1ª

Menores de 15 años

2 dosis separadas 2ª

6 meses entre sí.

Edad 15 años o más: 3ª

3 dosis (meses 0-2-6)

COVID

6 meses en adelante. 1ª

Siguientes dosis 2ª

según tipo de 3ª

vacuna y cada

grupo de edad. 4ª

Siguientes:

Otras vacunas: herpes zoster, dengue, fiebre amarilla, fiebre tifoidea, rabia, etc.

En campañas, viajes,
brotes, epidemias,
o casos especiales

Otras vacunas, comentarios, observaciones, reacciones, etc.:

OPCIÓN-3

ESQUEMA DE VACUNACIÓN QUE TE RECOMIENDO COMO "IDEAL" AQUÍ EN MÉXICO.

ADAPTADO A LAS VACUNAS CON QUE CONTAMOS HOY 2023

Nombre: _____ Fecha de nacimiento: _____

Vacuna:	Edad ideal:	Fecha:	Núm. Lote:	Vacunado por:
Tuberculosis BCG	recién nacido			
Hepatitis-B	recién nacido			
Hexavalente	2 meses			
Difteria, Tétanos Tosferina, Polio IPV	4 meses			
Hemophilus I. Tipo-B	6 meses			
Hepatitis-B	18 meses			
DaPT difteria tétanos Tosferina (acelular)	4 años			
	10 años			
	15 años			
Refuerzos cada 10 años y embarazos				
Rotavirus RV – 5 Tipos	2 meses			
	4 meses			
	6 meses			
Neumococo-13	2 meses			
	4 meses			
	6 meses			
	12 a 15 meses			
Influenza (dosis 0.5 ml.) Tetravalente	6 meses			
Siguientes dosis cada temporada invernal	1 Año	2 Años	3 Años	4 Años
Siguientes refuerzos:	5 años	6 años	7 años	8 años
Siguientes años.				

Vacuna:	Edad ideal:	Fecha:	Núm. Lote:	Vacunado por:
Triple viral Sarampión, rubeola y paperas	1 año 4 a 6 años			
Hepatitis-A	1 año 6 meses después			
Varicela	1 año 4 - 6 años			

Meningococo tipos A, C, W, Y, opcional en personas de alto riesgo, internados, ejército, etc

A - de los 9 a los 23 meses de edad:

2 dosis con 3 meses
de separación entre ellas.

B - de 2 a 55 años:

1 sola dosis

C - de 15 a 55 años:

2 dosis separadas por 6 meses
en personas de alto riesgo

Meningococo tipo-B
Personas de alto riesgobajo
"indicación médica"

Virus del Papiloma Humano (VPH) ambos sexos a partir

De los 9 a 11 Años	1ª
Menores de 15 años	
2 dosis separadas	2ª
6 meses entre sí.	
Edad 15 años o más:	3ª
3 dosis (meses 0-2-6)	

COVID

6 meses en adelante.
Siguientes dosis
según tipo de
vacuna y cada
grupo de edad.

1ª

2ª

3ª

4ª

Siguientes:

Otras vacunas: herpes zoster, dengue, fiebre amarilla, fiebre tifoidea, rabia, etc.

En campañas, viajes,
brotes, epidemias,
o casos especiales

Comentarios, observaciones, reacciones, etc.:

Capítulo 9

DÓNDE BUSCAR INFORMACIÓN CONFIABLE EN LAS REDES

En estos tiempos de apertura informativa, en donde las redes sociales nos bombardean con información, en algunos casos cierta, pero muy frecuentemente falsa, enredosa, algunos con tendencia naturista, otros autores en contra de las vacunas, o información tendenciosa, me atrevo a hacerte algunas recomendaciones de algunos sitios de internet en donde podrás encontrar información confiable, de sitios oficiales, que incluso podrás comentar con tu neonatólogo o pediatra de confianza. Tan solo ingresa a uno de estos sitios, explóralo y seguramente aprenderás algo nuevo en cada sesión.

✓ Academia Americana de Pediatría - **www.aap.org**
✓ Organización Healthy Children - **www.healthychildren.org** Organización dependiente de la Academia Americana de Pediatría y encargada de informar a los padres de bebés interesados en los temas de más trascendencia para su adecuada crianza. Desde su inicio, la página te preguntará si quieres la información en idioma español. También hay un espacio en donde se te pregunta si quieres inscribirte y recibir información de esta página. Te recomiendo que lo hagas.
✓ Secretaría de Salud de México - **www.salud.gob.mx**
✓ Centro de Control de Enfermedades de EE. UU. - **www.cdc.org** Es donde se autorizan todas las políticas de salud en Estados Unidos

Mi comentario

Aquí, en nuestro querido México, tenemos desde chamanes, curanderos, sobadores, además de cientos de creencias y tradiciones de algunas etnias, más aquella información tradicional que nuestras madres y abuelas han heredado e intentan trasmitirnos con la mejor de las intenciones, pero que de nada ayudarán a tu hijo, y al contrario, pudieran afectarlo de alguna manera. Es muy importante, ante cualquier duda, siempre confiar en tu médico neonatólogo o pediatra. No intentes jugar el papel de pediatra o neonatólogo, no te automediques, no sigas consejos de alguien que no es experto en el tema, y confiando en las indicaciones de un buen neonatólogo o pediatra, seguro que tu niño estará en buenas manos.

DIPLOMA

Pediatra

DIPLOMA

Neonatólogo

Dr. B. Campillo

Dr. B. Campillo

Capítulo 10

RECOMENDACIONES Y MENSAJE FINAL A MIS LECTORES

✓ **Mantén siempre una buena relación con tu neonatólogo o pediatra**, pues las visitas y llamadas para resolver dudas serán muy frecuentes durante los primeros años de vida de tu bebé.

✓ **No temas cambiar de médico**, si quien te está atendiendo no contesta a tus llamadas y no resuelve tus dudas. También deberá inspirarte la confianza y experiencia suficientes para poner en sus manos la salud de tu bebé.

✓ **Guarda siempre tus recetas y ten copia de tu expediente.** Cada receta, y toda la información sobre tu bebé puede ser de mucha importancia en caso de cambiar de médico.

✓ **Por favor NO automediques a tu bebé.** Al hacerlo pudieras atinar algunas veces, pero no vale la pena arriesgar la salud de tu hijo.

✓ **Lee, prepárate, infórmate y no manejes a tu bebé con base en rumores o información de origen dudoso o no especializada.** En esta época de exceso de información, siempre comenta con tu médico cualquier dato.

✓ **Por último, disfruta siempre a tu bebé y dale todo el amor posible.** El tiempo vuela, ellos crecen rápido y muy pronto se van de casa.

Espero que el esfuerzo que he realizado para escribir este libro resuelva muchas de tus dudas, te dé momentos de tranquilidad con tu bebé y, sobre todo, que los temas que aquí he platicado contigo te sean de utilidad. De igual manera, pronto pondré también a tu disposición el tomo 2, en donde podremos seguir platicando sobre los problemas y enfermedades más frecuentes en el bebé y el niño pequeño.

Una vez más, mis respetos a cualquiera de mis colegas que piensen diferente en alguno de los temas que aquí platiqué contigo.

Te mando un abrazo con mucho cariño, y gracias por leer y compartir mis consejos. Ojalá también puedas compartirlos con alguien más que igualmente tenga un bebé nuevo en casa.

Disfruta mucho de tu bebé, dale todo el amor posible, pues es el mejor alimento para él, y siempre recuerda que la vida pasa rápido y el tiempo vuela.

Dr. Bernardo Campillo García

Médico pediatra y perinatólogo pediatra

Ced. Prof. - 1097260

Ced. Prof. Pediatría - 3186777

Ced. Prof. Perinatología Pediátrica - 7342136

Made in the USA
Las Vegas, NV
26 January 2024

84944817R00214